中南财经政法大学中央高校基本科研业务费青年教师学术
创新项目（2722024BQ075）研究成果

文泓知识产权文库

美国版权、专利、商标制度发展史略

付丽霞◎著

全国百佳图书出版单位
—北京—

图书在版编目（CIP）数据

美国版权、专利、商标制度发展史略／付丽霞著 . —北京：知识产权出版社，

2025.4. —（文泓知识产权文库）. —ISBN 978－7－5130－9660－7

Ⅰ.D971.234

中国国家版本馆 CIP 数据核字第 2024RG2100 号

责任编辑：刘　睿　邓　莹　刘　江　　　　责任校对：谷　洋

封面设计：杨杨工作室·张　冀　　　　　　责任印制：刘译文

美国版权、专利、商标制度发展史略

付丽霞　著

出版发行：知识产权出版社有限责任公司		网　　址：http：//www.ipph.cn	
社　　址：北京市海淀区气象路 50 号院		邮　　编：100081	
责编电话：010－82000860 转 8346		责编邮箱：dengying@ cnipr.com	
发行电话：010－82000860 转 8101/8102		发行传真：010－82000893/82005070/82000270	
印　　刷：三河市国英印务有限公司		经　　销：新华书店、各大网上书店及相关专业书店	
开　　本：720mm×1000mm　1/16		印　　张：15.75	
版　　次：2025 年 4 月第 1 版		印　　次：2025 年 4 月第 1 次印刷	
字　　数：242 千字		定　　价：98.00 元	

ISBN 978－7－5130－9660－7

总　序

　　数十载，筚路蓝缕，数十载，栉风沐雨，中南知识产权在科技现代化与经济全球化的时代洪流中砥砺前行，不断成长。在创新驱动发展的国家战略引领下，中南知识产权始终坚持问题导向，辛勤耕耘、励精图治，并以理论创新回应实践诉求，回馈社会需要。至今，已有数以千计的中南知识产权学人从文泓楼走出，走向各行各业，走到大江南北，积极投身于知识产权学术研究与实务工作，为我国知识产权事业发展作出卓越贡献。

　　纵观中南知识产权的发展历程，从1988年成立的中南政法学院知识产权教学与研究中心，到2000年更名为中南财经政法大学知识产权研究中心，后至2004年被教育部评定为"教育部人文社会科学重点研究基地"，再到国家保护知识产权工作研究基地、教育部和国家外专局"新时代科技革命与知识产权学科创新引智基地"、最高人民法院"人民法院知识产权司法保护理论研究基地"、国家知识产权局"国家知识产权战略实施研究基地""国家知识产权培训（湖北）基地"、中宣部国家版权局"国际版权研究基地"、文化和旅游部"文化和旅游研究基地"等一系列国家基地的相继挂牌，中南知识产权的成长几乎贯穿了我国知识产权理论和实践从移植、引进到自立、创新的全过程。经过长期积累，中南知识产权的学术成果也屡见丰硕。"文泓知识产权文库"这套丛书的编辑出版，便是要逐步展示中南知识产权的学术积累，回应中国知识产权制度变革中的理论难题与实践挑战。

　　三十余年来，在中南知识产权学人的不懈努力下，中南财经政法大学知识产权研究中心已然成为中国一流的知识产权学术研究机构。从第一本知识产权本科生教材、第一篇知识产权全国优秀博士论文到第一门知识产权国家级精品课程、第一个知识产权国家级教学团队、第一个知识产权国家级精品资源共享课，再到第一个知识产权教育部人文社科重点研究基地、第一个知识产权学科创新引智基地，中南知识产权取得可喜的成绩。而在这无数个"第一"的背后，则凝聚着一代又一代中南知识产权学人的辛勤付出。前辈们开拓创新的学术理念、求真务实的工作精神，时刻感召着新一辈中南知识产权学人，师承熠熠生辉的学术思想，坚韧不拔，守正创新。此次，中南财经政法大学知识产权研究中心推出这套"文泓知识产权文库"，既要推出名家精品，更要推出新人新作，以全面展现中南知识产权的研究成果，并使更多学者和学子能够更加深入地了解中南知识产权。相信在中南知识产权学人的共同努力下，文库将成为知识产权学术思想交流的重要平台，成为知识产权学术理念传播的关键媒介，并为我国知识产权理论创新与实践探索提供支持与助力。

在新时期知识产权强国建设的新征程上，中南知识产权学人定当一如既往、踔厉奋发，在知识产权自主学科体系下，发出知识产权新质生产力的中南声音，续写中南知识产权学人的光荣与梦想。

是为序。

二〇二四年七月一日

前　言

以科技为核心的新领域新业态在不断推动着世界前行，知识产权制度也在科学技术的变迁中不断变革以回应时代诉求。在这一过程中，如何把握好技术发展脉络中知识产权制度的"角色定位"，如何在科学技术发展中以知识产权制度为"滚轴"助力产业发展，如何协调好知识产权制度的"稳"与技术的"新"，这些是目前全球面临的重要问题，也是面对百年未有之大变局的中国正在出现的问题。而对于当下这一问题的解决，通过历史这面镜子，回溯知识产权制度的发展历程或许更能够找到答案。

知识产权制度变迁的过程也是知识产权制度不断创新的过程，它历经了萌芽、产生与发展、变革与完善等阶段，在形式、内容及功能等方面不断地演变，但相关制度的变迁不是偶然和无序的，而是遵循着一定的内在逻辑，有着自身的发展观。其中，最具代表性的就是美国知识产权制度的发展历程。美国知识产权制度历经工业革命到信息革命的不同时期，基于科技革命而生，由于科技革命而变，其制度史本身就是一个法律制度创新与科技创新相互作用、相互促进的过程。① 纵观美国 200 余年的知识产权制度演进史，在不同历史时期美国知识产权制度呈现不同的价值取向与利益追求，服务于国家的不同政策目标。唯一不变的是，知识产权制度一直是美国激励科技创新并促进经济发展的重要法律规范。概言之，美国知识产权制度的演进史，即为美国知识产权立法现代化、审判一体化、运营国际化的法律变迁史。

在这一背景下，有必要以美国知识产权制度发展史为研究对象，以美国版权、专利、商标制度的变革历程为主线，结合社会发展的历史背景以及科

---

① 吴汉东.知识产权理论的体系化与中国化问题研究［J］.法制与社会发展，2014（6）.

学技术的时代因素，探究美国知识产权制度中核心的版权、专利、商标制度产生、发展、变革的技术、产业等发展背景，分析美国在各个技术发展阶段、在科技创新过程中、在商业革新中是如何通过对版权、专利、商标制度的变革以促进社会进步、科技发展与文化繁荣的；又是如何在恰当的时机进行适宜的制度变革与完善，从而达成技术与制度互惠互利的；力求探析出美国版权、专利和商标制度每次改革的科技与社会动因，并尝试归纳出美国知识产权制度变迁与技术变革的一般规律，构建科技进步与制度变革的良性互动方案，为现代格局下新领域新业态的知识产权制度应对姿态提供理论支撑，也为我国知识产权制度的理论建构和制度实践提供有益的借鉴，从而使知识产权制度真正成为社会创新的"催化剂"和产业发展的"推进器"。

目 录

导　论

一、美国版权、专利、商标制度发展史研究的目的与动机

习近平总书记在致中国社会科学院中国历史研究院成立的贺信中曾指出，"历史研究是一切社会科学的基础"。法学作为社会科学的重要分支，也当然要秉持历史研究的基础作用，在对历史的深入思考中汲取智慧、把握规律，走向未来。以版权、专利、商标为代表的知识产权法律制度滥觞于近代商品经济与科学技术发展，至今已有四百余年的演进历史。[①] 然而，在当前的研究成果中，却鲜有知识产权法律制度发展历史的专门研究，缺乏对于知识产权制度史的系统梳理与阐释，亟须予以填补与充实。

回顾知识产权法律制度的发展历程，可以发现，不同的国家和地区的制度设计与制度实施模式及效果不尽相同。正如孟德斯鸠在《论法的精神》中论及法律制定与地理关系时所提及，"相似的不一定总有相同的效果，相似的法律不一定有相同的动机""看似相反的法律有时的立法目的是相同的，看似相同的法律有时的确不同"。[②] 而美国作为世界的经济、文化中心，长期以来在全球化知识产权保护的浪潮中扮演着主导者和引领者的角色，推动着世界知识产权保护的进程。由此，不妨以美国版权、专利、商标的制度演进历程为例，展开知识产权制度史的探讨与研究。

就当前保护水平而言，无论版权、专利还是商标，美国的知识产权制度都处于世界领先水平，同时也是其他发展中国家争相模仿的对象。然而，美国并不是一开始就是知识产权保护的领航者，而是在漫长的历史演进过程中

---

① 吴汉东. 科技、经济、法律协调机制中的知识产权法［J］. 法学研究，2001（6）.
② 孟德斯鸠. 论法的精神［M］. 袁岳，编译. 北京：中国长安出版社，2010：203－204.

随着时代的发展不断发展，逐步探索出了属于美国特色的知识产权保护制度。从其历史发展脉络来看，科技进步是美国知识产权制度萌芽的核心因素，科技进步对知识产权制度有重要的推动作用，但若制度随技术发展动态调整则会产生破坏技术发展规律的后果，影响社会稳定，等技术发展稳定后结合各方诉求进行规制当为应有之义。在此基础上，美国知识产权意识的觉醒也在国际化进程中不断加速：从被动加入国际条约到主动吸收国际规则，再到主导国际规则，反映了美国知识产权立法的价值取向和决策因素。

在当下国别法研究的热潮中，[①] 对于美国知识产权制度发展史的研究正当其时，不仅能够廓清美国版权、专利和商标的制度图景与历史概貌，而且能够为我国知识产权制度的优化与完善提供参考与借鉴。历史是一面镜子，联系着过去与未来。通过对美国过去科技发展历程与知识产权制度变迁的历史脉络梳理，可以总结出适宜现代社会知识产权制度面对技术发展、产业革新等新问题的应对方向、策略等。在科学技术日新月异，经济社会持续发展的环境下，我国的知识产权制度也必须与时俱进，适应新技术、新产业的发展需要，对《中华人民共和国著作权法》《中华人民共和国专利法》《中华人民共和国商标法》等知识产权法律规范适时进行修改。此外，我国还应在后续的制度应对中增强在国际知识产权规则制定过程中的话语权，从国际知识产权规则的接受者转变为制定者与主导者，积极参与知识产权国际竞争，在国际知识产权领域发出中国声音，在国际知识产权市场传播中国作品，以国际化的中国知识产权制度适应全球竞争，实现从"知识产权大国"向"知识产权强国"的转变，从而加快中华民族伟大复兴中国梦的实现进程。

二、美国版权、专利、商标制度发展史研究的思路与框架

本书以美国技术革新脉络为契机，运用多维度方法，从美国技术发展、

---

① 2023年2月，中共中央办公厅、国务院办公厅印发《关于加强新时代法学教育和法学理论研究的意见》（以下简称《意见》）。《意见》指出，我国要补齐法学重点领域人才短板。加快培养具有国际视野，精通国际法、国别法的涉外法治紧缺人才。我国要优化法学学科体系，适应法治建设新要求，加强区际法学的学科建设。《意见》中所提及的国别法、区际法学，可归纳为"区域国别法"。

社会变革、产业革新等多视角进行版权、专利和商标制度变迁的研究，通过对美国版权、专利、商标制度的史料分析，尽可能地还原美国知识产权制度在不同历史时期的挑战以及完善过程。在理论分析、制度比较分析的基础上，结合典型案例展开实证分析，分为三编予以具体展开：

第一编为美国版权制度发展史。首先，从制度的历史沿革出发，将美国版权制度按照重要时间节点进行划分，概括性地分析美国版权制度的产生、发展和变革阶段的时代背景："从本土政治、文化发展诉求"到"弥补立法缺陷提高运行效能"，再到"适应数字时代进行现代化变革"。不同阶段美国版权制度发展的社会动因不同，且都有不同的立法特点，这也展现出不同时期美国版权制度的不同制度功效，从而为后续展开版权具体规则研究奠定基础。其次，美国版权制度的具体规则研究，包括版权主体、版权客体、版权权利、版权登记、版权限制和版权保护等六个方面。具体而言，版权主体的研究起始于单一的本土保护探析，到多元的国内、国外作者同保护、个人和机构作者多类型保护分析，再到未来人工智能主体地位问题的思考；版权客体的研究则是从作品构成要件认定标准的发展、作品类别的扩张等两个方面展开；而版权权利的研究则是以印刷时代、传媒时代和网络时代为划分探讨美国版权权利的发轫、勃兴和繁荣的具体过程；其中较为特殊的版权登记制度是美国版权制度发展的核心规则之一，其历经了兴起、废止、复兴三个阶段；版权权利限制制度研究则是以合理使用、法定许可和强制许可规则的发展为主线进行的分析。最后，以版权保护期限、版权侵权认定标准和版权救济措施的变化展开美国版权保护制度的发展历史探讨。此外，本编选取两个具有历史意义的典型案例"猴子拍照案"和"作品受众案"作为美国版权制度发展研究的参考。

第二编为美国专利制度发展史。从为了统一各州专利立法而诞生的第一部《美国专利法》，到为了促进科技创新与产业发展的专利制度完善，再到应对新兴技术发展与国际保护机制的专利制度变革，美国专利制度的初步历史沿革已然呈现。随后，专利主体制度发展研究从国际化的转变、合作化的演进和虚拟化的愿景三个部分展开；专利客体制度发展则是从基本要件的分析出发，分析科技产业变革下的基因技术发展与商业方法创新对专利客体制度的挑战；专利权利制度的部分则是以专利权保护期限的变迁为切入点，探究专利权具体权项的演化过程和美国专利权转移机制的革新。专利授权制度的研究主要分为专利申请机制的变革与发展和专利审查模式的改进；专利限制制度的历史研究则是从专利侵权的例外情形和强制许可制度两个方面展开。最后，以专利保护范围、侵权行为类型和权利救济途径为核心探究美国专利保护制度发展历程。此外，本编选取"DABUS人工智能案"和"道富银行商业方法案"两个典型案件作为美国专利制度发展研究的参考。

第三编为美国商标制度发展史。美国商标制度的发展分为：启蒙时代中普通法向联邦法律的演变，独立时代下现代商标制度的初步建立，变革时代中《兰哈姆法案》的修订与完善三个阶段，不同阶段商标制度的发展有着不同的价值与功能。商标主体制度的发展是以主体国际化演进、多元化演变为主线，探讨其主体规则的联邦一体化、全球一体化进程以及集体商标框架下商标主体的群体化、证明商标框架下商标主体的特殊化发展；商标客体制度的历史研究分为商标构成要素的变迁和显著性要求的变化两个方面；商标权利制度的发展则是以商标权利放弃机制的发展、商标续展机制的发展以及驰名商标认定机制的变化三个方面为核心展开研究；此外，重要的商标确权制度历史发展则主要分为三个阶段：从前期的"坚持使用取得原则，确立实际使用要求"，到中期的"淡化实际使用要求，纳入意图使用选项"，再到后期的"延续使用取得模式，注册机制逐步推行"，美国商标确权制度与国际规则不断融合；商标限制制度的发展研究了商业性合理使用规则的发展和非商业性合理使用规则的发展；最后，从商标侵权的认定标准、商标侵权的救济措施和驰名商标的特别保护三个方面构筑了美国商标保护制度的发展研究。此外，本编选取涉及单一颜色商标与指示性合理使用的典型案例作为美国商标制度发展研究的参考。

第一编

美国版权制度发展史

第一章

美国版权制度的历史沿革

版权制度作为激励文学、艺术作品创作、促进文学、艺术作品传播的一项重要法律制度，是推进教育事业进步和文化产业发展的关键法律支撑与制度保障。美国作为现代版权保护的引领者，其现有的、较为完善的版权保护制度一直是其他国家版权制度完善的标准。然而，美国版权制度并不是一开始就保持着较高的水平，而是在特定的历史背景情况下经历了产生、发展、变革三个阶段，才最终走向了国际领先水平。下文将以《美国版权法》的颁布与修订为分界点，对美国版权制度的产生、发展、变革的历史原因与特点进行梳理、总结，以期勾画出美国版权制度的历史概貌。

第一节　美国版权制度的产生阶段

美国版权制度的产生阶段是指第一部《美国版权法》的颁布历程，具体而言，《美国版权法》的产生阶段即是从英国 1709 年《安娜女王法令》（Statute of Anne①）制定到 1790 年《美国版权法》出台及修订的历史发展时

---

①　有关"Statute of Anne"的译称，各个学者翻译不同。有学者翻译为"安娜女王法令"，参见吴汉东. 知识产权基本问题研究（分论）［M］. 北京：中国人民大学出版社，2009：13；胡开忠. 知识产权法比较研究［M］. 北京：中国人民公安大学出版社，2004：5. 有学者翻译为"安娜法"，参见李明德. 美国知识产权法［M］. 2 版. 北京：法律出版社，2014：227；孙南申，高凌云，徐曾沧，等. 美国知识产权法律制度研究［M］. 北京：法律出版社，2012：51. 有学者翻译为"安妮法"，参见布拉德·谢尔曼，莱昂内尔·本特利. 现代知识产权法的演进（英国的历程）［M］. 金海军，译. 北京：北京大学出版社，2012：12. 本书采用"安娜女王法令"的译名。

期。下文将从 1790 年《美国版权法》的产生背景及其立法特点两个方面进行论述。

一、美国版权制度的产生背景

第一部《美国版权法》于 1790 年颁布，对美国文化与经济的发展起到了重大的推动作用。作为英国曾经的殖民地，[①] 1790 年《美国版权法》的内容深受英国《安娜女王法令》的影响。[②] 与此同时，美国刚刚独立不久，正处于百废待兴的阶段，故而 1790 年《美国版权法》的颁行也是为了顺应美国文化产业发展诉求，促进美国文化与经济的发展。

一方面，美国版权制度的诞生深受英国《安娜女王法令》的影响。英国《安娜女王法令》于 1709 年提出，1710 年通过，是世界上第一部真正意义上的版权立法。[③]《安娜女王法令》，全称是"为了鼓励知识创作，而授予作者以及购买者就其已经印刷成册的图书在一定时期内享有权利的法"。[④] 该法案在序言中写道"鉴于印刷商、书商及其他人士近来经常擅自印刷、重印和出版，或让人印刷、重印和出版书籍及其他著作，而却未经这些书籍和著作的作者或所有人的同意，从而极大地损害了作者和所有者的利益，也严重影响了他们及其家人的生活：为了防止此类行为的再次发生，并为了鼓励有学识的人继续创作和撰写有价值的书籍；在宗教贵族、世俗贵族和平民议员的建议和同意下，本届议会由女王陛下授权颁

---

① 孙南申，高凌云，徐曾沧，等. 美国知识产权法律制度研究 [M]. 北京：法律出版社，2012：51.

② MAGAVERO G. History and Background of American Copyright Law：An Overview [J]. International Journal of Law Libraries，1978，6 (2).

③ MARKE J J. United States Copyright Revision and Its Legislative History [J]. Law Library Journal，1977，70 (2).

④ An Act for the Encouragement of Learning，by Vesting the Copies of Printed Books in the Authors or Purchasers of such Copies，during the Times therein mentioned，Statute of Anne，Statute of Anne；April 10，1710. 翻译参考李明德. 美国知识产权法 [M]. 2 版. 北京：法律出版社，2014：227；胡开忠. 知识产权法比较研究 [M]. 北京：中国人民公安大学出版社，2004：5.

布……"① 为了防止上述现象的发生，鼓励有知识的人创作出更多优秀的作品，英国制定了《安娜女王法令》。

在《安娜女王法令》颁布之时，美国还是英国的殖民地，故该法令同样适用于北美地区，这也对后期美国的版权立法产生了深远的影响，致使其版权立法中有诸多英国《安娜女王法令》的影子。主要体现在以下几点：第一，保护期限。《安娜女王法令》给予作者为期14年的排他性印刷权，当14年届满后若作者还健在，则该项权利还可以续展14年。② 这一续展的模式被1790年《美国版权法》所吸收，并且一直沿用到了1976年。第二，注册登记制度。《安娜女王法令》的另一重要特点是规定了新作品需要在登记簿中进行强制登记注册，这是作者发起侵权诉讼以及法院扣押侵权复制品的先决条件，该规定也成为1790年《美国版权法》的一部分。③ 第三，提交样书制度。《安娜女王法令》还有关于向官方图书馆提交9本样书的规定，美国早期版权立法也对此有所借鉴，明确规定图书出版后6个月内须提交1册样书。④ 上述三点无一不体现了美国版权立法对英国版权立法的借鉴与吸收，正是英国《安娜女王法令》的出台才催生了第一部《美国版权法》。⑤

另一方面，美国版权制度的诞生源自本土发展的需要。美国第一部联邦《版权法》的颁布不仅有本土政治发展需要，亦包含本土文化产业的发展诉

---

① "…Whereas printers, booksellers, and other persons have of late frequently taken the liberty of printing, reprinting, and publishing, or causing to be printed, reprinted, and published, books and other writings, without the consent of the authors or proprietors of such books and writings, to their very great detriment, and too often to the ruin of them and their families: for preventing therefore such practices for the future, and for the encouragement of learned men to compose and write useful books; may it please your Majesty, that it may be enacted, and be it enacted by the Queen's most excellent majesty, by and with the advice and consent of the lords spiritual and temporal, and commons, in this present parliament assembled, and by the authority of the same…" See the Statute of Anne; April 10, 1710.

② JASZI P, JOYCE C, LEAFFER M A, et al. The Statute of Anne: Today and Tomorrow [J]. Houston Law Review, 2010 (47).

③ BRACHA O. The Statute of Anne: An American Mythology [J]. Hous. L. Rev., 2010 (47).

④ 李明德. 美国知识产权法 [M]. 2 版. 北京：法律出版社，2014：228.

⑤ 付丽霞. 美国版权制度演进及其对我国的启示 [J]. 黄河科技大学学报，2018 (6).

求。申言之，一是回应《美国宪法》的规定，实现全国版权制度规则的统一。美国独立之后，并未立即成立联邦共和政体，各州还是实行自治，拥有制定单独法律的权利。① 许多原来的殖民州都依据《安娜女王法令》，制定了本州的版权制度，但与此同时也造成了各州版权规则的冲突。为了统一全国的版权制度，1787 年《美国宪法》第 1 条第 8 款第 8 项中确立了"专利与版权条款"，即"为了促进科学和实用艺术的发展，国会有权保障作者和发明人在有限时间内对于自己作品和发明的独占权利"。② 1790 年，美国国会通过制定联邦美国版权制度的方式对此项宪法条款进行了回应。作为世界上第一个将知识产权入宪的国家，③ 美国对于知识财产的重视不言而喻。二是促进文化产业发展，保证文化繁荣。美国于 1776 年建立，各项制度都不尽完善，文化产业发展处于起步阶段。印刷商与书商作为文化产业的主导者，在市场监管缺失的情况下，往往会出现盗刷、盗印的行为，以侵犯作者利益为代价牟取暴利，从而导致作者缺乏创作激情。为了改变这一现状，1790 年《美国版权法》出台，赋予国内作者在一定期限内对于自己作品的排他性权利，以此激励作者创作更有价值的作品，促进本国文化产业的繁荣。④

二、美国版权制度产生阶段的立法特点

1790 年《美国版权法》颁布后，美国又于 1831 年、1865 年、1870 年等多次在原文本的基础上进行了一系列的修订，⑤ 其修订总体呈现本土保护主义倾向明显、版权保护客体范围狭窄和版权保护期限相对较短的特点，下文将分述之。

---

① 孙南申，高凌云，徐曾沧，等. 美国知识产权法律制度研究 [M]. 北京：法律出版社，2012：52.

② "The Congress shall have power to promote the progress of science and useful arts by securing for limited times to authors and inventors the exclusive right to their respective writings and discoveries." See U. S. Const. art. 1，§ 8，C1. 8 (1787).

③ 张旭光. 中美版权简史暨制度比较研究 [J]. 产业与科技论坛，2006 (8).

④ MARKE J J. United States Copyright Revision and Its Legislative History [J]. Law Library Journal，1977，70 (2).

⑤ 李明德. 美国知识产权法 [M]. 2 版. 北京：法律出版社，2014：228.

第一，本土保护主义倾向明显。1790 年《美国版权法》颁布时并没有将外国公民的作品纳入版权制度保护的范围内，仅仅保护美国公民的作品，[①]这与当时西方各国承认并尊重外国作家与出版商作品版权的倾向并不相符。[②]在美国独立之初，美国大众还未完全脱离英国的文化土壤，长期阅读英国的文学作品。由于当时英国与美国并未签署版权保护互惠协议，故美国书商可以免费取得英国知名作家的作品在美国印刷，并低价销售以牟取暴利。同样，英国的书商也是如此。[③] 如此一来，英国和美国作家都对此表示强烈抗议，然而书商和出版商关于"给予美国大众廉价书籍最为重要"的言论占据了上风，导致美国仅保护国内作家作品版权的规定持续了长达一个世纪。直到1891 年美国《国际版权法案》（The International Copyright Act of 1891，又称 Chace Act）的出台，这一现象才得以改善。[④] 至此，美国在版权法发展阶段的"本土保护主义的倾向"才有所缓解。

第二，版权保护客体范围狭窄。1790 年《美国版权法》出台时规定保护的客体类型较少，仅规定了书籍、地图与图表。[⑤] 随着社会经济的发展，1802 年美国将其版权保护的客体种类扩张到设计、雕刻、刻画和其他的印刷品。[⑥] 之后受英国《安娜女王法令》的影响，1831 年，美国在对版权制度修订过程中也增加了音乐作品作为版权作品予以保护。之后，随着作品创作形式的不断丰富，艺术作品的种类越来越多样化，1870 年《美国版权法》将版

---

① MARKE J J. United States Copyright Revision and Its Legislative History [J]. Law Library Journal, 1977, 70 (2).

② 冈茨，罗切斯特. 数字时代，盗版无罪？[M]. 周晓琪，译. 北京：法律出版社，2008：26.

③ 冈茨，罗切斯特. 数字时代，盗版无罪？[M]. 周晓琪，译. 北京：法律出版社，2008：27.

④ DEWOLF R C. Outline of Copyright Law [M]. Boston: John W. Luce & Company, 1925: 19.

⑤ WALTERSCHEID E C. Understanding the Copyright Act of 1790: The Issue of Common Law Copyright in America and the Modern Interpretation of the Copyright Power [J]. Copyright Soc'y U. S. A., 2005, 313 (53).

⑥ "In 1802 protection was extended to designs, engravings, etchings, and other prints." See MAGAVERO G. History and Background of American Copyright Law: An Overview [J]. International Journal of Law Libraries, 1978, 6 (2).

权保护客体延伸到商标、绘画、模型等，以满足社会发展的需求。① 虽然，1870 年《美国版权法》保护客体范围相较于 1790 年《美国版权法》有了进一步的扩展，版权保护水平也有所提高，但仍旧无法满足当时日益繁荣的美国文化市场的发展需要。

第三，版权保护期限相对较短。1790 年《美国版权法》参照《安娜女王法令》给予作者的版权保护期限仅为 14 年，同时包含一个 14 年续展期，即作者的版权保护期限最长可为 28 年。1831 年美国对 1790 年《美国版权法》进行了第一次全面修正，② 其中涉及版权保护期限的修订，即首次将保护期限延长到了 28 年，续展期 14 年时间不变，③ 此次修改后版权保护期限最长可达 42 年。虽然此时版权保护期限已有较大幅度的延长，但与欧洲保护"作者终生及死后 50 年"的版权保护期限相比，保护力度仍然稍显不足。④ 1909 年《美国版权法》进一步修订与完善，最长版权保护期限延长至 56 年，但并未对 1831 年《美国版权法》保护期限的续展期的模式进行实质性的变更。由此可见，相较于同期欧洲各国保护期限设定模式，美国一直处于弱保护的状态。

第二节 美国版权制度的发展阶段

美国版权制度的发展阶段是指第二部《美国版权法》的颁布历程，具体而言，《美国版权法》的发展阶段即指从 1909—1976 年，第二部《美国版权法》的制定与修改时期。下文将从《美国版权法》发展的缘由以及其在发展阶段的立法特点两个方面进行论述。

---

① BRAUNEIS R. Understanding Copyright's First Encounter With the Fine Arts: A Look at the Legislative History of the Copyright Act of 1870 [J]. Case Western Reserve Law Review, 2020, 71 (2).

② BRACHA O. Commentary on: Copyright Act (1831) [EB/OL]. [2024 - 04 - 30]. https://www. copyrighthistory. org/cam/tools/request/showRecord. php? id = commentary_us_1831.

③ Act of February 3, 1831, ch. 16, § § 1 - 16, 4 Stat. 436.

④ Act of February 3, 1831, ch. 16, § § 1 - 16, 4 Stat. 436.

一、美国版权制度的发展缘由

1909 年，第二部《美国版权法》颁布，这一大规模的修订弥补了第一部《美国版权法》的立法局限性，完善了其立法规定，同时也极大地促进了美国版权制度的现代化与体系化，对于美国文化产业的繁荣发展起到了关键作用。

其一，弥补现有法律缺陷，提高法律运行效能。由于当时美国国会的立法技术的局限性，1790 年第一部《美国版权法》颁布后虽有多次修改，但仍有亟须完善的问题。1905 年，美国总统西奥多·罗斯福在致国会的咨文中提到了当时美国版权制度存在的缺陷：第一，定义不准确。《美国版权法》中对于概念的定义较为模糊，容易让人产生混淆，不利于实践中案件的审理，也不利于《美国版权法》制度效能的正常发挥。第二，法律条文前后不一致。《美国版权法》中许多条文表述混乱，前后冲突，增加了法律运行的成本，不利于版权人权利的充分保护，更不利于法院案件的高效、公正审判，导致版权行政部门的执法总是不能令公众满意。① 为了改变这一现状，从1790 年《美国版权法》颁布后，美国就开展了不少于 12 次修订，但仍未有效解决这一问题。②

其二，回应社会发展诉求，适应全球立法趋势。1790 年《美国版权法》颁布之时，并未预见复制技术的发展和作品创作的多样性，致使其忽略了很多依据现代版权制度应当予以保护的客体，不利于作者权益的保护。同样，在前述咨文中，西奥多·罗斯福这样总结道："现有《美国版权法》已经无法适应当时美国社会的发展诉求，不利于科技创新与进步，很有必要对现行《美国版权法》进行全面修订以符合现代技术的发展水平。"③

与此同时，德国、澳大利亚、瑞典等国家也都发现了现今版权制度规则

① GEORGE S. Grossman. Omnibus Copyright Revision Legislative History ［M］. Buffalo：Hein, 1955：1.
② PATRY W F. Copyright Law and Practice ［M］. New York：The Bureau of National Affairs，Inc.，2000：37 – 53.
③ Theodore Roosevelt Presidency. December 5，1905：Fifth Annual Message.

与时代发展的脱节性，并开始了对各自版权制度的修订工作。① 1905 年 6 月
和 1906 年 3 月，美国国会图书馆举办了相关研讨会，并邀请了 30 多个组织
的代表以及版权登记部门。这些与会的组织代表的是作者、戏剧表演者、影
院经理、建筑师、作曲家等，都是与版权制度的修订息息相关的群体。该研
讨会从 1905 年一直举办到 1909 年 2 月底，各方意见层出不穷，② 最终才在
1909 年 3 月 4 日达成一致意见通过了 1909 年《美国版权法》。1909 年《美国
版权法》的制定是美国版权制度现代化的开端，激励了美国新技术的发展，
在美国迈向世界一流科技大国的道路上发挥了至关重要的作用。

二、美国版权法发展阶段的立法特点

1909 年《美国版权法》颁布后，经历了 1912 年、1913 年、1914 年、
1919 年等几次细微的修改。③ 1955 年后美国国会开始酝酿对其进行大规模修
订，提出了一系列草案，但直至 1976 年也未有实质性进展。④ 这一阶段中的

---

① 我们的版权法亟待修订。第一，现行《版权法》中很多定义不完善，条文表述混乱且前后矛
盾；第二，其遗漏了许多关于现代复制技术下的版权保护条款；第三，其给版权人施加了一些限制，
但这些限制对公众的公平保护而言并非必要的；第四，法院解释《版权法》中的相关条款，版权局
也无法做出令公众满意的版权行政管理。在此背景下，我们尝试通过频繁地修正法律来完善《版权
法》。实际上，自《修订法案》颁布以来，我们已经通过了不少于十二项相关法案。由此看来，对
《版权法》全面修订已势在必行。为了适应现代技术的发展，德国、奥地利、瑞典等国认为有必要进
行此类修订，而英国和澳大利亚殖民地也正在审议相关提案。（ "Our copyright laws urgently need
revision. They are imperfect in definition, confused and inconsistent in expression; they omit provision for many
articles which, under modern reproductive processes are entitled to protection; they impose hardships upon the
copyright proprietor which are not essential to the fair protection of the public; they are difficult for the courts to
interpret and impossible for the Copyright Office to administer with satisfaction to the public. Attempts to improve
them by amendment have been frequent, no less than twelve acts for the purpose having been passed since the
Revised Statutes. To perfect them by further amendment seems impracticable. A complete revision of them is
essential. Such a revision, to meet modern conditions, has been found necessary in Germany, Austria,
Sweden, and other foreign countries, and bills embodying it are pending in England and the Australian
colonies. " See Theodore Roosevelt Presidency. December 5, 1905: Fifth Annual Message.)

② GROSSMAN G S. Omnibus Copyright Revision Legislative History [M]. Buffalo: Hein, 1955:
3 - 4.

③ The Townsend Amendment of 1912; The 1913 Housekeeping Amendment; The 1914 International
Amendments; The 1919 Retroactive Protection and Ad Interim Amendment. See PATRY W F. Copyright Law
and Practice [M]. New York: The Bureau of National Affairs, Inc. , 2000: 62.

④ 李明德. 美国知识产权法 [M]. 2 版. 北京: 法律出版社, 2014: 22.

美国版权制度发展呈现版权保护客体范围扩大、版权保护期限有所延长的特点，下文将分述之。

第一，版权保护客体范围扩大，作品类型不断丰富。1909 年《美国版权法》规定的客体保护范围较于产生阶段已有大幅扩张，列举了书籍、为口头讲述而准备的讲座、艺术作品、照片、音乐作品、地图等版权保护的客体类型。① 同时，1909 年《美国版权法》还为汇编物和期刊提供了特殊的保护。② 然而，美国国会并没有停止对于版权客体保护范围的修改，对 1909 年《美国版权法》保护的作品类型进行了增加：1912 年《美国版权法修正案》将客体保护范围延伸至胶片电影（motion pictures film）；③ 1924 年至第二次世界大战期间，有关修改美国版权制度客体保护范围的提案一直未曾中断，然而由于争议各方无法达成一致意见而始终未获通过；④ 1939 年《美国版权法》将"用于商品的印花和标签"纳入客体保护范围；⑤ 1971 年《美国版权法修订案》增加录音制品（sound recording）作为法定版权保护的作品类型。⑥ 从前述修法进展来看，1909 年《美国版权法》的修改历程也是美国版权制度客体保护范围不断扩大的过程。

第二，版权保护期限有所延长，独立续展期仍存争议。如前所述，1831 年《美国版权法》规定的版权保护期限为 28 年，续展期为 14 年，而 1909 年《美国版权法》将续展期增加了 14 年，延长至 28 年，此时作品的版权保护期限最长可至 56 年，相较于 1790 年《美国版权法》最长 28 年的保护期限已有

---

① 科恩，劳伦，欧科迪奇，等. 全球信息经济下的美国版权法（上册）[M]. 王迁，侍孝祥，贺炯，译. 北京：商务印书馆，2016：40.

② "The Act of 1909 specified protection for compilations and periodicals". See MAGAVERO G. History and Background of American Copyright Law：An Overview [J]. International Journal of Law Libraries，1978，6（2）.

③ MARKE J J. United States Copyright Revision and Its Legislative History [J]. Law Library Journal，1977，70（2）.

④ MARKE J J. United States Copyright Revision and Its Legislative History [J]. Law Library Journal，1977，70（2）.

⑤ 科恩，劳伦，欧科迪奇，等. 全球信息经济下的美国版权法（上册）[M]. 王迁，侍孝祥，贺炯，译. 北京：商务印书馆，2016：41.

⑥ MAGAVERO G. History and Background of American Copyright Law：An Overview [J]. International Journal of Law Libraries，1978，6（2）.

较大提升，作者权利的保护得到进一步加强。然而，此时对于"设立一个独立的续展期是否有必要"的争论在美国展开："续展期的好处是若作者出于经济的需要以低于市场价的价格将其初始保护期限内的版权权利转让出去后，作者仍然可以通过版权续展期限获得利益补偿，但续展期的开始则需要以作者仍在世为前提条件，这并不利于作者权利的保护。"[①] 上述争论直至 1976 年才得以平息。

第三节　美国版权制度的变革阶段

美国版权制度的变革阶段是指第三部《美国版权法》颁布后的发展历程。具体而言，即 1976 年之后，美国版权制度相关规则的修改和完善过程。1976 年《美国版权法》颁布时只有 62 页，历经 34 年共修订 25 次，至 21 世纪初 1976 年《美国版权法》已经达 235 页。[②] 由此可见修改之频繁，内容之丰富。1976 年《美国版权法》确立了当今美国版权制度的基本框架。下文将从 1976 年《美国版权法》制度的变革需求以及其在变革阶段的立法特点两个方面进行论述。

一、美国版权制度的变革需求

20 世纪中叶以来，随着经济全球化的不断加强、科技革命的不断深入，美国版权制度的时代性特征在不断增强，版权制度现代化与国际化的变革趋势也日益凸显。

一方面，适应数字时代技术变革，响应现代化发展诉求。20 世纪初，以印刷为基础的版权保护格局开始发生变化，唱片、收音机、录像机的普及打

---

① MARKE J J. United States Copyright Revision and Its Legislative History [J]. Law Library Journal, 1977, 70 (2).

② 科恩，劳伦，欧科迪奇，等. 全球信息经济下的美国版权法（上册）[M]. 王迁，侍孝祥，贺炯，译. 北京：商务印书馆，2016：41.

破了发行和复制作品的原有路径，20世纪后期出现的数字技术更是推动了这一趋势的发展。首先，作者创作作品的方式发生了翻天覆地的变化。文学创作者摆脱了传统的纸质创作文学作品的模式，利用网络技术敲击几下键盘就可创作出新的作品，艺术创作者同样也更新了作品的创作方式，开始利用网络创作数字视频文件，进行网络空间存储与传播。此时，作品的表现形式也随之发生巨大变化，DVD、互联网存储音视频等数字格式的作品不断涌入市场之中。其次，作品的传播方式与范围也得到了前所未有的改变。20世纪初期的作品传播方式虽相较于印刷方式有了质的飞跃，但仍然依赖于有形的物质载体，如唱片、电影录像带等介质进行销售、播放，传播范围仅限于部分国家与地区，而20世纪70年代个人计算机（personal computer）的出现则大大颠覆了原有的传播方式，将世界变为"地球村",① 数字用户可在几秒钟内将作品通过网络传播到世界各地，极大地扩大了作品的受众，地理因素不再成为作品传播的阻碍。最后，作品的保护模式受到了严峻的挑战。由于网络技术的迅猛发展，作品创作与传播的数字化，因此网络用户可随意接触、复制、修改和传播作品。然而，基于网络的"匿名性"② 问题以及传播地域的分散性，这些用户的侵权行为往往得不到及时的控制与惩戒，版权人的合法权益遭到侵害，版权交易市场遭到严重冲击。具言之，传统的文学、艺术作品版权交易市场主要是以实体产品为基础进行销售与营利，然而数字化时代的到来使得整个版权交易市场发生了动荡。随着数字化作品的涌现，消费者更多地从传统的实体作品复制件转向更易携带的数字化作品或作品的数字化复制件，继而导致传统版权交易市场机制面临危机。面对数字时代带来的挑战，美国版权制度已无法应对，再次全面修订版权制度的呼声日益高涨，因此美国于1976年制定了第三部《美国版权法》，并对其不断完善以适应现代化的发展趋势。

---

① "地球村"一词最早是由加拿大传播学家M. 麦克卢汉提出，主要是指技术的发展使得文化、政治以及人与人之间的社交发生了巨大变化，地球变成了一个小小的村落。参见麦克卢汉. 理解媒介：论人的延伸［M］. 何道宽. 译. 北京：商务印书馆，2000：22.

② 巴比. 社会研究方法［M］. 11 版. 邱泽奇，译. 北京：华夏出版社，2009：142 – 146.

另一方面，开展多双边版权合作，顺应国际化潮流。19 世纪中期，双边协定成为各国确保公民版权作品在国外受到保护的重要手段，但由于双边协定的不断增多，反而给各国版权互惠保护造成了实践上的混乱与困扰，因此欧洲国家开始谋求建立多边版权协定。1886 年有关版权保护的多边协定《保护文学和艺术作品伯尔尼公约》（以下简称《伯尔尼公约》）（Berne Convention）正式建立，英国、比利时、德国等十四个欧洲国家参与并签订，① 这是欧洲国家间建立的版权保护标准，但因为参与签订的国家之中有许多殖民大国，故《伯尔尼公约》很快就扩张成较为重要的全球多边版权协定。② 在此次公约签订过程中，美国仅作为观察者参与了公约的起草过程，并没有当即加入其中。③《伯尔尼公约》规定了版权自动保护原则、国民待遇原则以及作者精神权利的保护等，而这些规定都与当时的美国版权制度有所矛盾，故美国国会对加入《伯尔尼公约》一直持反对意见。然而，随着国际贸易的不断扩张，美国逐渐意识到知识产品输出在国际贸易经济中扮演的重要角色，国会渐渐将更多的注意力转向知识产权的国际保护。④ 与此同时，美国版权行业也在不断向国会施压要求加入《伯尔尼公约》。最终，1988 年美国国会正式通过《伯尔尼公约实施法案》（The Berne Convention Implementation Act of 1988）。1989 年 3 月 1 日，该法案正式在美国实施，美国也于当年正式加入《伯尔尼公约》。⑤ 至此，美国版权制度规则与《伯尔尼公约》文本正式接轨。随后，美国签署了世界贸易组织（World Trade Organization，WTO）起草的《与贸易有关的知识产权协定》（The Agreement on Trade – Related Aspects of Intellectual

---

① MAGAVERO G. History and Background of American Copyright Law：An Overview ［J］. International Journal of Law Libraries，1978，6（2）.

② 科恩，劳伦，奥克蒂基，等．全球信息化经济中的著作权法（案例教程影印系列）［M］. 北京：中信出版社，2003：51.

③ 科恩，劳伦，欧科迪奇，等．全球信息经济下的美国版权（上册）［M］. 王迁，侍孝祥，贺炯，译．北京：商务印书馆，2016：53.

④ 科恩，劳伦，奥克蒂基，等．全球信息化经济中的著作权法（案例教程影印系列）［M］. 北京：中信出版社，2003：51.

⑤ 孙南申，高凌云，徐曾沧，等．美国知识产权法律制度研究 ［M］. 北京：法律出版社，2012：54.

Property Rights，TRIPs），1996 年美国签署《世界知识产权组织版权条约》（The WIPO Copyright Treaty，WCT）和《世界知识产权组织表演和录音制品条约》（The WIPO Performances and Phonograms Treaty，WPPT）。随着美国国际知识产权保护进程的不断加快，美国版权制度修订工作也在不断推进以与国际条约的要求相一致，从而与国际版权保护趋势相适应，为美国知识产品的全球化贸易奠定了坚实的制度基础。

二、美国版权制度变革阶段的立法特点

1976 年《美国版权法》颁布后经历了 20 多次修订工作，美国版权制度得以进一步发展与完善，版权保护期限再次被予以延长，版权保护国际化趋势显著。

第一，版权保护制度逐步完善。1976 年《美国版权法》颁布之前，美国版权制度多侧重于对版权保护的主体、客体、期限等内容的修订与完善，虽有所进步，但仍存在诸多制度不足。1976 年《美国版权法》开始修订，第一次对于版权合理使用制度进行了明确规定，即以下六个法定目的可以无须获得授权且无须付费而使用他人作品：（1）作为学术评论例证的目的；（2）非营利或政府目的；（3）教学目的；（4）个人或私人使用；（5）引用目的；（6）滑稽模仿目的。① 对于符合上述要求的行为，法律还需要考虑其是否能与原版权作品相区分、使用原版权作品的篇幅、是否对原有版权作品的潜在市场带来了影响。除了规定了版权合理使用制度，1976 年《美国版权法》还对版权许可使用规则进行了相关规定，版权的各种专有权利可以分别被许可使用或强制实施。② 至此，美国版权制度得到初步完善，制度也变得相对健全。

第二，版权保护期限再次延长。1976 年之前，美国版权的保护期限采取的形式是"初始保护期＋续展保护期"的模式。1909 年《美国版权法》规

---

① MAGAVERO G. History and Background of American Copyright Law：An Overview ［J］. International Journal of Law Libraries，1978，6（2）.

② 孙南申，高凌云，徐曾沧，等. 美国知识产权法律制度研究 ［M］. 北京：法律出版社，2012：54.

定的初始保护期是 28 年，续展保护期为 28 年，若作者版权初始保护期过后仍然在世，则其作品最长的保护期可达到 56 年。而 1976 年《美国版权法》取消了"初始保护期 + 续展期"的规定，采取"单一保护期"的模式，即"作者终生及死后 50 年"，取消了关于作者在世才可续展保护的条件，保护了作者的合法权益。1998 年美国又颁布了《版权保护期延长法案》（The Sonny Bono Copyright Term Extension Act），该法案将版权的保护期限延长至"作者终身及死后 70 年"，对于匿名作品、假名作品等特殊作品类型的保护期限也有所延长，以提高作品的版权保护水平。

第三，版权保护国际化趋势显著。由于美国一直采取的是低水平的版权保护，故在《伯尔尼公约》颁布之后，美国 100 多年都游离在该公约之外，以逃避其高水平的版权保护制约，从而保障美国本土版权产业的发展。然而，20 世纪 80 年代，网络技术迅猛发展，全球信息加速融合，低水平的版权保护已经无法满足美国本土版权产业的需要，因此美国开始关注版权的国际保护规则构建，以与国际版权规则接轨，从而提高国际版权市场参与度。1989 年美国开始加入《伯尔尼公约》，为成员方公民作品提供版权保护的国民待遇，明确保护作者的精神权益。1995 年美国加入《与贸易有关的知识产权协定》，并按照其要求采取了"思想与表达二分法"（dichotomy of ideaand expression）的版权保护原则，明确了对计算机软件、电影作品等新型成果的版权保护。1996 年，美国加入世界知识产权组织牵头的《世界知识产权组织版权条约》与《世界知识产权组织表演和录音制品条约》。为了保障上述公约在美国国内的顺利实施，1998 年美国出台了《数字千年版权法案》（Digital Millennium Copyright Act，DMCA），该法案规定了成员方版权保护的国民待遇原则，设置了禁止规避、破解技术保护措施的规则，禁止生产、销售和提供规避、破解技术保护措施的任何技术、产品和服务。《数字千年版权法案》是首个专门针对网络环境下版权保护问题的法案，对于全球各国网络版权保护规则的制定有重要的借鉴意义。此后，美国不再致力于仅仅加入并遵守国际版权保护公约，而是努力引领国际版权公约的制定，并成为国际版权保护规则制定的先行者。

第二章

美国版权主体制度的发展

美国版权主体制度的演进之路大致可分为本土保护模式、多元保护进程以及未来保护选择三个发展阶段。在不同的历史时期，美国版权主体制度的保护范围也有所差异。总体来看，从最初的本土保护模式到之后多元保护进程，再到新技术影响下的未来保护选择，美国版权主体制度呈现保护范围不断扩张的趋势。

第一节　美国版权主体的本土保护模式

当今的美国既是版权国际保护的推动者，更是国际版权保护规则的主要制定者，引领着国际版权保护的方向，监督国际版权条约缔约国国民待遇的履行。然而追本溯源，美国版权制度制定初期并没有参与版权保护的国际化进程，而是采取单一的本土保护模式。

受1710年英国《安娜女王法令》的影响，美国于1790年颁布了第一部《美国版权法》。当时的美国刚刚独立，对于版权的保护仅仅延及了美国居民的作品，非美国居民的外国作者的作品无法获得1790年《美国版权法》的合法保护。① 这一规定延续了长达一个世纪，在这期间，外国作者的作品在

---

① MAGAVERO G. History and Background of American Copyright Law: An Overview [J]. International Journal of Law Libraries, 1978, 6 (2).

美国都是被免费复制和销售的。因此，美国出版商长期盗印外国的畅销英文作品，从而产生了美国文学虚假的繁荣景象，这不仅给美国本土文学发展带来了损害，更侵害了被盗印的外国作品作者的利益。许多外国作家多次来到美国为自己的作品寻求版权保护，例如 19 世纪四五十年代，英国伟大作家查尔斯·狄更斯（Charles Dickens）就以文学作品国际版权保护的名义在美国发声，要求美国保护外国作家作品的版权，然而其多次尝试均以失败告终。美国内战之后，美国浪漫主义诗人威廉·卡伦·布莱恩特（William Cullen Bryant）① 也曾大力宣扬加强版权的国际保护②，但并未获得有效回应。③ 除了作家的呼声，1831—1870 年陆续有许多议员提出了"允许外国作家作品在美国获得版权保护"的提案，但均未见成效。1837 年，亨利·克莱（Henry Clay）④ 议员提出将 1831 年《美国版权法》保护主体范围扩大至英国、爱尔兰、法国地区的居民，然而这一提议并没有得到采用。之后，亨利·克莱又在四次大会中介绍了相同的提案，但每次都没有成功。1886 年，美国本可以加入版权国际保护公约——《伯尔尼公约》，然而美国没有选择加入。⑤ 美国版权主体制度的本土保护阶段一直持续到 1891 年，这一制度的实施有保护本土产业的初衷，也有无偿吸收外国经典作品促进美国本国文化繁荣的意图。这一举措无疑加速了建国初期的美国文化产业发展，然而对本国文化作品的创作也带来了冲击。换言之，在国内作品需要付费的情况下，美国出版商宁愿选择盗印不需要支付费用的外国作品，也不会选择出版国内作家的作品，这极大地打击了美国作家创作的积极性，严重地阻碍了本土文学艺术的发展。

---

① 威廉·卡伦·布莱恩特（1794 年 11 月 3 日—1878 年 6 月 12 日）是一位美国浪漫主义诗人，新闻记者，也是《纽约晚报》的长期编辑。

② MARKE J J. United States Copyright Revision and Its Legislative History [J]. Law Library Journal, 1977，70（2）.

③ COHEN J E, LOREN L P, OKEDIJI R L, et al. Copyright in a Global Information Economy [M]. Waltham：Aspen Publishers, 2010：33.

④ 亨利·克莱（1777 年 4 月 12 日—1852 年 6 月 29 日），美国参众两院历史上最重要的政治家与演说家之一。

⑤ MARKE J J. United States Copyright Revision and Its Legislative History [J]. Law Library Journal, 1977，70（2）.

第二节　美国版权主体的多元保护进程

19 世纪以来，在版权国际保护浪潮和工业革命后社会分工趋势的影响下，美国版权主体制度开始由单一的本土保护向多元保护转变，呈现从国内作者到国外作者和从个人作者到机构作者的多元化发展趋势。

一、从国内作者到国外作者的版权主体范围扩张

随着国际贸易的日益频繁，各国的文化交流日渐丰富，为保护本国文化艺术作品，一般两国之间都会签订版权保护的互惠协议，英国、法国等拥有殖民地的国家，也开始将本国版权法的适用扩大到殖民地所在的亚洲、非洲、美洲等，① 版权的国际化浪潮一时间成为 19 世纪世界各国的追求目标。然而，当时的美国并没有加入这一浪潮中。尽管国内外对于美国脱离版权国际保护的做法长期存在质疑与不满，美国却一直未同意加入相关版权国际公约。直到 1891 年 3 月 3 日，美国国会终于通过了《国际版权法案》，将版权保护惠及外国人，允许保护外国作者的作品，但同时规定了限制条件：该法案第 1126 条所称"外国作者"必须是美国《总统宣言》中认定的"国家"的公民。② 同时，该法案还规定美国版权制度保护的作品必须要在美国出版发行。③ 1891 年 7 月 3 日，英国作家亨利·亚瑟·琼斯（Henry Arthur Jones）根据该法案注册了其戏剧作品《圣徒和罪人》（Saints and Sinners），这也是美国第一部登记注册的外国作品。1909 年，美国在修订版权制度时取消了外国作者作品若希望获得版权保护必须在美国境内出版发行的要求。随后，1914 年美国首次加入版权国际公约，即《文学艺术版权布宜诺斯艾利斯公

---

① COHEN J E, LOREN L P, OKEDIJI R L, et al. Copyright in a Global Information Economy［M］. Waltham：Aspen Publishers, 2010：33.

② Act of March 3, 1891, ch. 565, 26 Stat. 1126.

③ DE WOLF R C. Outline of Copyright Law［M］. Boston：John W. Luce & Company, 1925：19.

约》（Buenos Aires Convention on Literary and Artistic Copyright），该公约于 1910 年 8 月 11 日在布宜诺斯艾利斯签署，当时的签署国包括 19 个中美洲和南美洲国家。"二战"结束之后，尤其是 20 世纪 70 年代以来，美国版权保护的国际化水平得到进一步提升，先后于 1971 年、1988 年、1995 年、1999 年签署或加入了《世界版权公约》（Universal Copyright Convention，UCC）①、《伯尔尼公约》②、《与贸易有关的知识产权协定》③、《世界知识产权组织版权条约》④，逐步形成了相对健全的版权国际保护体系。进入 21 世纪，美国为推进本国音乐、影视等版权产业的国际化发展，占领国际版权贸易的先机，通过签署双边、多边自由贸易协定，建立超过现有版权国际公约保护水平的区域性版权保护规则。例如，之前由美国所主导的《跨太平洋伙伴关系协定》（Trans‐Pacific Partnership，TPP）中就存在增加版权人复制权的内容、延长版权保护期等诸多 TRIPS‐PLUS 版权保护条款。⑤

二、从个人作者到机构作者的版权主体类型增加

随着工业革命的不断深化，社会生产中的分工日益细化，雇佣关系逐渐成为社会生产中的基础法律关系，文学艺术作品的创作也开始在雇佣关系下由雇员分工完成。尤其是第二次工业革命以来，美国开启版权产业化发展的进程，作品不再仅是精神人格的表达，更成为版权贸易中的商品。雇主为充分获取商业利益，将其自身作为版权主体的诉求愈发强烈。⑥ 为保障版权产业的有序发展，美国法院也开始支持雇主对雇员的作品获得权利，虽然此时美国版权制度仍然是规定由作者享有版权权利，但实践中雇主已经可以通过

---

① 美国于 1971 年 7 月 24 日签署《世界版权公约》，1972 年 9 月 18 日批准该公约，1974 年 7 月 10 日该公约对美国生效。

② 美国于 1988 年 11 月 16 日加入《伯尔尼公约》，1989 年 3 月 1 日该公约对美国生效。

③ 美国于 1995 年 1 月 1 日开始实施《与贸易有关的知识产权协定》。

④ 美国于 1999 年 9 月 14 日批准《世界知识产权组织版权条约》，2002 年 3 月 6 日该条约对美国生效。

⑤ 郭雨洒. TPP 最终文本之 TRIPS‐PLUS 条款探究 [J]. 电子知识产权，2016 (1).

⑥ 熊琦. 著作权法中投资者视为作者的制度安排 [J]. 法学，2010 (9).

签订合同获得雇佣作品的版权。[①] 这样一来，美国版权制度所保护的主体也就不仅仅局限于个人作者了，雇佣个人完成作品创作的机构也可以成为版权制度的主体。值得注意的是，长期以来，在美国，机构作为版权主体是以其与雇员的合同约定为基础，并没有版权制度层面的法律依据。易言之，机构能否成为版权主体完全依赖于合同约定得是否明确、是否有效。随着雇佣作品的不断增多，机构作为版权主体的情况也日益激增，机构版权主体资格的法律确认也变得越发紧迫。最终，1909 年《美国版权法》增加了雇佣作品的相关法律条文，机构的版权主体地位也获得了法律的明确认可。美国版权制度赋予机构以作者身份，无疑会充分激发各类机构开展作品创作的积极性，为美国版权产业的蓬勃发展提供了重要的法律支持与制度保障。

第三节　美国版权主体的未来保护选择

版权制度是文化、经济和法律相结合的产物，它是一种对于版权作品予以保护，从而调动版权人积极性的法律制度。20 世纪 70 年代以来，以网络技术为代表的第四次产业革命持续推进，促使能够进行作品创作的虚拟主体、人工智能主体开始出现，进而使得版权主体制度面临巨大挑战。原有的版权制度框架无法适应现有技术的发展需要，如何通过改造传统的版权制度来适应现代高新技术发展的需要，促进版权制度的现代化，将是首要问题。美国作为科技发展最迅速的发达国家，新技术对其版权主体制度的冲击尤其明显。

长期以来，版权主体制度的对象都是人，[②] 由人类去创作作品才能获得版权法的保护。虽然美国版权制度要求作品是基于作者的创作，即存在"源自作者"的要件，而并未规定作者必须是"人类"，不能是"机器人"，但是由于立法中没有明确承认除"人类"之外的其他主体的作者身份，美国司法

[①]　曹亦果. 美国雇佣作品制度历史疏解［J］. 电子知识产权，2017（4）.

[②]　SAMUELSON P. Allocating Ownership Rights in Computer – Generated Works［J］. University of Pittsburgh Law Review，1986，47（4）.

实践中一般会仅以"人"作为版权制度所保护的对象，例如在 2016 年美国加州北部地区法院审理的"猴子拍照案"中，法官以版权主体必须是人类为由，认定动物不具有主张版权的诉讼资格。①

然而，随着人工智能技术的发展，机器人拥有越来越强大的智能，能够自主创作"作品"，机器人与人类的差别有可能逐渐缩小。最著名的人工智能是美国汉森机器人公司生产的名为"索菲亚"的高度仿真的人形机器人，它拥有仿生橡胶皮肤和自然的面部表情，还能与人进行眼神的交流，做出微笑、悲伤等动作。2017 年 10 月 26 日，沙特阿拉伯正式授予该"女性"机器人索菲亚公民身份，使其成为史上首个获得公民身份的机器人。② 这也再次掀起了探讨"人工智能能否拥有成为版权主体资格"的浪潮。③ 对于这一问题，美国政府早就有所注意，并采取了相关应对措施。2016 年 10 月，美国白宫发布《人工智能未来发展计划》（*Preparing for the Future of Artificial Intelligence*）的报告，以此应对人工智能对社会发展带来的挑战。此外，美国国家科学基金会和美国航天局也设立了专项基金，对"机器人伦理学"的相关问题进行研究。④ 随着人工智能技术的不断发展，可画（Canva）、中道（Midjourney）等新型生成工具的不断出现，公众通过人工智能工具可以轻松地创作出想要的各种类型的作品，包括小说、论文、音乐、图画，甚至是计算机软件，文化产业涌现出大规模人工智能生成物，但这也引发了新一轮的版权争议：在人工智能已经进一步发展的今天，我们应当将人工智能生成的内容认定为作品吗？人工智能在版权制度中的主体地位认定需要应时代发展随之调整吗？

2022 年 9 月 15 日，漫画家克里斯蒂娜·卡什塔诺娃（Kristina Kashtanova）向美国版权局提交了名为《黎明的查莉娅》（*Zarya of the Dawn*）的漫画作品版权注册申请，并获得了该作品的版权登记，登记号为 VAu001480196。不久

---

① 阮开欣. 动物能成为著作权权利主体吗？[N]. 中国知识产权报，2016 – 2 – 19（9）.

② 吴汉东. 人工智能时代的制度安排与法律规制 [J]. 法律科学，2017（5）.

③ BRIDY A. The Evolution of Authorship：Work Made by Code [J]. Columbia Journal of Law & the Arts，2016，39（3）.

④ 吴汉东. 人工智能时代的制度安排与法律规制 [J]. 法律科学，2017（5）.

之后，美国版权局通过社交媒体了解到卡什塔诺娃在创作该漫画的过程中使用了中道这一人工智能绘画工具。① 因此，美国版权局在 2022 年 10 月 28 日致函卡什塔诺娃，通知卡什塔诺娃将会取消其版权登记，除非她能提交额外的证据证明该决定有误。

随后，卡什塔诺娃方提出了反对理由：卡什塔诺娃独自创作完成了该漫画，中道的作用仅为工具；或者退一步而言，该作品是应当部分受到版权保护的，因为文本的部分是卡什塔诺娃创作的，例如漫画的介绍和漫画人物的对话，且她对文本和图像的选择和创造性的编排也是版权保护的对象。针对这一抗辩，2023 年 2 月 21 日，美国版权局给予卡什塔诺娃正式回函，分别对漫画中的文本部分、文字与图片的选择和编排、图片本身的可版权性进行了详尽的分析，并通过对中道运行过程的细致探究否定了人工智能生成图片的可版权性。② 卡什塔诺娃在信中提到了其在中道软件中输入的提示词，版权局认为该提示的功能更像是建议，而不是命令。美国版权局举例称：若卡什塔诺娃委托一位视觉艺术家创作一幅名叫《拉雅》的老年白人女性全息影像，女性是一头卷发坐在宇宙飞船内，并提示该图像要有《星际迷航》类似的风格。若此时该成果并不满足雇佣作品的条件，那收到这些指令并决定如何表达的视觉艺术家才是真正意义上的作者。故在此案中，卡什塔诺娃不会是该图像的作者，因为现行版权制度不保护非人类创作的内容。与此同时，美国版权局也并未否认卡什塔诺娃在使用人工智能工具时的贡献，"只是这种努力并不足以让其成为人工智能生成图片的作者，'额头上的汗水'理论不能成为任何不可版权性成果受版权保护的理由，我们不会考量创作作品所花费的时间、精力和费用，因为这些与能否达到《美国版权法》和《美国宪

---

① PHELAN R N. U. S. Copyright Office Partially Allows Registration of Work having AI – generated Images（"Zarya of the Dawn"）[EB/OL].（2023 – 04 – 26）[2024 – 04 – 30]. https：//www. patentnext. com/2023/04/u – s – copyright – office – partially – allows – registration – of – work – having – ai – generated – images – zarya – of – the – dawn/.

② United States Copyright Office. Zarya of the Dawn Letter [EB/OL].（2023 – 02 – 21）[2024 – 03 – 21]. https：//www. copyright. gov/docs/zarya – of – the – dawn. pdf.

法》最低独创性的要求无关"①。最终美国版权局取消了2022年颁发给卡什塔诺娃的版权登记，重新颁发了版权登记证书。新的版权登记证书中排除了人工智能生成物，给予漫画中的文本、文本与图片的选择和编排版权保护。

漫画《黎明的查莉娅》版权登记事件引发了众多讨论和质疑，为此美国版权局于2023年3月16日发布《版权注册指南：含人工智能生成物的作品》（Copyright Registration Guidance：Works Containing Material Generated by Artificial Intelligence，以下简称《注册指南》）。②《注册指南》介绍了对包含人工智能生成物的作品进行版权登记审查和注册的相关政策："申请人有义务披露在提交注册的作品中包含人工智能生成的内容，并简要说明人类作者对作品的贡献。"③ 不仅如此，美国版权局在进行授权登记前还会对此类作品进行基本判断，即包含人工智能生成物的作品是否基本上是人类作者创作的，计算机（或其他设备）仅作为辅助工具生成的物，或者是否该作品中传统创作要素（文学、艺术或音乐表达以及元素的选择安排等）实际上不是由人类而是由机器构思和执行的。④ 值得一提的是，《注册指南》再次重申了只有人

---

① "The Office does not question Ms. Kashtanova's contention that she expended significant time and effort working with Midjourney. But that effort does not make her the 'author' of Midjourney images under copyright law. Courts have rejected the argument that 'sweat of the brow' can be a basis for copyright protection in otherwise unprotectable material. The Office 'will not consider the amount of time, effort, or expense required to create the work' because they have no bearing on whether a work possesses the minimum creative spark required by the Copyright Act and the Constitution. " See United States Copyright Office：Zarya of the Dawn Letter.

② LiBrary Of Congress Copyright Office. Copyright Registration Guidance：Works Containing Material Generated by Artificial Intelligence［R］. Federal Register，2023，88（51）.

③ PHELAN R N. U. S. Copyright Office Partially Allows Registration of Work having AI – generated Images （"Zarya of the Dawn"）［EB/OL］. （2023 – 04 – 26）［2024 – 04 – 30］. https：//www. patentnext. com/2023/04/u – s – copyright – office – partially – allows – registration – of – work – having – ai – generated – images – zarya – of – the – dawn/.

④ "As the agency overseeing the copyright registration system, the Office has extensive experience in evaluating works submitted for registration that contain human authorship combined with uncopyrightable material, including material generated by or with the assistance of technology. It begins by asking whether the 'work' is basically one of human authorship, with the computer ［or other device］ merely being an assisting instrument, or whether the traditional elements of authorship in the work （literary, artistic, or musical expression or elements of selection, arrangement, etc. ） were actually conceived and executed not by man but by a machine. "

类创作出的作品才能称为作品，《美国宪法》和《美国版权法》中使用的"人类"一词中并不包含非人类。[①]《注册指南》的颁布为美国人工智能能否成为版权主体的争议暂时画上了休止符，版权制度最终回归了其立法初衷。可以肯定的是，目前人工智能还处于弱人工智能时代，美国暂时还不会将人工智能作为版权保护制度的主体，但未来人工智能的飞速发展势必会对版权主体制度带来更大冲击，应当密切关注其潜力，管理其风险，力求在法律与伦理之间寻找平衡点。[②]

[①] In the Office's view, it is wellestablished that copyright can protect only material that is the product of human creativity. Most fundamentally the term "author", which is used in both the Constitution and the Copyright Act, excludes non – humans.

[②] SCHERER M U. Regulating Artificial Intelligence Systems: Risks, Challenges, Competencies, and Strategies [J]. Harv. J. L. & Tech. , 2016, 29 (2).

美国版权客体制度的发展

版权客体是指版权法所保护的对象，一般是指文学、艺术和科学领域的作品。美国作为世界经济、文化强国，一直将版权客体制度置于重要位置。随着科技的不断进步，美国在不断扩大其版权客体范围，不断完善作品受版权保护的要件。同时美国也通过实践案例对版权客体的认定标准进行灵活解释，以最大限度地回应产业发展诉求，促进社会良性发展。

第一节　作品受保护的要件日臻完善

美国版权制度对于作品受保护要件的规定主要包含两个方面：作品的独创性与作品的固定性，下文将分述之。

一、作品独创性标准的演变

作品的独创性是大多数国家规定的作品获得版权保护的实质要件。美国对于独创性的规定并非一开始就存在，而是通过立法与实践逐渐明晰。1790 年第一部《美国版权法》颁布时，并没有将独创性要求明确写入法案中，而且将"地图和图表"等事实作品都纳入版权保护的范围内。① 1903年，美国法院在乔治·布莱斯坦等诉唐纳森平版印刷公司案（George Bleistein

---

① Sec. 3, Copyright Act of 1790.

v. Donaldson Lithographing Co.）的判决中为"作品独创性的认定"创设了基础。乔治·布莱斯坦是一名平版印刷公司的员工，该公司受雇于华莱士大秀马戏团（Great Wallace Show）的老板本杰明·华莱士（Benjamin Wallace），制作了许多宣传该马戏团的海报，海报上有许多场景源自马戏团现场表演。随着业务的不断拓展，华莱士大秀马戏团需要更多的海报，但是其并没有选择继续与乔治·布莱斯坦所属广告公司合作，而是找到了报价更优惠的唐纳森平版印刷公司，而唐纳森平版印刷公司直接复制了乔治·布莱斯坦制作的三张海报。① 乔治·布莱斯坦发现后随即将唐纳森平版印刷公司起诉至法院，认为唐纳森平版印刷公司侵犯其版权，但唐纳森平版印刷公司主张版权保护只延及美术作品，并不能延伸到广告或者其他商业艺术产品。该案的初审法院和上诉法院并没有支持乔治·布莱斯坦的诉求，均认为海报不属于美国版权制度保护的对象，因为海报的内容主要来自马戏团的现场表演，并非原告自己创作，同时法院还认为海报属于商业广告，故其并不能被纳入现行《美国版权法》保护的客体范畴。最终，乔治·布莱斯坦上诉至美国联邦最高法院，而美国联邦最高法院推翻了前述判决，转而支持了乔治·布莱斯坦的诉求。美国联邦最高法院认为用于商业目的的海报也应当是有版权的，② 并且指出，"人格具有一些特殊之处，甚至在笔迹中也能够表达出其独特之处，即使一个水平较低的艺术品中也能有一些不可剔除的东西，这就是人类创作的独立性"③。同时，美国联邦最高法院发出警告："让仅仅受过法律训练的法官去评判图画的艺术价值是极其危险的，即便用于商业也无法磨灭它的艺

---

① 霍姆斯法官将这三张海报分别描述为："一场普通的芭蕾"（an ordinary ballet）、"史达克一家骑自行车表演"（the Stirk family，performing on bicycle）、"涂白的男人和女人在扮演雕像"（men and women whitened to represent statues）。See Bleistein v. Donaldson Lithographing Co. 188 U. S. 239（1903）.

② "Finally, the special adaptation of these pictures to the advertisement of the Wallace shows does not prevent a copyright. That may be a circumstance for the jury to consider in determining the extent of Mr. Wallace's rights, but it is not a bar. "

③ "Personality always contains something unique. It expresses its singularity even in handwriting, and a very modest grade of art has in it something irreducible which is one man's alone. That something he may copyright unless there is a restriction in the words of the act. "

术价值。"① 该案判决奠定了作品独创性的认定基础，即需要体现作者个性以及些许的艺术水平。1976 年《美国版权法》中使用了"原创作品"（original work of authorship）一词明确了独创性应当是作品受版权保护的要件之一。1992 年发生的菲斯特出版公司诉乡村电话服务公司案（Feist Publications, Inc. v. Rural Telephone Service Co.）再次对作品的独创性进行了解读，提高了对独创性的要求，该案法院认为"按字母顺序排列的电话号码不具有独创性，因为电话号码簿的内容没有创作内容，更没有原创的成分"②。该案判决再次强调了独创性在作品认定中的重要性。

二、作品固定性要求的发展

作品的可固定性是指作品的创造性活动能够通过有形介质表达出来。1790 年《美国版权法》保护的都是能够复印、出版的地图、图表和书籍，并没有明确提出作品的固定性要求。1976 年《美国版权法》第 101 条用"固定性"（fixed）一词表明了作品的固定性要求，即"作品需要被固定在有形介质中，并且其永久性或者稳定性足以使其在并非短暂的时间内被感知、复制或者以其他方式传播。如果一件作品包含声音、图像或二者兼有，且作品的传输和固定是同时进行的，也可以认为该作品是已被固定了的"③。同时，该法案第 102 条也明确了美国现代版权制度对于作品的定义："根据本版权法，固定于任何有形的表达媒介的独创作品都可以获得版权保护，这种表达媒介

---

① "It would be a dangerous undertaking for persons trained only to the law to constitute themselves final judges of the worth of pictorial illustrations, outside of the narrowest and most obvious limits. At the one extreme some works of genius would be sure to miss appreciation. Their very novelty would make them repulsive until the public had learned the new language in which their author spoke." Bleistein v. Donaldson Lithographing Co. 188 U. S. 239（1903）.

② Feist Publications, Inc. v. Rural Telephone Service Co., 499 U. S. 340（1991）.

③ A work is "fixed" in a tangible medium of expression when it's embodiment in a copy or phonorecord, by or under the authority of the author, is sufficiently permanent or stable to permit it to be perceived, reproduced, or otherwise communicated for a period of more than transitory duration. A work consisting of sounds, images, or both, that are being transmitted, is "fixed" for purposes of this title if a fixation of the work is being made simultaneously with its transmission. See § 101 definitions, Public Law 94 – 553 – OCT. 19, 1976.

包括目前已知的和后来开发的。并且通过表达媒介，这些作品都可以直接或间接地借助机器或装置被感知、复制或以其他方式传播。"[1] 从版权保护层面而言，固定性的要求能够很好地帮助作者证明身份，协助作者提起版权诉讼进行证据提交。[2] 然而，随着时代发展与计算机技术的进步，出现了许多没有被固定在有形介质的作品，特别是口头演说。按照我国 2020 年《中华人民共和国著作权法》的规定，作品形式要件层面"只需能一定形式表现"即可，故口述演说在我国无须固定即可被认定为作品从而获得版权保护。然而，在美国由于"固定性"的作品认定要求，故未被固定的符合独创性要求的口头演说或者即兴舞蹈表演并不能直接依据《美国版权法》被认定为作品从而获得版权保护，而只能被视为表演受到州一级的法律保护。[3]

第二节　受保护的作品类别不断扩大

初建期的美国版权制度主要是以英国《安娜女王法令》为参照对象进行的构建，而英国《安娜女王法令》主要保护的作品类型就是书籍，因此在 1787 年《美国宪法》第 1 条第 8 款第 8 项"对作者和发明家的作品和发明，应当在一定期限内给予专有保护权"条款通过时，书籍几乎是唯一被认为值得保护的作品。直到 1790 年第一部《美国版权法》颁布时才增加了"地图和图表"两种作品类型。1802 年《美国版权法》新的修订将版权保护的作品种类扩大到"历史版画"和印刷品。"历史版画"是在经过设计之后通过雕刻或蚀刻上去的，也就是通常意义上的"雕刻品、蚀刻品"。对于该类作品，1802 年《美国版权法》还要求在该类作品的副本上印上版

---

[1] "Copyright protection subsists, in accordance with this title, in original works of authorship fixed in any tangible medium of expression, now known or later developed, from which they can be perceived, reproduced, or otherwise communicated, either directly or with the aid of a machine or device." See sec. 102 definitions, Public Law 94 – 553 – OCT. 19, 1976.

[2] 金松. 论作品的"可复制性"要件 [J]. 知识产权, 2019 (1).

[3] 郑成思. 版权法 [M]. 北京：中国人民大学出版社, 1990：2.

权声明。① 受到英国《安娜女王法令》对于音乐作品保护规定的影响，1831年2月3日美国对版权制度进行了第一次全面修订，并加入音乐作品作为新的作品类型。1856年8月18日，美国将公开演出的权利首次授予戏剧作品的作者或者所有者。19世纪中期，美国对于摄影作品版权的认知度并不高，因为摄影主要还是借助机械进行，具有纯粹性与机械性的特点，法官很难将摄影师与版权法意义上的作者或者原创者相等同，故美国版权制度并未对摄影作品予以保护。直到19世纪60年代，摄影师马修·布雷迪（Mathew B. Brady)② 发布了大量的关于美国内战的照片，引起了人们对于内战思考，更是让整个美国社会意识到摄影的重要价值。最终，法官从拍摄照片的灯光和主题的选择与布局等方面发现了摄影作品的独创性部分。③ 因此，1865年3月3日，美国将摄影作品和其底片纳入版权保护的客体范围内。1870年7月8日，美国启动了对版权制度的第二次全面修订，其将可以保护的作品的类别扩大为"任何书籍、地图、图表、戏剧或音乐作品、雕刻作品、印刷作品或摄影作品……素描和油画，彩色平版画④，雕塑，具有美术设计的模型和图案"。⑤ 自此，艺术作品获得了版权保护的资格。1909年3月4日通过的《美国版权法》再次对版权保护的作品种类进行了进一步的明确规定：

a. 书籍，包括复合作品、百科全书、人名或者机构名、地名等索引书籍以及其他汇编书籍；

b. 期刊，包括报纸；

---

① DEWOLF R C. Outline of Copyright Law ［M］. Boston, John W. Luce & Company. Print., 1925：17.

② 马修·布雷迪（1822年5月18日—1896年1月15日）是美国历史上最早的摄影师之一，以其内战场景而闻名。他通过将他的摄影工作室带入战场，大规模记录美国内战，努力使布雷迪成为历史上的一席之地。参见 Brady's Photographs. Pictures of the Dead at Antietam ［N］. The New York Times, 1862 – 10 – 20.

③ DEWOLF R C. Outline of Copyright Law ［M］. Boston：John W. Luce & Company, 1925：17.

④ 李明德. 美国知识产权法 ［M］. 北京：法律出版社，2014：230.

⑤ DEWOLF R C. Outline of Copyright Law ［M］. Boston, John W. Luce & Company. Print., 1925：17.

c. 为口头传达而准备的讲座、布道和演讲；

d. 戏剧或者戏曲作品；

e. 音乐作品；

f. 地图；

g. 艺术作品，艺术作品的模型或者设计；

h. 艺术作品的复制品；

i. 具有科学或者技术特征的绘图或者塑料制品；

j. 照片；

k. 印刷品和插图。①

1909 年《美国版权法》在 1912 年再次得到修订，电影作品被纳入了版权保护的客体范围中。在此之前，电影都是作为摄影作品以寻求版权制度的保护的。对于此次的电影作品类型的增加，美国国会给出的理由为：电影产业的发展规模越来越大，电影的投资金额也相当高，应当对此项财产权利进行确认，通过修订版权法以给予其明确而清晰的保护。② 随着科技的不断发展，美国国会继续对版权制度中作品的范围进行扩张，1971 年美国国会将版

① Sec. 5, Copyright Act of 1909. That the application for registration shall specify to which of the following classes the work ill which copyright is claimed belongs:
　(a) Books, including composite and cyclopedic works, directories, gazetteers, and other compilations;
　(b) Periodicals, including newspapers;
　(c) Lectures, sermons, addresses, prepared for oral delivery;
　(d) Dramatic or dramatico - musical compositions;
　(e) Musical compositions;
　(f) Maps;
　(g) Works of art; models or designs for works of art;
　(h) Reproductions of a work of art;
　(i) Drawings or plastic works of a scientific or technical character;
　(j) Photographs;
　(k) Prints and pictorial illustrations.
② "Protection was recommended because the motion picture industry has become a business of vast proportions. The money invested therein is so great and the property rights so valuable that…the…law ought…to give them distinct and definite recognition and protection." see H. R. Rep. No. 756 (1912), S. Rep. No. 906 (1912).

权保护延及录音作品，该修订案于 1972 年 2 月 15 日生效，其效力及于该日期或者该日期之后首次发布的录音制品。1976 年美国国会对于版权保护的作品采取了以种类为依据的列举方式，奠定了美国现代版权制度的基础，其将版权保护的作品分为以下 7 类：

（1）文字作品；

（2）音乐作品，包括配词；

（3）戏剧作品，包括配套戏曲；

（4）哑剧和舞蹈作品；

（5）绘画、图形和雕塑作品；

（6）电影以及其他视听作品；

（7）录音制品。①

对于上述作品的具体所指，1976 年《美国版权法》对"文字作品""电影""绘画、图形和雕塑作品"等进行了解释。其中，文字作品并不是视听作品，而是通过文字进行表达，或者通过其他语言或者数字符号、标记进行表述而形成的作品，不论其最终是以书籍、期刊、手稿、唱片、电影、磁带、磁盘或者磁卡等形式出现。② 从对文字作品的解释来看，数字标记或者符号所表述的作品涵盖了计算机软件，计算机软件是可以通过文字作品而获得保护的。③ 然而，面对发展突飞猛进的计算机软件产业，1980 年 12 月，美国国会采纳了"版权作品新技术利用委员会"（the Commission on New Technological

---

① "Section 102 provides that copyright protection subsists in 'original works of authorship' fixed in tangible form. Seven broad categories are listed：（1）literary works；（2）musical works, including any accompanying words；(3) dramatic works, including any accompanying music；(4) pantomimes and choreographic works；(5) pictorial, graphic, and sculptural works；(6) motion pictures and other audiovisual works；and (7) sound recordings." Sec. 102. Copyright Act of 1976.

② "Literary works" are works, other than audiovisual works, expressed In words, numbers, or other verbal or numerical symbols or indicia, regardless of the nature of the material objects, such as books, periodicals, manuscripts, phonorecords, film, tapes, disks, or cards, in which they are embodied. See House Report No. 94 – 1476, 94th Congress, 2d Session, 54 (1976).

③ 李明德. 美国《版权法》对于计算机软件的保护 [J]. 科技与法律, 2005 (1).

Uses of Copyrighted Works，CONTU）的提案，[①] 修订了 1976 年《美国版权法》，特别将 CONTU 关于计算机软件的定义纳入第 101 条："计算机软件是一系列陈述或者指令，可以直接或者间接地使用于计算机，以达到某种特定的结果。"与此同时，1980 年 3 月 26 日，美国众议院通过《计算机软件版权法》（The Computer Software Copyright Act），增加了关于计算机程序的定义，并限制了复制该程序的方式。《计算机软件版权法》将"计算机程序"定义为"一组在计算机中直接或间接使用以实现特定结果的语句或指令"，同时允许计算机程序复制件的所有者改编此类程序以供使用或存档，而不会被认定为版权侵权。[②] 1990 年 12 月 1 日，美国在版权法保护的作品类别中增加了第八类"建筑作品"，规定建筑作品是指建筑物的设计，可以体现在有形表达的媒介中，包括建筑本身、建筑平面图或者绘图。建筑作品包含整体设计以及设计中的空间元素的排列、组合，但是不包括单一的标准特征。[③] 除了 1990 年《美国版权法》第 102 条列举的 8 类受到版权保护的作品，其在第 103 条中还规定了对于汇编作品和演绎作品的保护，并在第 101 条中对汇编进行了解释：汇编是指通过收集和组合预先存在的材料或者数据而形成的作品，材料的选择、协调或布局使得其能够成为作者原创的一个整体的作品。然而，并不是所有的汇编内容都可以构成作品。[④] 在 1991 年之前，美国法院一直遵循"额头上的汗水"原则给予对成果投入大量劳动和精力的公众以版权保护，但判定菲斯特出版公司诉乡村电话服务公司案时，美国联邦最高法院驳回了"额头上的汗水"理论，而是认为只有对在"选择"和"安排"

---

① 1974 年美国第 93 届国会成立版权作品新技术利用委员会，CONTU 成立的目的是给法律或者程序提出相关提案以确保公众通过机器或者计算机接触版权作品，同时承认版权所有者的权利。See CONTU Report, supra note 2, at 1；Koenig, supra note 30, at 340.

② NUSSBAUM, JAN L. Apple Computer, Inc. v. Franklin Computer Corporation Puts the Byte Back into Copyright Protection for Computer Programs [J]. Golden Gate University Law Review, 1984, 14 (2).

③ "An 'architectural work' is the design of a building as embodied in any tangible medium of expression, including a building, architectural plans, or drawings. The work includes the overall form as well as the arrangement and composition of spaces and elements in the design, but does not include individual standard features." see Copyright Amendments Act of 1990.

④ 17 U. S. Code sec. Copyright Amendments Act of 1990.

中体现出创造性的活动才能予以版权保护，而非选择性的事实整合活动。①
此后，美国版权制度一直维持着 1990 年《美国版权法》第 102 条中 8 类受版
权保护作品的规定，同时通过实践判例不断进行释义以适应飞速发展的现代
社会。

---

① CARSON B M. Legally Speaking—The Top Ten Intellectual Property Cases of the Past 25 Years [J].
Against the Grain, 2005, 17 (2).

美国版权权利制度的发展

美国版权权利制度的发展具体是指美国版权人的版权权利的发展，亦是指版权权项变化发展的过程。在 1790 年第一部《美国版权法》颁布时就对版权权利内容有所规定，但早期的版权权利规定根本无法适应现今飞速发展的科学技术，故美国多次对版权人的权利进行增加和调整，以回应时代诉求。具体而言，可依据印刷时代、传媒时代和网络时代对美国版权权利内容的历史发展进行梳理与分析，下文将分述之。

第一节　印刷时代：美国版权权利制度的发轫

美国版权权利制度发轫阶段是指以印刷技术为基础创作作品的阶段，亦可称为美国的印刷时代，贯穿了美国版权制度诞生的 18 世纪至之后发展的 19 世纪。

印刷时代对每个国家都不陌生，是国家发展的必经阶段。对于版权制度而言更是其萌生的重要推动力。世界上诞生的第一部现代意义上的版权法——英国《安娜女王法令》就是在印刷技术飞速发展的背景下，为避免大量书籍在未经作者同意的情况下被盗印和出版才被颁布，目的是赋予作者或所有者以书籍的印刷出版权。1790 年第一部《美国版权法》诞生，该法沿袭了这一规定，在第 1 条中规定作者对于自己的书籍、地图、图表作品享有印刷、复制和出版的权利，[①] 这是美国最早对于版权权利内容的规定。该规定

---

① Sec. 1, Copyright Act of 1790.

是基于美国刚刚脱离殖民地统治的时代背景，通过赋予作者印刷和出版等相关权利以促进美国社会文化更好地发展。然而，随着社会的不断进步，各类文学艺术作品喷涌而出，作品形式不断丰富，作者仅有的几项权能已不能满足其现实需要。之后戏剧作品的出现更是进一步拓宽了权利内容，1856 年 8 月 18 日，美国国会将公开演出的权利首次赋予戏剧作品的作者或者所有者。① 尽管这一权利仅限于戏剧作品，但这一项权利并不受限于营利性表演，任何侵犯这一权利的行为第一次将被要求不低于 100 美元的法定赔偿金，随后每次表演的罚款将不低于 50 美元。② 随着各国之间国际文化交流的日渐频繁，许多优秀的作品被翻译后在全球出版。1853 年，哈里特·比彻·斯托（Harriet Beecher Stowe）控告一家出版商托马斯（Thomas）侵犯其著作《汤姆叔叔的小屋》（*Uncle Tom's Cabin*）德文译本的版权，③ 但法院认为译本不是原著的复制品，因此不侵犯版权。该判决将版权保护概念化为有限的印刷权，这是对版权权利的狭隘理解。④ 该案并没有承认作者对作品翻译的权利，众多优秀的作品被随意翻译为其他语言，作者权益受到严重损害。直到 1870 年《美国版权法》的出台才为作者和作品所有者增加了作品的翻译权和戏剧改编权，并且将翻译权扩展到所有作品。关于这一权利，法案中表述为："作者可以保留将自己作品戏剧化或翻译的权利"，这一表述导致作者对是否需要肯定地进行权利保留的声明存在疑惑。⑤ 1891 年《美国版权法》将这一表述改为："作者应当享有戏剧化作品或翻译作品的专有权。"⑥作者不再需要通过声明保留这一形式而获得权利。至此，作者的翻译权得到了明确。18—19 世纪印刷时代，美国版权的权利内容在不断扩充，极大地促进了美国的文化繁荣与发展。

---

① PATRY W F. Copyright Law and Practice ［M］. New York：The Bureau of National Affairs, Inc. , 2000：41 - 43.

② Brady v. Daly, 175 U. S. 148（1899）.

③ Stowe v. Thomas（1853）.

④ Oren Bracha. Commentary on Stowe v. Thomas（1853）［EB/OL］. ［2024 - 04 - 30］. https：// www. copyrighthistory. org/cam/tools/request/showRecord. php？ id = commentary_us_1853b.

⑤ "authors may reserve the right to dramatize or to translate their own works."

⑥ "Shall have the exclusive right to dramatize or translate any of their works."

第二节　传媒时代：美国版权权利制度的勃兴

美国版权权利制度的勃兴时代是指 20 世纪初期至 20 世纪中后期美国版权内容的发展，以印刷为基础的版权时代烙印开始褪去，唱片、收录机、录像机的普及打破了美国版权市场的原有生态，随后数字技术的出现更加剧了这一发展，也更加改变了版权内容的现有格局。

1909 年《美国版权法》进行了重大修改，进一步完善了作者的权利，明确规定了作者的独占权利：第一，作者对版权作品享有印刷、翻印、出版、复制和公开发表的权利。第二，作者有权将版权作品翻译成其他语言或者方言；或者将上述的文学作品改编为其他形式；或者将非戏剧作品改编为戏剧作品；或者将戏剧作品改编为小说作品或者其他非戏剧的作品；或者将音乐作品改编等。第三，对于演讲、布道和演说等类型的作品，作者有营利性公开发表的权利或者授权公开发表的权利。第四，对于戏剧作品，作者拥有公开表演权和公开任何关于戏剧作品的手稿和任何记录的权利；并且作者有权决定以何种形式和途径去公开手稿或复制件的全部还是部分。[1] 第五，1909 年《美国版权法》将公开表演权扩大到了音乐作品，但限于营利性的公开表演，规定了非营利性场所的"投币点唱机版权例外"。[2] 之后随着数字技术的不断发展，电影、录音、录像不断进入人们生活中。1912 年美国国会认同了电影具有巨大的经济利益的观点，肯定了电影制片商对其制作的电影享有版权。1971 年 10 月 15 日美国颁布《录音制品法案》（Sound Recording Act），[3] 更加具体地描述了录音制品版权所有者对于其录音制品的版权权利，以打击当时猖狂的录音盗版行为。1909 年《美国版权法》中有关作者权利内容颁布后，一直未有大

---

① Sec. 1, Copyright Act of 1909.

② "（e）To perform the copyrighted work publicly for profit if it be a musical composition and for the purpose menlo setting, or record. of public performance for profit;" Copyright Act of 1909.

③ Sound Recordings Act, Pub. L. No. 92 – 140, 85 Stat. 39 （Oct. 15, 1971）.

幅修订，但其规定内容过于冗长，不利于版权制度长期、高效地实施。1961年，美国版权局在"关于修订版权法的建议"中曾指出：1909年《美国版权法》第1条中繁杂的语言应当由更加简单和清晰的语言取代，即赋予版权人专有权：（1）制作和出版权复制件的权利；（2）创作新版本；（3）公开表演的权利等。① 之后该提案一直被不断讨论，直到1976年才予以通过。1976年《美国版权法》第106条中关于版权权利的内容规定为：

（1）制作版权作品的复制件或者录音制品；

（2）在版权作品的基础上创作演绎作品；

（3）通过出租、租借、出售或者其他转移所有权的方式向公众发行作品的复制件或者录音制品；

（4）作品是文字、音乐、戏剧、舞蹈、哑剧、电影或者其他电影作品的，作者有向公众表演该作品的权利；

（5）作品是文字、音乐、戏剧、舞蹈、哑剧、绘画、图表或雕塑作品的，包括电影以及其他电影作品的单幅影像，作者对该版权作品享有向公众展览的权利。②

然而，此时美国并未有关于作者精神权利保护的规定，而国内关于赋予作者精神权利的诉求已经蔓延开来。1987年美国举办了"关于视觉艺术家精

---

① PATRY W F. Copyright Law and Practice [M]. New York: The Bureau of National Affairs, Inc., 2000: 97-99.

② Subject to sections 107 through 118, the owner of copyright under this title has the exclusive rights to do and to authorize any of the following:

(1) to reproduce the copyrighted work in copies · or phonorecords;

(2) to prepare derivative works based upon the copyrighted work;

(3) to distribute copies or phonorecords of the copyrighted work to tlte punlic by sale or other transfer of ownership, or by rental lease, or lending;

(4) in the case of literary, musical, dramatic, and choreographic works, pantomimes, and motion pictures and other audiovisual works, to perform the copyrighted work publicly; and

(5) in the case of literary, musical, dramatic, and choreographic works, pantomimes, and pictorial, graphic, or sculptural works, including the individual images of a motion picture or other audiovisnal work, to display the copyrighted work publicly. 17 USC106. (1976). 翻译参考：美国著作权法 [M]. 杜颖，张启晨，译. 北京：知识产权出版社，2012：20.

神权利"的听证会，但未见成效。① 1989 年，美国正式加入《伯尔尼公约》，同天生效的《伯尔尼公约实施法案》明确规定：不扩展，也不缩减作者根据联邦法、州法或者普通法享有的表明作者身份和反对歪曲、篡改作品和损害作者名誉的权利。② 1990 年美国第一部联邦版权精神权利保护法——《视觉艺术家权利法案》（the Visual Artists Rights Act，VARA）出台，该法案代表了美国国会的意愿，也是出于对《伯尔尼公约》的遵守。然而，国会拒绝在更大范围内扩大精神权利的呼声，特别是电影行业的呼声。③ 《视觉艺术家权利法案》的适用范围十分狭窄，且需要遵守两项手续：（1）视觉艺术作品的副本必须连续编号；（2）视觉艺术作品的复制品必须由艺术家签名或带有其识别标志。④ 视觉艺术家享有的权利包括：（1）表明作者身份的权利；（2）在可能会影响艺术家的荣誉和声誉的情况下，有权阻止在被扭曲、被破坏或被修改的视觉艺术作品上使用艺术家的名字；（3）在影响艺术家荣誉和声誉的情况下，艺术家有权阻止任何出于故意或疏忽而对其视觉艺术作品进行的扭曲、损害和修改行为的权利。⑤ 随后，1995 年美国国会出台《录音制品数字

① Ben W. Boich，William W. Damon，C. Elton Hinshaw. Visual Artists' Rights Act of 1987：a Case of Misguided Legislation［J］. Cato Journal，1988，8（1）.

② 吴汉东. 知识产权基本问题研究（分论）［M］. 2 版. 北京：中国人民大学出版社，2009：78 - 79.

③ Moral Rights and the Motion Picture Industry：Hearing Before the Subcomm. on Courts，Intellectual Property，and the Administration of Justice of the House Judiciary Comm.，101st Cong.，2d Sess.（1990）.

④ 17 U. S. C. Sec. 101（1991）（definition of "work of visual art"）（a）RIGHTS OF ATTRIBUTION AND INTEGRITY – Subject to section 107 and independent of the exclusive rights provided in section 106，the author of a work of visual art – –

⑤ 17 U. S. C. Sec. 101（1991）（definition of "work of visual art"）（a）RIGHTS OF ATTRIBUTION AND INTEGRITY – Subject to section 107 and independent of the exclusive rights provided in section 106，the author of a work of visual art – –

（1）shall have the right – –

（A）to claim authorship of that work，and

（B）to prevent the use of his or her name as the author of any work of visual art which he or she did not create；

（2）shall have the right to prevent the use of his or her name as the author of the work of visual art in the event of a distortion，mutilation，or other modification of the work as described in paragraph（3）；and

（3）subject to the limitations set forth in section 113（d），shall have the right to prevent any destruction，distortion，mutilation，or other modification of that work which would be prejudicial to his or her honor or reputation，and which is the result of an intentional or negligent act oromission with respect to that work，and any such destruction，distortion，mutilation，or modification of that work is a violation of that right. See Sec. 3. 101st Congress（1989 – 1990）：Visual Artists Rights Act of 1990.

表演权法案》（Digital Performance Right in Sound Recordings Act, DPRA），授予录音制作者有限的"向公众表演权"，即通过数字传播的方式公开表演作品的权利。① 该法案不像是美国国会起草的立法，更像是私人政党谈判的合同。② 此前关于这一问题美国国会一直未有定论，1979 年美国众议院就曾举办关于录音制作者表演权问题的听证会，但未进入立法层面。③

20 世纪的美国，录音、录像、电影等技术不断扩张，使得印刷技术逐渐退出历史舞台。与此同时，美国版权的权利内容也在不断更新变化，与 19 世纪相比有了质的飞跃，这大大促进了美国文娱产业的飞速发展。

第三节　网络时代：美国版权权利制度的繁荣

美国版权权利繁荣的阶段是网络信息时代到来后美国版权权利内容的变化阶段。具体是指美国版权权利内容相关规定自 20 世纪后期网络技术飞速发展后的变化阶段。在此期间，美国版权制度为了应对网络技术带来的挑战，作出了许多改进措施。

网络时代的到来使得早期版权制度设立的技术背景发生了翻天覆地的变化。原有的印刷、手抄、拍摄，或者录音录像等复制、传播作品的方式已无法追赶上网络的发展步伐，取而代之的是作品数字方式的复制、存储、传播。针对上述情形，1995 年 9 月 5 日，美国"知识产权工作组"（the US Working Group on Intellectual Property）公布了《知识产权与全国信息基础设施》（*Intellectual Property and the National Information Infrastructure*）的报告，对知

---

① 17 U. S. C. sec. 106 (6). "In the case of sound recordings, to perform the copyrighted work publicly by means of a digitalaudio transmission."

② PATRY W F. Copyright Law and Practice [M]. New York: The Bureau of National Affairs, Inc., 2000: 3 - 6.

③ Cable Television and Performance Rights: Hearings Before the Subcomm. on Courts, Civil Liberties and the Administration of Justice of the House Judiciary Comm., 96th Cong., 1st Sess. 229 - 313, 699 - 783 (1979).

识产权制度的发展提出了相关建议，其中就包括版权权利制度的内容。① 例如，关于复制权中复制行为的认定，现有的网络技术在浏览时会将相关浏览的内容暂存于电脑中，报告认为该种行为构成了版权法意义上的复制。与此同时，在网络技术引起的浪潮中，世界各国整体成为"地球村"，单个国家是无法从网络浪潮中全身而退的，相关全球性公约应运而生。1996 年 12 月，世界知识产权组织颁布《世界知识产权组织版权条约》《世界知识产权组织表演与录音制品条约》两项条约，试图在国际范围指导解决因互联网蓬勃发展而引起的版权问题。美国为了使上述两部条约在境内生效，于 1998 年 10 月 28 日通过《数字千年版权法案》，这一法案尝试建立互联网版权制度，以加强对网络版权问题的监管，平衡各方利益，保护版权人合法权益。《数字千年版权法案》对传统意义上的复制、传播行为进行了网络时代的特殊解读，对于版权人的权利管理信息也进行了规定。虽然《数字千年版权法案》并未对《美国版权法》中专有权的 6 项内容进行修改，但对版权制度在互联网领域应用实施时的问题予以解答。随后，大数据时代、人工智能时代的到来也给美国的版权制度带来了更大的挑战，可以预知美国版权权利内容的发展绝不会止步于此，必将有一个更加严峻与丰富的未来。

---

① 吴汉东. 知识产权基本问题研究（分论）[M]. 2 版. 北京：中国人民大学出版社，2009：103 - 104.

第五章

美国版权登记制度的发展

美国版权登记制度是美国版权制度的重要组成部分，也是美国最为独特的一项版权制度。美国版权登记制度在时代发展的过程中不断变动，也侧面反映出美国版权制度价值取向的变化过程。[①] 下文将从兴起、废止和复兴三个阶段对美国版权登记制度的历史进行梳理。

第一节　美国版权登记制度的兴起

版权登记制度远远早于世界第一部版权法的诞生，1476 年活字印刷技术进入英国，之后英国王室要求所有的印刷商、出版社在出版书籍时都必须将名字与所在地刻在出版的书籍上，同时进行登记。[②] 1710 年英国《安娜女王法令》颁布以保护书籍的版权，但也规定书籍的名字必须被正式纳入印刷商公司的登记簿，否则无法受到版权保护。作者可以以自己的名义提交登记，这一登记可以作为版权认定的初步证据。同时，该法案还规定出版图书时必须递交 9 本复印件到印刷商公司以供所有的大学和相关图书馆使用。[③] 1790 年第一部《美国版权法》在制定时，参照了英国《安娜女王法令》的

---

① 版权标注制度是美国首创的制度，笔者以登记制度为主线，对标注制度稍加说明。
② 冈茨，罗切斯特. 数字时代，盗版无罪？［M］. 周晓琪，译. 北京：法律出版社，2008：24.
③ DEWOLF R C. An Outline of Copyright Law ［M］. Boston, Mass.：J. W. Luce, 1925：6 –7.

相关内容，当然版权登记制度也包含其中。1790 年《美国版权法》规定，若作品需要获得版权保护，作者或者所有者需要完成一些手续：（1）在出版之前向当地法院交存作品副本，并进行登记；①（2）在出版后 6 个月内向国务卿交存或者促使其向国务卿交付版权作品的副本；②（3）从登记日期起 2 个月内在某些报纸上连续 4 周刊登登记的副本。1790 年《美国版权法》第 3 条还规定在提交样书的同时，需要支付相关费用，标准为每个加盖印章的副本 60 美分。③ 这是美国最早的版权登记制度，该规定是作者或者所有者作品版权获得保护的前提。如此规定的目的除学习英国《安娜女王法案》外，更重要的是便于政府对书籍、地图和图表等作品的管理。随着美国文化的繁荣，1800 年美国国会授权成立图书馆，这一机构随后成为现在的美国国会图书馆，并且在 1846 年成为保存版权作品复制件的指定机构。④ 1870 年《美国版权法》对此进行了再次修订，明确规定作品副本交存的职能全部由美国国会图书馆承担。该法规定，每本书、小册子、地图、印刷品、摄影照片和获得版权的音乐作品都需要提交两份副本存放在国会图书馆。1891 年美国《国际版权法案》开始生效，此时国外的作品在满足一定条件下也可获得版权保护，故国会图书馆开始存放部分外国作品。⑤ 1897 年，美国版权局作为美国国会图书馆一个独立的部门正式成立，负责版权登记和作品副本交存工作，作者或者所有者需要提交两份作品副本给美国版权局，托瓦尔德·索尔伯格（Thorvald Solberg）成为该局的第一位版权登记员，

---

① "Be it remembered, that on the day of in the year of the independence of the United States of America, A. B. of the said district, hath deposited in this office the title of a map, chart, book or books, (as the case may be) the right whereof he claims as author or proprietor." Sec. 3, Copyright Act of 1790.

② "Sec. 4 And be it further enacted, That the author or proprietor of any such map, chart, book or books, shall, within six months after the publishing thereof, deliver, or cause to be delivered to the Secretary of State a copy of the same, to be preserved." Sec. 4, Copyright Act of 1790.

③ Sec. 3, Copyright Act of 1790.

④ COHEN J E, LOREN L P, OKEDIJI R L, et al. Copyright in a Global Information Economy [M]. Waltham: Aspen Publishers, 2010: 24.

⑤ Jefferson's Legacy: A Brief History of the Library of Congress [EB/OL]. [2024 – 01 – 31]. http://www.loc.gov/loc/legacy/loc.html.

也是首任局长。①随着社会的不断发展，美国涌现出大量的文学艺术作品，版权部门不断扩大。1976 年《美国版权法》对版权登记制度进行了更加详细的规定，单独设章规定版权的标注、交存以及登记规则，规定在第 401—412 条。1976 年《美国版权法》关于版权登记制度的规定更加细致，其中第401—406 条规定了不同种类作品的不同标注要求。不仅如此，若已经标注的版权作品遭到版权侵权，侵权人不可以以不知情为由进行抗辩。第 407 条（d）款规定，作者进行版权登记时必须提交作品样书，若在收到美国版权登记部门的书面通知后 3 个月内没有及时提交样书，将面临罚款。② 第 410 条（c）款规定：在任何司法程序中，作品发表前或首次发表后 5 年内签发的登记证书，应构成版权和证书中所述事实有效的初步证据（prima facie evidence）。此后签发的版权登记证书的证明力应由法庭进行自由裁量，即在没有相反证据的情况下，版权登记证书所载内容就可作为法庭认定事实的初步证据。这一规定意义重大，可以使正当的版权所有人在侵权诉讼中避免因举证不足而面临败诉的尴尬情形。③ 由上述规定可知版权登记制度早期在美国版权保护体系中的战略性地位。

第二节　美国版权登记制度的废止：加入《伯尔尼公约》

美国版权登记制度的废止阶段，是指美国加入《伯尔尼公约》之后取消版权强制登记制度的时期，而并不是指美国真正取消该项制度。1886 年《伯尔尼公约》颁布，1908 年实施了"禁止履行手续原则"④。此时美国的版权

---

① COLE J Y. Of Copyright, Men & A National Library [J]. The Quarterly Journal of the Library of Congress, 1971, 28 (2).

② "Subsection (c) deals with the probative effect of a certificate of registration. A certificate is required to be given prima facie weight in any judicial proceedings if the registration it covers was made 'before or within five years after first publication of the work'; thereafter the court is given discretion to decide what evidentiary weight the certificate should be accorded." Sec. 407, Copyright Act of 1976.

③ 蒋茂凝. 美国的版权登记制度 [J]. 中国版权，2008 (6).

④ 黄先蓉，刘玲武. 美国版权登记制度的复兴及对我国的启示 [J]. 现代出版，2017 (1).

登记制度仍在实施，甚至是版权作品获得保护的前提条件，这也为美国加入《伯尔尼公约》设置了障碍。然而，随着全球经济一体化进程的加快，科学技术的迅猛发展，文学艺术作品的大量涌现，美国国内也有许多支持加入《伯尔尼公约》的声音，美国议会也将该项任务纳入计划。1988 年美国通过《伯尔尼公约实施法令》（Berne Convention Implementation Act），为《伯尔尼公约》国内法的正式实施做好了准备。《伯尔尼公约实施法令》对当时美国版权制度的相关规则作了稍许修改，在尊重 1976 年《美国版权法》的基础上尽可能地消除其与《伯尔尼公约》规定的矛盾与冲突，为《伯尔尼公约》在美国的顺利实施清除了障碍。① 1989 年 3 月 1 日美国正式加入《伯尔尼公约》，同日《伯尔尼公约实施法令》在美国生效。在版权登记方面，《伯尔尼公约实施法令》废止了版权登记作为作品版权保护的形式要件，取消了作品的版权标记要求。但是，美国仍然鼓励作者或者所有者自愿对作品进行版权登记和标记，因为对于进行了版权标记的作品，侵权者是无法以"非故意侵权"请求减轻责任的。除此之外，对于进行了版权登记的美国作品，登记是版权人提起版权侵权诉讼的前提条件，但是《伯尔尼公约》其他成员方公民的作品，则其无须登记。② 为适应数字化版权保护的要求，1998 年美国版权局开始实行电子登记、记录和缴送系统（Copyright Office Electronic Registration，Recordation and Deposit System）以取代手工登记形式。随后，美国版权局在 2007 年 8 月 7 日对版权登记程序、技术进一步优化，启用电子版权局系统（electronic Copyright Office，eCO），目的是改善公共服务，便于公众在线获得版权登记资料，增加国会图书馆的数字作品收藏。③ 至此，美国版权登记开启了从强制性向自愿性的转变，反映了美国对于国际合作的需求，也使其达到了《伯尔尼公约》的最低版权保护水平，促进了国内外作品的版权保护。

---

① 何育红. 美国版权法［J］. 著作权，1992（2）.
② 吴汉东. 知识产权基本问题研究（分论）［M］. 2 版. 北京：中国人民大学出版社，2009：76.
③ 蒋茂凝. 美国的版权登记制度［J］. 中国版权，2008（6）.

第三节　美国版权登记制度的复兴：应对版权纠纷

美国版权登记制度的复兴是指美国开始提倡回归原始的版权制度建构，将版权登记制度作为版权救济的重要一环。关于这一提议，主要是来自"美国版权原则项目组"（The Copyright Principle Project，CPP）在 2010 年提出的完善美国版权制度的报告《版权原则项目：改革方向》（*The Copyright Principles Project：Directions for Reform*），① 该报告针对"美国版权法的指导原则"、"如何为美国版权法构建良好的版权原则"和"美国版权法改革的建议"这三个部分进行了论述。其中关于版权登记制度的提议引起巨大反响。该报告第二部分中的 C 板块提出了对复兴版权登记制度的愿景：报告肯定了现有版权自动产生的制度规定，法律的确不应当设立版权保护的不合理障碍。与之前相比，作者无须通过版权登记申明版权，即使未按照注册或者登记制度的相关要求，作者的权利也不会像以前一样被剥夺。然而，随着强制版权登记规定的取消，主动对作品进行版权登记和标注的作者越来越少，这带来了一些负面效应：（1）难以追踪版权权利人，从而导致获得版权人授权困难重重，阻碍了许多社会期待的作品用途；（2）缺少版权标记，公众很难知道作品是否可用以及是否处于公有领域，从而影响了作品的创作。② 故美国版权原则项目组提议美国应当考虑复兴版权登记和标记制度，以便利于获得版权人权利许可，追踪版权权利状态。进一步而言，作品进行版权登记可以提高利用效率，降低搜寻版权人或所有者的经济成本，促进优秀作品的传播。需要指出的是，美国版权原则项目组所指的复兴并不是将版权登记作为版权保护的形式要件，而是采用一种激励措施，规定不进行登记的作品会影响版

① Pamela Samuelson, Members of The CPP. The Copyright Principles Project：Directions for Reform [J]. Berkeley Technology Law, 2010, 25 (3).

② Pamela Samuelson, Members of The CPP. The Copyright Principles Project：Directions for Reform [J]. Berkeley Technology Law, 2010, 25 (3).

权人的权利行使和权利救济措施。① 该报告提出后的第 2 年，美国版权登记的数量就达到了 670 044 件，是美国 1870 年以来的最高数量。随后美国每年版权登记数量稳定在 40 万 ~ 50 万件，2023 年版权登记的数量为 441 526 件。② 毋庸置疑，美国版权登记制度在版权保护方面发挥了重要作用：第一，便于美国海关纠查境外侵权作品；第二，提供了强有力的版权确权证明；第三，为未完成的作品提供预登记，以便在其正式登记时对侵犯其版权的行为提起版权侵权诉讼；第四，便于公众检索、作者授权和作品传播；第五，随着版权市场的不断繁荣，版权纠纷也趋于增多，版权登记制度有利于版权纠纷的顺利解决。③

---

① 黄先蓉，刘玲武. 美国版权登记制度的复兴及对我国的启示［J］. 现代出版，2017（1）.

② United States Copyright Office Annual Report FY 2023.

③ 马力海，李颉. 美国版权登记呈现六大作用［EB/OL］.（2019 - 04 - 18）［2024 - 01 - 23］. https：//www. sohu. com/a/308749269_100021129.

第六章

美国版权限制制度的发展

版权限制制度是指对版权人的专有权利进行限制的制度，其目的在于通过对版权人专有权利的限制，保障公民的知识获取权，促进知识传播，推动社会科学文化的进步与发展。[①] 美国版权限制制度随着时代的发展、技术的进步越发丰富与完善。下文将从重要的版权合理使用制度、法定许可制度、强制许可制度等方面进行梳理和论述。

第一节　合理使用制度的发展

美国关于合理使用制度的最初规定可以追溯到 1841 年福尔瑟姆诉马什案（Folsom v. Marsh），该案被认为是美国第一个"合理使用"的案例。原告贾里德·斯帕克斯（Jared Sparks）和他的出版社福尔瑟姆、威尔斯和瑟斯顿（Folsom，Wells and Thurston）出版了关于乔治·华盛顿（George Washington）总统生平的 12 卷书籍《乔治·华盛顿的著作》（*The Writings of George Washington*），书中包含大量华盛顿总统的书信手稿。随后，被告作家兼文学家查尔斯·W. 厄普汉姆（Charles Wentworth Upham）与其出版社马什、卡彭和里昂（Marsh，Capen and Lyon）出版了 2 卷本书籍名为《华盛顿生平》（*The Life of Washington*），该书使用了斯帕克斯书中诸多有关华盛顿总统的书

---

① 吴汉东. 知识产权基本问题研究（分论）[M]. 2 版. 北京：中国人民大学出版社，2009：138.

信。随后，斯帕克斯和其出版社向法院提起了针对厄普汉姆及其出版社的版权侵权诉讼。① 据报道，厄普汉姆 866 页的作品中有 353 页来自斯帕克斯总共6763 页的书稿。在这 353 页中，有 83 页是从"官方信件和文件"中复制的，有 270 页是从华盛顿的私人信件和文件中复制的。② 被告福尔瑟姆、威尔斯和瑟斯顿出版社针对版权侵权指控提出了反驳理由："华盛顿总统的信件并不是版权保护的客体，只是逝去之人的手稿，公开并不会对它有任何损伤，且它并不是版权所保护的文学作品。并且，即使该作品应该是受版权保护的，最终也会因为是总统的作品而属于美国。更重要的是，我们对于这些文件的使用是公平的，因为我们创作了一个新的作品。"③ 法官约瑟夫·斯托里（Joseph Story）在对被告观点的回应中提出了合理使用（fair use）的说法，并提出了三要素的判断标准（现今被称为四要素）：（1）引用作品的性质和目的；（2）引用作品的数量和价值；（3）引用作品可能损害原始作品市场销售、利润，甚至取代原始作品的程度。该案的"合理使用三要素"判断标准最终成为 1976 年《美国版权法》规定的合理使用条款。1976 年《美国版权法》第107 条详细规定了合理使用的适用范围、目的以及考虑的因素：尽管有第 106条对作者权利的保护的规定，但为了批评、评论、报道、教学（包括课堂使用的复制件）、学术研究去使用版权作品，包括其复制件、录音制品或者本条规定的其他方式，并不会被认定为侵犯作者版权，该行为属于合理使用。在对特定案件中判断是否属于合理使用，应当考虑以下四个因素：

（1）使用的目的和性质，包括区分商业性使用和非营利性教育目的的使用；

（2）版权作品的性质；

（3）所使用的部分质和量与整体的版权作品之间的关系；

---

① PATTERSON L R. Folsom v. Marsh and Its Legacy ［J］. Journal of Intellectual Property Law, 1998, 5（2）.

② Oren Bracha. Commentary on Folsom v. Marsh（1841）［EB/OL］.［2024 - 10 - 01］https：//www. copyrighthistory. org/cam/tools/request/showRecord. php？id = commentary_us_1841.

③ Folsom v. Marsh, 9 F. Cas. 342（C. C. D. Mass. 1841）.

（4）该使用对于版权作品的潜在市场或者价值的影响。①

美国版权局对第一点"使用的目的和性质"进行了解释：使用是否具有商业目的在合理使用的认定中十分重要，但是并不意味着所有的非营利性教育和非商业用途都是合理使用，所有商业使用都是不合理的；对于第二点"版权作品的性质"：使用更具创造性和想象力的作品比使用事实作品更不容易被认为是合理使用；对于第三点"使用的数量和质量"：多与少并不能完全作为判定合理使用的标准，有时使用少量部分并不会认为是合理使用，最重要的还是看使用部分与作品整体的关系，即需要考量该部分对整个作品的重要性；对于第四点"对版权作品的潜在市场或者价值的影响"：法院对此将考量使用行为是否会产生取代原作的销售的后果或者在大量使用的情况下会不会对原作造成实质性损害。② 除了上述四个要件，美国法院在实践中还考量了其他要素：（1）作品的适用是否是善意。判断合理使用是否成立时，需要判断使用者是否出于善意的目的，即没有损害他人作品的意图；（2）惯例或者习惯并不能成为合理使用的正当理由，有时即使符合商业习惯，但也有可能侵犯他人版权。③ 然而，随着数字时代的到来，美国于 1998 年颁布了《数字千年版权法案》，其第 1201 节（a）条（1）款规定禁止通过规避技术保护措施而获得未经授权的链接，这一规定让公众基于合理使用制度获得版权作品的途径受到限制，变相扩大了版权人在互联网领域的专有权。④ 美国的合理使用四要素判断标准以及实践判例中形成的学说，一直被专家学者认为是判断合理使用与否的参考典范，为其他国家和地区所借鉴。

---

① （1）the purpose and character of the use（commercial or educational，trans – formative or reproductive，political）；

（2）the nature of the copyrighted work（fictional or factual，the degree of creativity）；

（3）the amount and substantiality of the portion of the original work used；and

（4）the effect of the use upon the market（or potential market）for the original work.

② 参见美国版权局官网关于合理使用的介绍。U. S. Copyright Office. More Information on Fair Use [EB/OL]. ［2023 – 12 – 23］. https：//www. copyright. gov/fair – use/more – info. html.

③ 吴汉东. 知识产权基本问题研究（分论）［M］. 2 版. 北京：中国人民大学出版社，2009：45.

④ 于南. 美国版权法合理使用制度及其对中国的启示［J］. 企业经济，2011（12）.

第二节　法定许可制度的演变

法定许可制度是指根据法律的直接规定，以特定的方式使用已发表的作品，可以不经版权人的许可，但应向版权人支付使用费，并尊重版权人的其他权利的制度。①

美国早期对法定许可与强制许可并没有严格的区分，都是采用强制许可的形式进行表达，例如 1976 年《美国版权法》第 111 条规定了有线电视转播的强制许可,② 1999 年美国《卫星电视家庭收视改进法案》（Satellite Television Home Ratings Improvement Act of 1999）修订了有线电视转播的强制许可规定，改为法定许可,③ 同时也增加了相关法定许可的规定。其中最为重要的三项法定许可制度是有线转播法定许可、卫星转播法定许可以及非商业性广播法定许可。有线转播法定许可规定：有线网络电视在二次转播广播电台电视台的节目时无须获得版权人许可，但需要支付费用，卫星转播亦是如此。公共广播组织可以在无须征求他人同意的情况下使用他人版权作品，但需要支付许可费用。由此可见，美国关于法定许可的规定几乎都涉及大规模传输活动，而这些活动往往易导致版权风险。当然，法定许可的相关规定也在随着传播技术的不断发展而变更，早期美国还有关于自动点唱机的法定许可，使用者在使用自动点唱机播放相关非戏剧类音乐作品时，使用者无须经过版权人同意，只需支付相关费用即可。然而，由于传播技术的飞速变革，自动点唱机开始变成夕阳产业，1993 年美国国会就撤销了该项法定许可，转而规定为自动点唱机商谈许可。

除了法定许可内容的变迁，有关法定许可费用支付制度的规定也是美

① 吴汉东. 知识产权法 [M]. 3 版. 北京：法律出版社，2008：99 – 100.
② 管育鹰. 我国著作权法定许可制度的反思与重构 [J]. 华东政法大学学报，2015 (2).
③ 参见美国版权局官网关于许可类型的介绍。U. S. Copyright Office. Licensing Overview [EB/OL]. [2024 – 01 – 12]. https：//www. copyright. gov/licensing/.

国版权制度的一大特色。1976 年《美国版权法》规定了法定许可使用费率的制定机关以保障法定许可制度的顺利实施，即"版权使用税费法庭"（Copyright Royalty Tribunal，CRT）。1976 年《美国版权法》用第 8 章共计 10 条对该法庭的职责和组成等进行了详细规定。该法庭由 5 位由总统建议的人选组成，每届任期 7 年。该法庭存在的目的就是对于法定许可和强制许可的费用进行决断。然而，在 1981 年和 1985 年，一直有众议院议员对版权使用税费法庭的存在提出反对意见，认为应当取消该机构。① 反对的议员认为在这十余年的发展过程中版权使用税费法庭一直缺乏合格的专员，并且法庭内部存在分歧，主席不愿意遵守少数服从多数的规则。更重要的是，版权使用税费法庭的工作是偶然的，因为费率不会经常变动，因此单独设立版权使用税费法庭并没有十分的必要性。② 1993 年 12 月 17 日，美国取消了版权使用税费法庭，并将其职能分配给美国国会图书馆员和临时仲裁小组。2004 年，依据《版权和分配改革法案》（Copyright Royalty and Distribution Reform Act of 2004，CRDRA），美国撤销了 1993 年设置的版权使用费率仲裁小组，而在国会图书馆内部设立了"版权使用费率法官"。法官由图书馆馆长任命，一共 3 人，任期 6 年。该机构一直延续至今，负责规定所有法定许可和强制许可的使用费率。自 2006 年 10 月 1 日起，美国所有法定许可的使用费都必须通过电子转账支付。③

第三节　强制许可制度的变化

强制许可制度是指在特定情况下，版权主管机关根据申请颁发对于已发

---

① CRT Reform and Compulsory Licenses：Hearings on H. R. 2752 and H. R. 2784 Before the Subcomm. on Courts, Civil Liberties and the Administration of Justice of the House Judiciary Comm. , 99th Cong. , 1st Sess. (1985).

② Copyright Reform Act of 1993：Hearings on H. R. 897 Before the House Subcomm. on Intellectual Property and Judicial Administration of the House Judiciary Comm. , 103d Cong. , 1st Sess. 101 – 05 (1993).

③ 美国版权局官网关于许可类型的介绍，U. S. Copyright Office. Licensing Overview [EB/OL]. [2024 – 01 – 12]. https：//www. copyright. gov/licensing/.

表的版权作品的特殊使用权利的制度，一般称为"compulsory Licence"。美国版权制度中的关于强制许可制度的规定最早见于音乐领域，常见于对音乐作品的录制，之后在其他领域蔓延。

早期，美国国会以及司法界已经对该问题有所关注和讨论。1906年美国国会召开了版权法修订案听证会，其中最具争议的两个问题之一就是：作者是否应当拥有控制在钢琴和留声机上使用受版权保护的音乐作品的权利？为了回应和解决该争议，1907年1月29日，美国国会对该法案进行了讨论，但是由于反对者认为不应当给予音乐作品版权所有者控制音乐在机械上播放的权利，因而未能通过。1908年，美国联邦最高法院在怀特史密斯音乐出版公司诉阿波罗公司案（White – Smith Music Publishing Company v. Apollo Company）中作出了相关判决，认定制作和销售受版权法保护的音乐作品的钢琴卷并不构成复制（或者出版），因此并没有侵犯音乐作品的版权。[1] 然而，该案判决之后，美国国会很快以立法的形式否定了这一判决。1909年3月1日，罗斯福总统签署1909年《美国版权法》，该法案于1909年7月1日正式生效。[2] 法案中创造性地引入强制许可制度这一新概念，解决了有关音乐作品机械复制权争议的问题，赋予音乐作品版权人机械复制的专有权，但是同时也给予了相关限制。1909年《美国版权法》第1条（e）款规定，允许任何人在未经版权所有者同意的情况下对音乐作品进行机械复制（如今称为录音制品），前提是该使用者遵守许可证的规定。[3] 在作出初步授权记录后，任何人只需向版权人支付被制作的每个部分2美分的费用就可以对版权作品进行"类似使用"。[4] 1909年制作录音制品的强制许可颁布之后，围绕"是否需要继续保留该强制许可制度"的讨论一直在进行。然而，音乐出版商和作曲家已经

① HENN H G. The Compulsory License Provisions of the U. S. Copyright Law［EB/OL］. ［2024 – 01 – 23］. https：//www. copyright. gov/history/studies/study5. pdf.

② Act of March 4, 1909, Pub. L. No. 60 – 349, 60th Cong., 2d Sess., 35 Stat. 1075.

③ HENN H G. The Compulsory License Provisions of the U. S. Copyright Law［EB/OL］. ［2024 – 01 – 23］. https：//www. copyright. gov/history/studies/study5. pdf.

④ Statement of Marybeth Peters The Register of Copyrights before the Subcommittee on Courts, The Internet and Intellectual Property of the House Committee on the Judiciary United States House of Representatives 108th Congress, 2d Session.

习惯了许可证，并担心废除许可证会给音乐行业带来不必要的混乱。因此，随着时间的推移，争论的焦点不再是是否保留许可证的问题，而是集中在减轻版权人的负担、澄清模糊条款和设定适当的费率上。直到1976年美国国会通过了修正法案，重申了其先前的立场，"强制许可制度仍然是复制和分发受版权保护音乐作品的录音制品的必要条件"。然而，现行强制许可制度并不公平，设定的法定费率太低，给版权人带来了不必要的负担。1976年《美国版权法》第115条重新设定了许多新的条件：（1）仅当录音制品经版权人授权并在美国境内向公众发行后，许可证才有效；（2）该许可证只适用于以向公众分发录音制品供私人使用为主要目的的人；（3）未经录音制品版权人授权，被许可人不得复制载有音乐作品的录音制品；（4）音乐作品只能"在必要的范围内"进行重新编排，以使其符合所涉及的表演的风格或诠释方式，且不能"改变作品的基本旋律或基本特征"；（5）被许可人仍必须向版权人提供意图获得强制许可的通知（Notice of Intention to Obtain Compulsory License），或者在版权局的公共记录未确定版权人且未确定版权人地址的情况下，被许可人必须向版权局提交意向通知；（6）被许可人必须在"制作音乐作品的任何录音制品之前或之后30天内，以及在分发音乐作品的任何录音制品之前"向版权人发出意图获得版权强制许可的通知；否则，被许可人将失去根据强制许可获得制作和分发录音制品的机会；（7）版权人仅在其在版权局的登记或其他公共记录中被确认身份后对制作和发行的录音制品才有权收取版权使用费；（8）每张制作和发行的录音制品应付的费率由一个独立机构调整，该机构在1993年之前为版权使用费审裁处；（9）如果用户在收到版权人关于其违约行为的书面通知后30天内仍未付款，则强制许可可能会因未支付每月使用费而被终止。1995年，美国国会认识到录音制品的数字传输很可能成为录制音乐表演的一个非常重要的渠道，这些新技术还可能在版权所有者授权的情况下产生新的录音电子发行系统。① 出于这些原因，美国国会

① Statement of Marybeth Peters The Register of Copyrights before the Subcommittee on Courts, The Internet and Intellectual Property of the House Committe on the Judiciary United States House of Representatives 108th Congress, 2d Session.

颁布了 1995 年《录音数字表演权法案》（Digital Performance Right in Sound Recordings Act of 1995, DPRA）。[①] 该法案授予录音制品版权人通过数字音频传输公开表演其作品的专有权，但须遵守某些限制。同时，美国国会将强制许可的范围扩大到包括数字录音制品的制作和发行，并在此过程中创造了一个新的术语"数字录音制品交付"（Digital Phonorecord Payment, DPD），以描述消费者通过数字传输接收录音制品的过程，该交付需要根据《美国版权法》第 115 条支付法定使用费。[②]

---

① Pub. L. 104 – 39, 109 Stat. 336,

② Statement of Marybeth Peters The Register of Copyrights before the Subcommittee on Courts, The Internet and Intellectual Property of the House Committee on the Judiciary United States House of Representatives 108th Congress, 2d Session.

第七章

美国版权保护制度的发展

美国版权保护制度的发展变化中最突出的就是保护期限制度的发展，体现了美国社会整体对于版权保护态度的变化过程；美国版权侵权行为认定标准的变迁以及侵权救济措施规定的发展，也从一定程度上反映出技术进步对于版权保护制度的影响，凸显出美国版权制度的与时俱进。下文主要从美国版权保护期制度、版权侵权行为认定标准以及侵权救济措施的发展过程出发，力求探索出美国版权保护制度的发展规律。

第一节　美国版权保护期限的变迁

版权保护期限制度的设立是为了平衡知识保护与知识共享，从而在保护版权人合法权益的同时，促进社会公众对知识的获取，保障文化的繁荣。1710 年英国《安娜女王法令》颁布之时就规定了版权保护期限："现有作品的作者自 1710 年 4 月 10 日生效之日起可获得 21 年的专有出版权，《安娜女王法令》颁布后创作的新作品作者在作品出版之日起可获得 14 年的专有出版权，如果作者在 14 年专有保护期限届满后仍然在世，那作者的该项专有出版权将被续展 14 年。"1790 年第一部《美国版权法》吸收了这一规定，规定作者享有 14 年的专有出版权，续展期也为 14 年。该类"初始专有保护期限＋续展期"的保护模式一直持续到 1976 年，在这期间其版权保护的期限也在不断调整。1831 年，美国将版权初始专有保护期限从 14 年延长到

28 年，续展期还是 14 年。1909 年，罗斯福总统签署《版权法修正法案》，其中版权保护期的续展期限从 14 年延长至 28 年，至此版权保护期限最长可达到 56 年。该法案一直延续英国关于保护期限的规定模式，然而，此时相较于世界其他国家的版权保护水平，美国一直处于弱保护的状态。[①] 1961 年，美国版权局发布相关报告以征求公众意见，其中争议较多的就是关于版权保护期修改的问题。有议员建议将续展期延长至 48 年，然而其他议员认为应当建立一个统一的联邦版权保护体系，版权保护期应当从版权作品创作之日起持续到作者逝世后 50 年。[②] 该建议最终未被采纳。1976 年美国全面修订版权法，取消了"初始专有保护期限 + 续展期"的版权保护期设定模式，取而代之的是单一的保护模式，保护期可延长至作者死后 50 年，该法案的修订使得美国版权法在贴近《伯尔尼公约》的道路上取得实质性进展。1998 年美国国会通过《版权保护期限延长法案》（Sonny Bono Copyright Term Extension Act，CTEA），该法案推出的初始目的在于将尚未进入公有领域的版权作品保护期限从 50 年延长至 70 年。[③] 除此之外，这一法案还有许多亮点：（1）《版权保护期限延长法案》第 302 条赋予匿名作品、假名作品和雇佣作品从作品创作完成之日起 120 年的保护期限，或者从作品首次出版之日起 95 年的保护期限，以先发生的为准。同时，对于 1978 年 1 月之后创作的作品都额外赋予版权人 20 年的保护期限，也就是个人作品保护期限为作者终生及其死后 70 年，单位作品版权保护期延长至出版后 95 年或者创作后 120 年。（2）《版权保护期限延长法案》第 303 条规定：在 1978 年 1 月之前创作的作品，但在此之前尚未进入公有领域或者未出版或者未取得版权的，该作品的版权将从 1978 年 1 月起算，且在第 302 条规定的期限内持续享有版权，最早都不会在 2002 年 12 月 31 日之前失效；如果该作品是在 2002 年 12 月 31 日或之前出版的作品，其版权不会在 2047 年 12 月 31 日之前

---

① MAGAVERO G. History and Background of American Copyright Law: An Overview [J]. International Journal of Law Libraries, 1978, 6 (2).

② Copyright Law Revision Part 6: Supplementary Report of the Register of Copyrights on the General Revision of the U. S. Copyright Law, 89th Cong. , 1st Sess. x (House Comm. Print 1965).

③ H. R. Rep. No. 452, 105th Cong. , 2d Sess. (Mar. 18, 1998).

到期。① 这一法案直接导致 1928 年诞生的迪士尼经典动画形象米老鼠的版权保护期限从本来的 2003 年到期延长至 2023 年。因此 1998 年的《版权保护期限延长法案》，又称"《米老鼠法案》"（Mickey Mouse Protection Act）。该法案的出台直接致使漫画《汽船威利》（Steamboat Willie）的版权保护期延长了数十年，直至 2024 年 1 月 1 日才正式进入公有领域。版权保护期限的延长使得版权人的权益得到更大限度的保护。美国版权保护期限延长的过程既是美国版权人合法权益得到保护的过程，也是美国商业集团利益斗争的结果，从侧面也反映出美国作为文娱产业发达国家对于自身利益保护不断加强的态度。

第二节　美国版权侵权行为认定标准的发展

版权的客体是一种具有创造性的精神产物，这种客体的非物质性就导致版权人无法对其智力成果进行事实上的占有。因此与侵犯物权等财产所有权的损害、侵占等行为方式不同的是，侵犯版权的行为一般是剽窃、复制等。② 此时，关于如何认定这些侵权行为就成为版权侵权案件审理的重中之重，因为与传统的民事侵权案件不同，故无法适用传统的民事侵权行为认定标准。美国在版权侵权案件的审理过程中创设出"实质性相似＋接触"的标准，该标准一直是世界各国版权侵权案件，乃至知识产权侵权案件审理时的参考判断标准，具有重大的借鉴意义与理论价值。

早期美国法院对于版权侵权案件中侵权行为并没有形成相关标准，而是在审判过程中不断摸索形成的。按照美国司法实践中的做法，原告在起诉他人作品侵权时应当需要证明自己对作品享有版权，并提供相关证据证明被告

---

① " § 303. Duration of copyright：Works created but not published or copyrighted before January 1, 1978 （a）Copyright in a work created before January 1, 1978, but not theretofore in the public domain or copyrighted, subsists from January 1, 1978, and endures for the term provided by section 302. In no case, however, shall the term of copyright in such a work expire before December 31, 2002；and, if the work is published on or before December 31, 2002, the term of copyright shall not expire before December 31, 【2027】 2047. "

② 吴汉东. 试论"实质性相似＋接触"的侵权认定规则［J］. 法学，2015（8）.

复制了自己的版权作品。然而，在这种信息不对称的情况下，很多证据无法由原告提供，法院在判定是否侵权时就只能根据现有材料进行判断，这也就带来了版权侵权认定困难的问题。1946 年美国第二巡回上诉法院在阿恩斯坦诉波特案（Arnstein v. Poter）案中确立了侵权行为认定的相关步骤：第一，是否存在复制行为；第二，被告作品与原告作品是否存在"实质性相似"（substantial similarity）。① 该案的判决也反映出美国法院对这两个步骤的不同重视程度：即使没有证据表明被告接触过原告的作品，只需要被告与原告作品之间具有实质性的相似性，法院即可判断被告抄袭。上述结论在 1984 年的塞勒诉吉布案（Selle v. Gibb）中被打破。该案是美国关于"实质性相似"司法认定的里程碑式判决，法官强调了两个步骤的不可缺一性，更是着重说明了相似作品独立创作的可能性，故法院认为不仅要证明两部作品之间具有实质性相似，同时还需要原告有证据证明被告"接触"过原告的版权作品，才可以判定被告抄袭了原告作品。② 然而上述谨慎的标准认定方式带来了诸多争议，许多学者认为这无疑加重了原告的举证责任，使得案件的判决朝着有利于被告的方向进行。1988 年，美国第二巡回上诉法院在加斯特诉凯瑟曼案（Gaste v. Kaiserman）中对该标准进行了改进，将"接触"（access）这一举证要求解释为"若侵权作品与原告作品存在惊人的相似，以至于无法认可两件作品是在独立情况下创作的，可以无须证明接触行为而认定版权侵权行为的成立"③。上述是关于

---

① 李明德. 美国知识产权法 ［M］. 2 版. 北京：法律出版社，2014：358.

② "It is often written that striking similarities alone can establish access, the decided cases suggest that this circumstance would be most unusual. The plaintiff must always present sufficient evidence to support a reasonable possibility of access because the jury cannot draw an inference of access based upon speculation and conjecture alone. " Selle v. Gibb, 741 F. 2d 896 （7th Cir. 1984）.

③ "Now, there is one circumstance in which access does not have to be proven. If the two works, that is the copyrighted work and the allegedly infringing work, are what we call strikingly similar, then access does not have to be proven. By striking similarity what we mean is that the two songs are so much alike that the only reasonable explanation for such a great degree of similarity is that the later song was copied from the first. In other words, if they are so nearly alike that it is virtually inconceivable that the second was independently composed without knowledge of the first, then you may find that there was infringement without finding actual access. In other words, you are in effect presuming access from the fact of striking similarity. So what you will have to decide is whether or not the songs are so much alike that it is virtually inconceivable that Feelings was independently composed without any derivation from Pour Toi. " See Gaste v. Kaiserman, 683 F. Supp. 63 （S. D. N. Y. 1988）.

如何判断复制行为发生的认定标准，然而如何认定两部作品之间存在实质性相似，美国法院也在不断地调整标准。一般而言，对于实质性相似的判断，法院是按照一般观察者的标准进行判断，如果一般观察者观察两部作品后认为存在实质性相似，则存在版权侵权的可能性。然而，在1983年华纳兄弟公司诉美国广播公司案（Warner Bros. Inc. v. American Broadcasting Companies, Inc.）中，法院采用原告通过一般受众进行的两部作品之间的实质性相似判断的论断开展法庭调查，从而认定二者之间存在实质性相似。该案一审判决被二审法院推翻，理由是实质性相似的法学概念并不一定为公众所熟知。[①]上诉法院的观点在随后特殊种类的版权作品侵权案件中得到了支持，1990年"作品受众"这一判断视角也出现了，该观点认为针对作品的特殊性应当通过其受众的视角来判断相似性。[②]除了上述判断方法，美国在实践中还存在"摘要测试法"[③]、"专家证言"与"抽象测试法"、"观察者分析法"和"抽象—过滤—比较测试法"等方法。[④]如今，在美国不同法院对于实质性相似的判断方法并不完全一致，但最主要的还是"一般观察者法"以及"抽象—过滤—比较测试法"等。随着时间的推移、技术的发展、艺术文化的繁荣，版权侵权行为的认定标准将更为重要，但也会更加繁杂，判断的方法将在不断除旧革新中前进。

第三节　美国版权救济措施的变化

版权法实施的目的之一就是最大限度地有效保护版权人对于作品的合法权益，因此版权救济制度应运而生。各国在版权制度中都有规定相关的救济措施，一般而言可以分为民事、行政和刑事救济措施，美国也不例外。

---

① Warner Bros. Inc. v. American Broadcasting Companies, Inc., 720 F. 2d 231 (2d Cir. 1983).
② Dawson v. Hinshaw Music 905 F. 2d 731 (4th Cir. 1990).
③ Nichols v. Universal Pictures Corporation, 45 F. 2d 119 (2d Cir. 1930).
④ 王渊. 美国版权侵权认定标准演化研究 [J]. 出版科学, 2016 (1).

　　美国关于版权救济措施的规定最早可追溯到 1790 年《美国版权法》第 2 条，该条规定了对于侵犯版权的行为，采取没收侵权产品和每个侵权产品 50 美分的赔偿金以弥补版权侵权行为带来的损失，但其中一半的金额是要为美国政府所使用。① 1802 年 4 月 29 日，《美国版权法》延长了雕刻、设计等作品的版权保护期限，同时也规定侵犯上述作品版权的，每件侵权作品将会被罚款 1 美元，其中一半给予受害者，另一半归于美国政府。② 早先美国联邦法院是无权审理版权案件的，除非涉案公民身份异常，③ 1819 年《美国版权法》将版权和专利案件的初始管辖权赋予美国联邦法院，结束了州法院管理联邦版权案件的乱象。1831 年 2 月 3 日，修订的《美国版权法》对版权法保护的作品类型进行了再次扩大，增加了音乐作品。此时损害赔偿条款的规定也有了变化：对于侵犯书籍作品版权的，每本侵权作品应支付 50 美分的赔偿金，其他作品每份 1 美元的赔偿金。1870 年 7 月 8 日，《美国版权法》再次进行修订，第 100 条再次强调了对于侵犯音乐作品和地图等作品版权的行为，每件侵权作品应支付 1 美元的损害赔偿，对于绘画、雕像等版权作品的侵权案件，每个侵权复制品的损害赔偿金达到 10 美元。1870 年《美国版权法》第 101 条规定了对于戏剧作品的侵权损害赔偿金额，第一次 100 美元，之后所有未经授权的演出为 50 美元。1895 年 3 月 2 日，《美国版权法》再次提高损害赔偿金额，侵犯具有版权的摄影作品，赔偿金将不低于 100 美元，不超过 5000 美元；对于侵犯绘画、雕刻、模型、美术作品等作品的版权案件，损害赔偿金也维持在 250 美元至 1 万美元。如今的美国版权侵权损害赔偿金并不会再按照每个作品种类在法条上明确区分，而是采取"损害赔偿金＋利润"或者"适用法定赔偿金"的形式，法定赔偿金的认定中法院的自由裁量权较大，版权人可以自由选择是否适用法定赔偿金进行计算，法官对于故意侵犯版权案件的法定赔偿金判定最高可达到 15 万美元。对于禁令救济措

---

① 　Sec. 2, Act of 1790.

② 　STRAUSS W S. The Damage Provisions of The Copyright Law ［R］. Study 22, U. S. Government Printing Office（October 1956）.

③ 　PATRY W F. Copyright Law and Practice ［M］. New York：The Bureau of National Affairs, Inc., 2000：38 － 39.

施，1819 年《美国版权法修订法案》第一次给予美国巡回法院禁止版权侵权行为的禁令权。此项措施实施之后，关于禁令设置是否合理的讨论就没有停止过。第二巡回法院对此表示：在版权侵权案件中，由于法定救济措施并不充分，禁令救济措施一直被认为是一种适当的救济措施。禁令所采取的补救措施独立于版权法中规定的禁止性条款，是根据既有的原则：法院应当在法律救济措施不充分时尽量保护公民合法权益而设置的。① 关于何时使用禁令，法院也有一定的原则。在马克姆诉 A. E. 博登公司案（Markham v. A. E. Borden Co.）中，法院表示在诉讼发生之前，该侵权行为已经结束并且在未来继续发生的可能性非常小，此时禁令将会被禁止。② 在没有明确的证据证明迫在眉睫的事实侵害时，法院是不会仅仅为了减轻诉讼当事人的恐惧而颁发禁令的，只有在事实清楚和明确的案件中，法院才会适度适用禁令救济措施，以免对被告造成不当伤害。③ 现行《美国版权法》也有对于禁令的侵权救济措施规定，并规定了临时禁令措施和最终禁令措施，强调了禁令在全美适用的强制性。

关于版权侵权行为的刑事救济措施，1897 年《美国版权修订法案》规定，对于戏剧作品或者音乐作品，如果行为人以营利为目非法表演上述作品，则行为人将会被认定为版权犯罪，可判刑 1 年。④ 1909 年《美国版权法》将版权侵权刑事犯罪的适用范围进行了两部分扩大：（1）扩大了版权侵权刑事认定的范围。从原有的涉及侵犯戏剧作品和音乐作品版权的非法营利性行为扩大到所有故意侵犯版权作品的营利行为。（2）惩罚措施变得更灵活，即监禁或者罚款，或者二者兼有。⑤ 1931 年美国对 1909 年《美国版权法》中的

① American Code Co. v. Rensinger, 282 Fed. 829 (2d Cir. 1922).

② "An injunction to restrain copyright infringement is not automatic and where the infringement has come to an end before suit is commenced and there is little likelihood or danger of its renewal at any time in the future, an injunction will be denied." See Markham v. A. E. Borden Co., 108 F. Supp. 69.

③ STRAUSS W S. The Damage Provisions of The Copyright Law [R]. Study 22, U. S. Government Printing Office (October 1956).

④ 29 Cong. Rec. 85 – 91 (Dec. 10, 1897).

⑤ "That any person who willfully and for profit shall infringe any copyright secured by this Act, or who shall knowingly and willfully aid or abet such infringement, shall be deemed guilty of a misdemeanor, and upon conviction thereof shall be punished by imprisonment for not exceeding one year or by a fine of not less than one hundred dollars nor more than one thousand dollars or both "in the discretion of the court: Provided, Iunoeoer," See Sec. 28 Copyright Act of 1909.

相关条款再次进行修订，行为人以营利为目的故意侵犯他人版权的将被判处 6 个月以下的监禁处罚。之后，《斯诺维奇法案》（Sirovich Bill）提出了扩大版权侵权刑事认定范围的意见。该法案将版权侵权案件中的其他行为也纳入刑事犯罪认定中，包括欺诈性虚假描述，其第 38 条规定在版权交易过程中虚假和欺诈性陈述的相关行为将会被视为犯罪，一经定罪，将被处以不超过 2000 美元罚款或者少于 6 个月的监禁。现今《美国版权法》第 506 条对于欺诈性版权声明、虚假陈述等行为的处罚金额最高可达到 2500 美元。美国版权救济措施的发展变化反映了美国对于版权侵权行为强烈打击的态度，对于维护版权人合法权益的信心以及版权制度的良好实施起到重大的推动作用。

美国版权制度典型案例一

纳鲁托诉斯莱特案（"猴子拍照案件"）
(Naruto v. Slater)

【案情摘要】

本案原告涉及一只名为"纳鲁托"（Naruto）的黑冠猕猴，其版权侵权诉讼由善待动物组织（People for the Ethical Treatment of Animals）提起，被告共有三位，包括野生动物摄影师大卫·约翰·斯莱特（David J. Slater）、照片出版商布尔博公司（Blurb. Inc）以及英国野生动物有限责任公司。本案的原告纳鲁托是一只生活在印度尼西亚苏拉威西群岛保护区内的黑冠猕猴。2011年，被告斯莱特把他的相机留在了该保护区，在无人看管的情况下，原告"纳鲁托"用被告斯莱特的相机给自己拍了几张照片。2014年，斯莱特和野生动物公司通过"Blurb"网站出版了一本包含"猴子自拍"的书，声称该书的版权归被告及该野生动物公司，但也在该书中承认是"纳鲁托"拍摄了本案争议照片——"猴子自拍"。这本书是这样描述"猴子自拍"的："苏拉威西黑冠猕猴在按下相机快门按钮时对着自己微笑"。2015年，善待动物组织和安特耶·恩格尔哈特（Antje Engelhardt）博士代表纳鲁托，以诉讼代理人的身份对被告提起版权侵权诉讼。

在地区法院审理过程中，原告在诉状中就其所主张的诉讼代理人身份给出了理由，恩格尔哈特博士声称其对印度尼西亚苏拉威西群岛的黑冠猕猴进行了十多年的研究，并从纳鲁托出生起就对其进行了解、监测和研究，但是在该诉状中，善待动物组织并没有指明其与"纳鲁托"之间有任何历史或关系，而是强调善待动物组织是"世界上最大的动物权利组织"，并且"一直倡导建立动物的权利和法律保护，而不仅仅是它们对人类的效用……"被告则根据联邦法律提起了驳回诉讼的动议，其理由是原告诉状中的陈述，不足以确立其在《美国宪法》第3条中的法定地位，也不能够证明其具备《美国版权法》所规定的起诉资格。地方法院批准了该驳回动议，并在其命令中就第3条的效力作出声明——第九巡回上诉法院声明，第3条"不会迫使得出结论，即以动物的名义进行的法定授权诉讼不是'事实或争议'"。（根据《美国宪法》第3条的规定，联邦法院只有在存在"事实或争端"的情况下才能对案件行使管辖权），地区法院认为在本案中不需要讨论第3条的地位，因此，无论纳鲁托是否符合《美国宪法》第3条的要求，原告都必须证明他的主张符合《美国版权法》第12（b）（6）条的规定。在上诉被提起后，经被上诉人的同意，恩格尔哈特博士退出了诉讼，因此，在上诉中，只有善待动物组织仍然以诉讼代理人的名义代表纳鲁托提起版权侵权诉讼。

针对地方法院的判决，美国第九巡回上诉法院予以支持，裁定维持原判，即认同地方法院关于纳鲁托不具备《美国版权法》上起诉资格的裁定。同时，第九巡回上诉法院根据先例，就纳鲁托在《美国宪法》第3条上的法定地位予以认定，认为纳鲁托具备《美国宪法》第3条规定的起诉资格。

【法院观点】

美国第九巡回上诉法院经审理裁定维持地方法院的判决，并认为"纳鲁托的主张"符合《美国宪法》第3条的规定，但纳鲁托缺乏《美国版权法》认可的主体资格条件，因此，无法就版权侵权提起诉讼。其具体论证如下。

1. 诉讼代理人身份的合法性——善待动物组织不符合诉讼代理人的要求，无法以诉讼代理人的身份提起版权侵权诉讼

本案中，第九巡回上诉法院对善待动物组织能否以纳鲁托诉讼代理人的身份提出索赔主张怀有质疑，其理由包括两个方面：（1）善待动物组织没有提出任何事实来确立诉讼代理人和真正的利益方之间存在重要关系；（2）根据美国法律的规定，动物不能由诉讼代理人来代表。

从第一个方面来看，为确定诉讼代理人的地位，假定的诉讼代理人必须证明：（1）被代理人由于精神上无行为能力，无法出庭或其他类似的残疾而无法就自己的案件提起诉讼；（2）诉讼代理人与被代理人之间存在重要关系，并真正致力于被代理人的最大利益。本案中，法院关注的是前述第二个要求，认为善待动物组织并没有声明其与纳鲁托之间的关系比其他任何动物的关系更重要，因此，善待动物组织不符合诉讼代理人中"重要关系"的要求，不能作为纳鲁托的诉讼代理人起诉。

从第二个方面来看，法院认为即使善待动物组织声称与纳鲁托有重要关系，善待动物组织仍然不能作为纳鲁托的诉讼代理人起诉。在本案中，法院认为"任何关于诉讼代理人地位的联邦原则的范围都不超过宪法所允许的范围"，尽管国会已经授权诉讼代理人代表"人身保护申请人"和"未成年人或无行为能力人"提起诉讼，但是没有授权诉讼代理人以动物的名义提起诉讼。并且，从法律解释方面来看，法院认为法律解释既应适用于成文法，也应适用于法庭规则，就本案而言，如果动物被赋予起诉的权利，则相关条款应明确说明这种权利。简言之，法院拒绝承认诉讼代理人在没有明确授权的情况下有权代表动物提起诉讼。

除此之外，需要注意的是，法院认为缺位诉讼代理人并不会破坏纳鲁托的起诉资格，这是因为根据《美国宪法》第3条的规定，纳鲁托存在"事实或争议"。《美国联邦民事诉讼规则》第17条规定授权诉讼代理人的诉讼案件，要求法院"考虑（无行为能力的当事人）是否得到充分保护"，即使他们没有诉讼代理人或者监护人。在这一义务范围内，法院拥有"广泛的自由裁量权"，如果法院认定当事人受到或能够得到充分保护，则不需要规定诉讼监护人（或诉讼代理人）。质言之，在本案中，纳鲁托的《美国宪法》第3条的适用并不依赖于善待动物组织作为"监护人"或者"诉讼代理人"的充分性。

2.《美国宪法》第3条地位的认定（诉讼资格的认定）——纳鲁托具备第3条规定的起诉资格

原告在诉状中称纳鲁托是"猴子自拍"的作者和所有权人，并进一步指称由于被告的侵权行为，纳鲁托遭受了明确而具体的经济损失，这种损失可以通过宣布纳鲁托是"猴子自拍"的作者和所有者的判决来弥补。在与本案类似的案件中（"鲸鱼案"①），原告提交的诉状包含了足以确立《美国宪法》第3条地位的事实，因此，在本案中，必须确定纳鲁托是否具有法定诉讼资格。

在第九巡回上诉法院看来，诉讼资格的问题在"鲸鱼案"中早已明确，尽管法院认为"鲸鱼案"的裁决有误，但是不能改变本案裁决受"鲸鱼案"约束的事实，如果没有联邦最高法院或者本院合议庭的介入裁决，那么法院就无法回避动物有第3条起诉资格的主张，在此前提下，善待动物组织诉讼代理人资格的缺位并不影响纳鲁托在第3条中的合法地位。

与此同时，史密斯法官也深刻地指出，允许动物起诉将会带来一系列问题。例如，如果动物可以起诉，谁来代表它的利益？如果动物有财产权，它们是否也有相应的义务？如何防止人们（或组织，如善待动物组织）利用动物来推进人类议程？在思考这些问题后，史密斯法官得出了合理的结论，即动物不应该被允许在人类法庭上起诉。但鉴于法院在性质上不属于立法机关，"鲸鱼案"的裁决限制了本案中法官对纳鲁托《美国宪法》第3条地位的认定。

3. 版权法中主体资格的界定——纳鲁托不具备《美国版权法》规定的起诉资格

在"鲸鱼案"中，法院就动物的法定地位作出了如下陈述：

我们同意地方法院在"公民终止动物苦难和剥削"一案中的观点，即"如果国会和总统打算采取特别措施，授权动物、人和法律实体提起诉讼，他们可以，也应该明确表示"。由于在《美国濒危物种法》（Endangered Species

---

① Cetacean Cmty.，386 F. 3d at 1179，原告在诉讼中指控海军的声呐系统对鲸鱼类海洋生物造成具体的身体伤害，第九巡回上诉法院明确了本案的唯一原告是"鲸鱼类海洋生物"并没有讨论诉讼代理人或者第三方的诉讼地位。尽管第九巡回上诉法院维持了地区法院的驳回决定（鲸鱼类动物在该案中缺乏环境法上的法定地位），但法院表示，第3条没有强制得出这样的结论，即以动物的名义进行的法定授权诉讼不是"事实或争议"。

Act，ESA）、《美国海洋哺乳动物保护法》（Marine Mammal Protection Act，MMPA）、《美国国家环境政策法》（National Environmental Policy Act，NEPA）等中没有任何这样的声明，我们的结论是鲸类动物没有法定诉讼资格。

由此可见，"鲸鱼案"中的法院并不依赖于该案中所涉及的法条是指"人"或"个人"这一事实。相反，法院制定了一个简单的法律解释规则——如果国会法案明确规定动物具有法定地位，那么动物就具有法定地位。如果法案没有明确的说明，那么动物就没有法定地位。而《美国版权法》并未明确授权动物根据《美国版权法》提起侵犯版权的诉讼，因此，根据法院在"鲸鱼案"中的裁决，纳鲁托缺乏《美国版权法》下提起诉讼的法定资格。

此外，《美国版权法》的一些条款也支持法院反对动物在《美国版权法》下具有法定诉讼资格的主张。例如，"作者"的"子女"，"无论合法与否"都可以继承《美国版权法》规定的某些权利，作者的"遗孀"或"鳏夫"拥有作者的全部终止权益，除非作者有任何在世的子女或者孙辈，在这种情况下，遗孀或鳏夫拥有作者一半的权益。这里的"子女"、"孙辈"、"合法的"、"寡妇"和"鳏夫"等用词都暗示着人类这一主体资格的界定，并必然排除了那些不结婚、没有法律规定的财产继承人的动物。因此，根据法院在"鲸鱼案"中的判决以及《美国版权法》的规定，法院认为地方法院的判决无误，包括纳鲁托在内的除人类以外的任何动物，在《美国版权法》下都缺乏起诉的法定地位。

【裁判结果】

经审理，美国第九巡回上诉法院裁定维持地方法院的判决，即驳回原告提起的诉讼，并认为纳鲁托具有《美国宪法》第3条规定的法定地位，但不具备版权法上提起版权侵权的主体资格。

美国版权制度典型案例二

道森诉欣肖音乐公司案
(Dawson v. Hinshaw Music Inc.)

【案情摘要】

本案原告威廉·道森（William L. Dawson）拥有灵歌"见义勇为"（*Ezekiel Saw De Wheel*）的有效版权，且多年来，原告对该灵歌进行了多次出售。1980年，被告马丁（Gilbert M. Martin）是这首灵歌的编曲者。同年，马丁授权欣肖音乐公司（Hinshaw Music, Inc.）独家出版、发行和销售该歌曲，并且同意赔偿欣肖公司因侵犯版权而遭受的任何损失。道森发现后，向地方法院起诉欣肖音乐公司和马丁侵犯了其依法所享有的版权。经过开庭审理，地方法院判决被告胜诉。

地方法院在审理过程中明确地指出，由于通过直接证据证明侵犯版权确存困难，法院建立了一种责任转移机制，即由原告来证明被告是否存在版权侵权行为，据此，原告需要证明三个方面的事实：一是原告就其作品享有版权，二是原告需要证明被告能够接触其作品，三是原告需要证明其作品与被告作品之间存在实质性相似。如果这三个事实都能成立，那么就可以认定被告侵犯了原告依法所享有的版权。经审理，地方法院认定原告证明了其就其作品享有版权以及被告能够接触其作品，即前述第一个方面和第二个方面的事实。因此，接下来，原告只需证明这两部作品之间存在实质相似性。审理本案的地区法院认为，实质相似性调查包括两个方面：（1）原告必须证明两部作品的思想存在实质性相似；（2）原告必须证明两部作品的思想表达存在实质性相似。（还有一些美国法院在实质性相似调查方面使用的是另一套判断标准，即需要证明复制行为的成立以及非法挪用行为的成立，但判断标准上的差异只具有潜在的影响，两种判断标准在实质性相似认定过程中均可适用。）除此之外，地区法院认为专家证词也可以作为法院在实质性相似第一阶段调查中的初步证据（专家证词在作品实质性相似判断过程中也被称为"外在"或"客观"测试）。在第一阶段的调查过程中，地区法院接受了专家对原告提供的证据所作的证词，即被告的作品与原告的作品构成思想上的实质性相似。地区法院认为原告作品中编排的模式、主题和组织在其他任何编曲中都是独一无二的，并进一步指出被告作品的编排模式与原告作品的编排模式有很大的相似之处。因此，地区法院在实质性相似调查阶段的第一阶段中作出了有利于原告的裁定。所以，如果原告能够证明实质性相似调查的第二个方面，即可就本案认定被告存在版权侵权行为。然而，地区法院在实质性相似调查的第二个方面对原告作出了不利的裁决，地区法院认为原告没有证明被告作品中的思想表达与其作品中的思想表达构成实质上的相似。在审理过程中，地区法院采用了所谓的普通观察者测试（有时被称为"内在"或"主观"测试），即在没有专家证词的帮助下探究作品的"总体概念和感觉"。在测试过程中，地区法院将普通观察者测试解释为普通外行观察者测试，这要求原告有义务向外行观察者证明两部作品中的思想表达构成实质上的相似。（地区法院发现，普通外行观察者无法脱离乐谱来确定两部作品是否构成思想表达上的实质性相似。）本案中，除了在评价两部作品的外在实质性相似使用的专家证词，关于涉案作品之间存在实质性相似的唯一证据就是两个编曲的乐谱，然而，原告没有出示这两种编曲的演奏录音。最终，因证据不足，法院认为两部作品之间的实质性相似难以构成，故裁定被告没有侵犯原告的版权，被告胜诉。

上诉法院认为，地区法院在实质性相似判断过程中将普通观察测试者定性为普通外行观察测试者的做法存在不妥之处。其理由是依据版权法无可争议的原则以及作为普通观察者测试基础的政策规定，需要承认普通观察者测试特征的限制，这些原则要求将普通观察者测试定位于作品的目标受众，只有在普通公众公平地代表作品的目标受众的情况下，才能允许普通观察者对测试进行定性。同时，上诉法院认为地区法院没有就目标受众是什么以及受众成员是否具有与其购买决定相关的专业知识等问题给出明确的事实调查结果。因此，上诉法院将本案发回原审，并指示由地区法院决定本案中对不同听众的定位是否恰当。如果定义是恰当的，那么地区法院就应该采取额外的证据来确定目标受众的成员是否会认为诉争作品在编排上构成实质性相似。

【法院观点】

上诉法院经审理，认为地区法院对本案中的作品受众定位不明，故将本案发回重审。同时，上诉法院认为在判断作品之间是否构成实质性相似的过程中，法院必须考虑原告作品目标受众的性质。其具体论证过程如下：

1. 阿恩斯坦案［Arnstein v. Porter, 154 F. 2d 464（2d Cir. 1946）］——作品的目标受众才是作者创作的经济动机

从美国版权法的经济激励角度来看，作者受法律保护的利益来源于外行公众对其作品的认可所带来的潜在经济回报，而作品的目标受众才是作者创作的经济动机。上诉法院认为，先前的判例"阿恩斯坦案"［Arnstein v. Porter, 154 F. 2d 464（2d Cir. 1946）］中已经提供了关于普通观察者测试的现代理论来源。在该案中，法院解释道，"原告受到法律保护的利益不是他作为音乐家的声誉，而是他的作品获得普通公众认可所带来的潜在经济回报的利益"。上诉法院指出这一最初的解释能够为创作者提供一种为公众的最终利益而进行创作的经济激励，从而使公认的版权法目的得以实现。与版权法中的经济激励观点一致，在阿恩斯坦案中，法院认为，"问题是被告是否从原告的作品中获取了令听众愉悦的东西，从而错误地挪用了原告的东西"。

上诉法院根据阿恩斯坦案的观点，认为法院在实质性相似判断过程中应该关注"外行听众"的反应，因为他们也是原告作品的听众，并且能够衡量被告作品对原告市场的影响。因此，外行听众的反应也是实质相似性判断中需要考量的因素。上诉法院指出，在阿恩斯坦案中法院关于听众的反应的观点在作品实质性相似判断中奠定了坚实的基础，但是也可能促进了一个过于

宽泛的规则的发展。（在这一理论基础上，阿恩斯坦案中的法院理所当然地认为"外行听众"和作品的"观众"是一样的。然而，在这个逻辑下，外行听众之所以具有相关性，仅仅是因为他们构成了相关的听众。）上诉法院认为，如果目标受众比外行受众明显更专业，那么目标受众的反应就是作品实质性相似判断过程中需要考量的因素。具言之，上诉法院认为，依据版权法保护创作者市场的目的，对诉争作品的最终比较应该以作品的目标受众为导向。

2. 席德·马蒂·克罗夫特电视公司诉麦当劳公司案［Sid Marty Krofft Television v. McDonald's Corp（562 F. 2d 1157（9th Cir. 1977）］——"实质性相似"判断过程中未明确界定作品的普通受众与特定受众

这是涉及作品实质性相似问题的另一个具有里程碑意义的案例。在该案中，原告认为，有关两部作品在思想表达上的实质性相似的判断应该被标示为内在相似性的判断——取决于普通人的反应，并将法院的注意力引向"一般理性读者和观众的观察和印象"。该案的法院在适用内在相似性判断标准时也注意到了作品的特定受众，指出该案中原告和被告的作品都是针对儿童观众的。

上诉法院认为，该案中的法院未能明确认识到有必要对普通观察者测试进行细化，以使其采用目标受众的观点。因此，在这一问题上存在相当程度的模糊性，法院并不总是能够清楚地表明，他们是适用特定受众还是普通受众作为测试的对象。

3. 蕙兰案［Whelan Associates v. Jaslow Dental Laboratory, 797 F. 2d 1222（3d Cir. 1986）］——"普通外行观察者测试"中所涉及的判断主体应为熟悉作品的受众

幸运的是，计算机程序侵权诉讼的出现迫使法院认识到，有时不感兴趣或不知情的外行观察者只是缺乏必要的专业知识来确定产品之间的相似性或差异性。在该案中，法官认为计算机程序的复杂性以及普通观察者对这些程序的不熟悉，使得普通观察者的测试毫无意义；并进一步推断，在外在和内在测试的事实发现者都是相融的情况下，考虑到表达的相似性时，要求事实发现者"忘记"专家证词似乎是愚蠢的。

上诉法院认为蕙兰案中的法院观点与其不谋而合，正如蕙兰案中所揭示的那样，只有对常识漠不关心的鲁莽行为才会导致法院接受这样一种原则，即要求版权案件转向对两件作品之间相关差异和相似之处一无所知的人的意见。相反，判断应该由熟悉相关作品的人提供。

综上所述，上诉法院认为，在进行实质性相似调查的第二阶段时，地区法院必须考虑原告作品预期受众的性质。一般情况下，如果外行公众能够公平地代表目标受众，法院应适用普通观察者测试的外行观察者标准。反之，如果目标受众更窄，那么法院的调查应该侧重目标受众的成员是否会发现这两件作品在本质上存在相似。这样的调查可能包括目标受众的证词以及可能对目标受众的品位和感知具有专业知识的人的证词。需要注意的是，上诉法院认为，即使在目标受众拥有专业知识的情况下，也不能盲目地坚持适用普通观察者测试中外行观察者的特征。其理由是，观察者测试法使得法院免于对作品的预期受众的性质进行调查并得出结论的负担，如果本案的判决被解读为邀请每个版权案件中的每个诉讼当事人向法院提出一个看似无法回答的问题，即产品的受众是否足够专业化，以证明偏离普通观察者测试的外行特征是合理的，那么这个负担将是一个实质性的负担。因此，上诉法院认为，在任何特定情况下，法院都应该在判断外行公众是否能够公平地代表作品的目标受众时有所质疑，只有在目标受众拥有"专业知识"的情况下，才有理由脱离对外行的描述。与此同时，上诉法院强调，为了保证与普通观察者测试的非专业特征区分开来，"专业知识"必须超越单纯的品位差异，必须上升到拥有外行公众所缺乏的知识的水平。上诉法院建议，考虑到检验标准的明确性，"目标受众"应该取代"普通观察者"作为适当的测试的标准。同时，上诉法院解释道，对测试标准的进一步明确是由理论基础的政策所驱动，即从理论上讲，关注被告的工作对原告市场的影响是适当的，而让一个独立的、不知情的事实发现者决定案件中的关键问题不利于具体版权侵权案件中实质性相似问题的判断。

【裁判结果】

发回重审。

第二编

美国专利制度发展史

第八章

美国专利制度的历史沿革

美国专利制度发轫于 18 世纪末，最初只涉及专利申请和授权的基本规定，进入 20 世纪后才逐步构建起相对完善的专利法律规则。200 多年来，美国专利制度变迁的历史是美国社会变革的缩影，更是美国经济腾飞的保障。纵观美国专利制度的演进历程，大体可以划分为产生、发展、变革三个阶段。在每个阶段中，美国专利制度都是基于当时的特定历史背景而形成，并呈现不同的立法价值取向。鉴于此，有必要对美国专利制度产生、发展、变革的历史原因与制度特点进行梳理与总结，以期概括出美国专利制度的历史脉络。

第一节 美国专利制度的产生阶段

美国专利制度的产生阶段，即指 18 世纪末美国专利制度创设初期的演进历程。这一历程包含 1790 年和 1793 年《美国专利法》两部法律文件，其中，1790 年《美国专利法》的颁布标志着美国专利制度立法进程的开启；1793 年《美国专利法》的修订则意味着美国专利制度形态的初步形成。在制度产生阶段，专利制度在美国刚刚起步，在规范模式上存在《英国垄断法案》（*Statute of Monopolies*）的深深烙印，相关法律条文的规定也相对简单，并未形成体系化的制度架构。

一、美国专利制度的产生背景

18 世纪末，《美国专利法》颁布之时正值第一次工业革命的高潮。作为曾经的英国殖民地，工业革命的成果较早地影响美国，及时出台的专利制度也为工业革命在美国的扩张提供了制度保障。然而，当时美国进行专利立法的直接诱因并不是为了推进工业革命，而是基于《英国垄断法案》所形成的制度惯性，为化解各州专利法律冲突而进行的统一立法。①

其一，1790 年《美国专利法》的制定深受《英国垄断法案》的影响。一般来说，1624 年《英国垄断法案》被认为是世界上第一部专利法，虽然《英国垄断法案》与现代专利制度相比存在一定差异，但其关于专利核心概念的界定一直被沿用至今。② 美国在独立前长期作为英国的殖民地，其相关专利法律关系也一直由《英国垄断法案》所规制。18 世纪末，美国刚刚脱离英国的管制成为独立国家，各项社会制度都有英国的影子，1790 年制定的《美国专利法》也不例外，其并未打破原有的制度框架，基本继承了《英国垄断法案》的规范内容。

其二，1790 年《美国专利法》的制定符合统一各州专利立法的需要。作为联邦制国家，美国各州都有相对独立的立法权，早期专利法也属于州立法的范畴，例如，康涅狄格州早期的立法规定，只有在"新的发明被认为对国家有利并且其期限由州法院判定为适当"的情况下才可授权垄断。③ 然而，这也导致各州之间在专利制度层面上的巨大差异，进而引发了专利法适用的矛盾与冲突，严重影响对专利权的保护。为改变这一状况，实现专利制度规则的统一化，1787 年《美国宪法》第 8 节第 1 条中专门增设了版权与专利权保护条款，④ 这

---

① 付丽霞. 美国专利制度演进的历史梳理与经验借鉴 [J]. 中国发明与专利，2018 (10).

② DENT C. Generally Inconvenient：The 1624 Statute of Monopolies as Political Compromise [J]. Melbourne University Law Review, 2009, 33 (2).

③ 孙南申，高凌云，徐曾沧，等. 美国知识产权法律制度研究 [M]. 北京：法律出版社，2012：40.

④ 1787 年《美国宪法》第 8 节第 1 条授权国会授予作家和发明人对他们创造成果的专有权，以"促进科学进步和艺术繁荣"。

直接推动了 1790 年《美国专利法》的出台，并为日后专利法的修订与更新提供了宪法基础。

二、美国专利制度产生阶段的立法特点

制度产生阶段是美国专利制度规范初创时期，规则不够完善。具体来说，作为美国第一部专利法，1790 年《美国专利法》虽然具备了现代专利法的基本内容，明确了专利法保护未知且有用的技术、产品、机器、装置和改进措施的客体范畴，规定了权利人在制造、使用、买卖等方面所享有的一定期限的专有权，并建立了专利授权、转让及权利救济等方面的法律程序，但是其只有短短 7 个条文，且制度实施存在诸多问题。[1]因而，美国于 1793 年便对 1790 年《美国专利法》进行了修订，将法律条文增加到 12 个，相关法律规定也变得更为详细。[2] 然而，由于历史条件的制约，18 世纪末的美国专利制度立法与现代专利法相比，还是有许多不尽如人意之处，大体可以概括为如下三个方面。

其一，专利保护地域局限于本土。在制度产生阶段，美国 1790 年和 1793 年《美国专利法》在专利授权范围上，并未将外国人发明或发现的技术、产品、机器、装置和改进措施纳入其中；在专利权利效能上也仅限于制造、使用及买卖，而并未规定专利产品的进口权，上述规定在一定程度上是为了保障独立之初美国本土经济的发展。与此同时，18 世纪末世界上多数国家专利制度都不完善，故涉及专利保护的相关国际规则也尚未形成。

其二，专利保护期限相对较短。1790 年《美国专利法》为专利技术设置了为期 14 年的保护期限，1793 年《美国专利法》继续沿用这一规定。易言之，在制度产生阶段，《美国专利法》延续了 1624 年《英国垄断法案》的相关规定，赋予专利权人以 14 年的权利垄断期限，这与目前专利制度所设定的 20 年的保护期限相比，保护时限较短。

---

[1] Patent Act of 1790, Ch. 7, 1 Stat. 109 – 112 （April 10, 1790）The First United States Patent Statute CHAP. Ⅶ. – – An Act to promote the progress of useful Arts. （a）.

[2] Patent Act of 1793, Ch. 11, 1 Stat. 318 –323 （February 21, 1793）Ch. 11.

其三，专利审批程序不尽合理。1790 年《美国专利法》规定专利申请由国务卿、国防部长和司法部长进行实质审查，但是由于专利申请数量的增加，政务繁忙的国务卿、国防部长和司法部长并无足够的时间进行专利审查。因而，1793 年《美国专利法》将原来的审查制改为注册制，并由联邦法院在专利诉讼中来确定专利的有效性。[①] 无论是 1790 年《美国专利法》的"审查制"，还是 1793 年《美国专利法》的"注册制"，美国这一阶段都没有专门负责专利事务的相关机构。值得一提的是，虽然 1793 年《美国专利法》将"审查制"改为"注册制"，降低了行政负担，但也带来了实质审查缺失下的专利垄断问题。

第二节　美国专利制度的发展阶段

美国专利制度的发展阶段，即指 19 世纪到 20 世纪下半叶，美国专利制度经过数次修订走向完善的制度演进历程。这一历程主要涉及 1836 年、1870 年和 1952 年《美国专利法》等相关法律文件。在制度发展阶段中，美国专利制度中的各项规则都趋于完善，制度的体系结构也得以重构。其中。1952 年《美国专利法》有着极其重要的历史地位，不仅改进了专利授权与侵权规则，更是建立起美国现代专利制度的基本结构模式。

一、美国专利制度的发展缘由

19 世纪到 20 世纪下半叶，第二次工业革命和第三次工业革命极大地促进了科学技术的进步。与此同时，两次世界大战也重构了国际政治经济秩序，美国在国际社会的影响力与日俱增，取代英国成为世界霸主。美国专利制度在这一时期，经历了经济危机影响下的低谷后获得蓬勃发展，逐步成为美国推进科技创新与产业发展的制度保障和主导国际贸易与全球竞争的法律工具。

---

① 李明德. 美国知识产权法 [M]. 2 版. 北京：法律出版社，2014：33.

　　其一，专利制度是美国推进科技创新与产业发展的重要法律保障。19 世纪到 20 世纪下半叶，美国逐步超越英国，成为世界科技和经济的中心。在这一阶段，强力的专利保护制度成为美国科学技术与经济社会蓬勃发展的有力支撑。1858 年，美国总统林肯就曾将"专利法的创建"与"发现美洲大陆"、"印刷术"并列为影响人类社会发展的三大进程，"给天才之火添加利益之油"的专利制度评价一度成为推动美国科技发展的关键助力。① 诚然，20 世纪 30 年代经济危机席卷美国之时，出现了严重的"反专利"思潮，但是随着美国"罗斯福新政"的实施，以专利激励为基础的科技创新再次备受瞩目，成为推动美国经济社会发展的核心力量。

　　其二，专利制度是美国主导国际贸易与全球竞争的关键法律工具。进入 20 世纪，尤其是 20 世纪中叶以来，美国的创新能力与经济实力与日俱进，在国际经贸中的主导地位也日益显现。这一阶段美国国际竞争力的持续提升，则是以完善的专利法规为基本制度保证的。与此同时，美国等发达国家所主导的国际贸易规则往往会以高水平知识产权保护为准入条件，而广大发展中国家及欠发达国家迫于自身发展的需要又不得不接受美国所主导的不平等贸易条件。这样一来，专利制度不仅是美国保护本土创新的法律规范，更是美国保证本国先进技术支配国际市场的重要竞争政策与战略规划。

二、美国专利制度发展阶段的进步举措

　　美国专利制度发展阶段是美国专利法的体系完善时期，各项法律规则日臻完善，现代专利法的体系框架初步形成。其中，1836 年《美国专利法》改变了制度产生阶段专利审批程序的运行困境，创设了专门的专利审查机构，并开放了专利授权的主体限制，允许将美国专利权授予外国人；② 1870 年《美国专利法》与 1836 年《美国专利法》如出一辙，并没有作出太多改变；③

---

　　① 王广震. 美国专利法的演变：从宽松到限制 [J]. 西安电子科技大学学报（社会科学版），2014（4）.

　　② Patent Act of 1836, Ch. 357, 5 Stat. 117（July 4, 1836）.

　　③ Patent Act of 1870, Ch. 230, 16 Stat. 198 - 217（July 8, 1870）.

1952 年《美国专利法》重构了专利法的结构框架，完善了各项专利法律规则，使之逐步呈现精细化的状态，并被《美国法典》第 35 编所收录；[①] 1982 年《美国联邦法院改革法》（The Federal Court Improvement Act）增设了受理专利上诉案件的联邦巡回上诉法院，直接推进了美国专利司法的一体化。[②] 鉴于此，下文将从专利审查的专门化、专利规则的精细化和专利司法的一体化三个方面，分别阐释美国专利制度发展阶段的进步举措。

其一，专利审查的专门化。1836 年《美国专利法》的最大亮点即在于，再次恢复了专利审查制，并专门设置专利局负责专利审查工作。这一举措极大地提高了专利审查的效率和专利授权的质量，有效地解决了 1793 年《美国专利法》修改以来专利注册制所造成的专利质量低下和专利纠纷频发的问题。[③] 与此同时，专利审查的专门化模式，也为之后美国专利制度的有序运行提供了专利审查的程序基础与专利授权的质量保障。

其二，专利规则的精细化。1952 年《美国专利法》具有极其重要的历史意义，是美国历史上幅度最大、影响最强的一次专利法律修订，不仅对原有专利制度的体系进行了完全的更改与完善，更对专利授权与侵权等具体法律规则展开了全面的细化，例如，在专利授权规则中将"非显而易见性"作为重要的法定标准，对于专利申请的审查具有重要的指导价值；在专利侵权规则中也将专利直接侵权与间接侵权作出了明确的区分，澄清了法院在专利侵权问题上的模糊认识，对于专利案件的审理具有重要的辅助意义。[④]

其三，专利司法的一体化。1982 年《美国联邦法院改革法》创立联邦巡回上诉法院以审理专利上诉案件的举措，极大地推进了美国专利司法的一体化进程，有效地改善了长期以来专利案件由地方法院一审并由该地方所属巡回法院二审的司法体制下案件审理标准不一致等法律适用混乱的问题。[⑤] 与

---

① Patent Act of 1952, Codified in the Title 35 of the United States Code.

② The Federal Courts Improvement Act, 96 Stat. 25 (April 2, 1982).

③ ADELMAN M J, RADER R R, KLANCNIK G P. 美国专利法 [M]. 郑胜利, 刘江彬, 译. 北京: 知识产权出版社, 2011: 11.

④ 李明德. 美国知识产权法 [M]. 2 版. 北京: 法律出版社, 2014: 34.

⑤ SWARD E E, PAGE R F. The Federal Courts Improvement Act: A Practitioner's Perspective [J]. Am. U. L. Rev, 1984, 385 (33).

此同时，专利权人或者利害关系人不服专利复审委员会所作出决定的行政性案件，也由联邦巡回上诉法院进行管辖，进一步加强了专利司法的一体化程度，使专利案件的审理标准更加统一，审理机构更加专业，审理结果更加公正，使专利权人的合法权益获得更为合理的保护，从而充分发挥专利制度的积极效用，激发社会创新活力。

第三节　美国专利制度的变革阶段

美国专利制度的变革阶段，即从 20 世纪末至今，美国专利制度为应对新兴技术发展与国际保护一体化所进行的制度规则变革时期。这一变革以 2011 年颁布的《美国发明法案》（Leahy – Smith America Invents Act，AIA）[①] 为主要表现形式，该法案是继 1952 年《美国专利法》实施以来美国专利制度的第一次重大变革。[②]《美国发明法案》2005 年即向众议院提交，却历经曲折，2007 年获得众议院通过但遭参议院否决，2009 年则获得参议院通过但遭众议院否决，直到 2011 年美国参众两院互相妥协才使该法案最终生效。[③]

一、美国专利制度的变革需求

20 世纪末，随着经济全球化发展的逐渐增强以及科技创新力要求的不断提升，专利制度国际化和现代化的变革趋势也日益凸显。美国虽然作为全球经济发展与科技创新的引领者，长期以来其专利立法也一直处于世界领先地位，但在新的时代发展形势下，美国专利制度也面临统一法律规则的国际化要求和提升专利质量的现代化诉求，亟须进行改革。[④]

其一，美国专利制度变革源自与国际接轨的一体化诉求。在经济全球化

---

① Leahy – Smith America Invents Act（AIA），enacted by the 112th United States Congress and effect on September 16，2012.

② 王宁玲，唐何文. 美国专利法改革的重点变化 [N]. 中国知识产权报，2012 – 02 – 08 (5).

③ 卢宝锋. 美国专利法改革 [J]. 电子知识产权，2012 (1).

④ 张怀印. 美国专利法改革述评 [J]. 美国研究，2010 (1).

的影响下，世界法律一体化的趋势也越发强烈。美国作为世界第一大经济体，长期以来对国际政治经济的发展方向具有决定性的作用。由于美国在全球范围内的巨大影响，国际社会一度掀起了学习美国法的热潮,① 但这并不意味着美国法完全被世界各国所接受。在专利制度层面，美国就有许多与各国通行规则完全不同的规定，为专利的国际申请与保护带来巨大的障碍。因此，美国专利制度亟须改革，与国际公约以及各国通行规则相契合，推进专利制度的国际化。

其二，美国专利制度变革源自提升专利质量的现代化诉求。20 世纪 80 年代以来，全球掀起了以基因技术为代表的第四次科技革命，基因技术等新兴技术的保护成为专利制度所面临的新课题。② 更为关键的是，随着科学技术的飞速发展，产品的科技含量日益成为决定其市场竞争力的核心因素，这也对专利制度提出了更高的要求，不仅要激励创新，更要激发具有高科技含量的创新。在以科技创新为核心的经济发展模式下，专利制度不能一味地追求保护范围的广泛，更应注重专利质量的提升。因此，美国专利制度必须充分适应高新技术的发展需要，进行现代化的制度变革。

二、美国专利制度变革阶段的修法内容

制度变革阶段是美国专利法为回应制度国际化与现代化发展需要的关键改革时期。作为专利制度变革的最终成果，2011 年《美国发明法案》与1952 年《美国专利法》相比，其所作出的制度修改主要包括将美国以往坚持的"先发明制"改为"先申请制"以及增加优先审查制度、对微型实体的优惠政策、有关虚拟标识的规则、对商业方法专利设立特别的授权后重审程序等诸多内容。③ 下文将从专利申请和专利审查两个方面的制度变革分述之。

其一，专利申请机制由"先发明制"向"先申请制"的变革。《美国专

---

① 高鸿钧. 美国法全球化：典型例证与法理反思 [J]. 中国法学，2011 (1).
② 刘鑫. 试论人体基因的可专利性：Myriad 案之省思 [J]. 华中师范大学研究生学报，2016 (1).
③ 连铮. 竞争压力下美国专利制度的改革与创新 [J]. 南京理工大学学报（社会科学版），2018 (3).

利法》为了保障发明人的权益，最大限度地实现专利法所追求的公平价值取向，自从 1790 年制定起即采取"先发明制"，并一直特立独行地沿用了 200 多年，但随着专利制度实践的不断发展，这一申请机制中发明日难以确定、申请人举证负担重、专利审查周期长、专利申请成本高，以及权利状态不稳定、专利诉讼多发等弊端也日益凸显。[①] 与此同时，目前世界各国专利制度大多采取"先申请制"，之前采用"先发明制"的国家也由于其弊端而改采"先申请制"，美国"先发明制"的专利申请机制无疑极大地阻碍了国际经贸合作的开展。因此，可以说，2011 年《美国发明法案》将长期坚持的"先发明制"改为"先申请制"是美国专利制度的一大进步。

其二，专利审查机制中增加优先审查制度，以及商业方法专利的授权后重审程序。2011 年《美国发明法案》所增设的优先审查制度，实质是对小企业的扶持措施的一部分，即专利商标局可应申请人的请求优先审查对经济或国家竞争力具有重要意义的专利申请，优先审查下申请的专利在 1 年内可获授权，但优先审查量不能超过年申请量的 10%。[②] 与此同时，为充分扶持小企业，《美国发明法案》还设置了一系列对微型实体的优惠政策，与优先审查制度相配合。商业方法专利的授权后重审程序则是《美国发明法案》针对商业方法专利的特殊性质而制定的特殊程序，即商业方法专利需要在获得授权的 10 年后，由专利商标局以特定的标准进行重审，避免已经不具有专利保护意义的商业方法专利仍然被专利权人所独占，实现专利保护与知识共享之间的平衡。

---

① 邵冲，冯晓青. 美国专利法最新修改述评［J］. 中国审判，2013（10）.
② 胡冬云，高敏. 美国专利法修改及创新促进作用研究［J］. 科技管理研究，2012，32（23）.

第九章

美国专利主体制度的发展

自 1790 年第一部《美国专利法》颁布以来，专利制度作为科技进步与经济发展的法律工具，见证了美国社会的现代化发展与变革。200 多年来，美国专利制度的每一次修订，都是对当时美国经济社会发展需求的重要回应，更是推动美国经济社会持续发展的制度助力。主体制度作为专利制度体系的一个重要方面，为适应经济社会不断发展而衍生出不同的价值导向，在美国专利制度的历史演进中也呈现由国内主体向外国主体演进、由自然人主体向法人或者团体组织主体演进、由现实主体向虚拟主体演进等诸多方面的制度进化。① 申言之，美国专利主体制度的现代化历程即可被概括为专利主体国际化、合作化、虚拟化的制度发展过程。鉴于此，有必要分别从专利主体的国际化转变、合作化演进、虚拟化趋势三个方面入手，对美国专利主体制度的发展历程进行梳理与总结，以期勾勒出美国专利主体制度的现代化变革全貌。

第一节　美国专利主体的国际化转变

美国专利主体的国际化转变，即美国专利法所保护的对象由国内主体向国外主体的演进，以及美国专利法中相关主体规则向国际规则靠拢的过程。

---

① 曹新明. 知识产权主体制度的演进趋向 [J]. 法商研究，2005（5）.

换言之，美国专利主体的国际化转变体现在内容和形式两个层面，即内容上保护对象的国际化和形式上制度设计的国际化，下文将分述之。

一、美国专利主体内容层面的国际化

美国专利主体在内容层面上的国际化转变是美国专利法保护对象多元的重要体现。在专利制度产生之初的半个世纪，美国基于发展本国经济的急迫需要，在专利制度设计上长期采取本土保护模式，即只保护本国人所发明或发现的技术、产品、机器、装置和改进措施，而并未将外国人的发明创造纳入专利制度的保护范围，而且，在专利权利效能上仅限于制造、使用及买卖，而并未规定对专利产品的进口权。[①] 直到 1836 年《美国专利法》的出台，美国才逐步开始将专利保护范围扩大至外国，虽然最初只是对外国专利文献的认定，但无疑是美国专利法国际化进程上的巨大突破。[②] 1952 年《美国专利法》的出台，则正式实现美国专利主体的国际化转变，专利法所保护对象不再局限于本国人所发明的技术方案，外国人或无国籍人所发明或发现的技术、产品、机器、装置和改进措施等专利法所保护的客体都可以在美国申请专利并获得授权。[③] 自此，美国专利主体制度基本完成了内容层面上的国际化转变，实现从单一的本土保护模式向本国人、外国人及无国籍人均受保护的多元主体机制的制度演进。

二、美国专利主体形式层面的国际化

美国专利主体在形式层面上的国际化转变则是美国专利法与国际专利规则相协调的重要体现。在美国专利制度实施的最初一百年里，相关主体规则的设计与运行都是以本土经济社会的发展为基础的，在制度安排上具有鲜明的美国特色。直到 1883 年，美国作为 15 个原始签字国之一，签订了《保护工

---

① 付丽霞. 美国专利制度演进的历史梳理与经验借鉴 [J]. 中国发明与专利, 2018 (10).

② Patent Act of 1836, Ch. 357, 5 Stat. 117 (July 4, 1836); Patent Act of 1870, Ch. 230, 16 Stat. 198 – 217 (July 8, 1870).

③ Patent Act of 1952, Codified in the Title 35 of the United States Code.

业产权巴黎公约》（Paris Convention for the Protection of Industrial Property）①，美国专利主体规则基于该公约所规定的"国民待遇原则"正式开启了制度国际化的进程。进入 20 世纪，尤其是 20 世纪中叶以来，美国的创新能力与经济实力与日俱增，利用专利制度主导国际贸易往来的诉求也日益强烈。在美国及其他发达国家的推动下，《专利合作条约》（The Patent Cooperation Treaty，PCT）于 1970 年生效并对所有已经加入巴黎公约的国家开放。②《专利合作条约》的出台极大地便利了发明人的专利跨国申请，进一步提升了美国专利法中相关主体规则的国际化进程。20 世纪末，为构建统一的国际经贸体系，世界贸易组织应运而生。作为世界知识产权组织框架协议之一的《与贸易有关的知识产权协定》③ 是世界贸易组织成员所必须遵守的知识产权国际规则。专利主体层面制度设计的国际化程度在《与贸易有关的知识产权协定》的推动下无疑也获得了进一步的加强。

第二节　美国专利主体的合作化演进

美国专利主体的合作化演进，即美国专利法运行过程中，专利权人由个人向团体、组织转变的过程。在美国专利主体制度的发展过程中，由自然人主体向法人或者团体组织主体转变的这一制度演进，是基于科学技术进步和经济社会发展的特定诉求而开启的，更是依靠专门的"发明预先转让协议"或"发明预先转让条款"实现的。鉴于此，下文将从历史诉求和实现方式两个层面疏解美国专利主体的合作化演进。

---

① 《保护工业产权巴黎公约》（以下简称《巴黎公约》）是 1883 年 3 月 20 日在法国首都巴黎缔结的。当时参加外交会议的有比利时、巴西、西班牙、法国、危地马拉、意大利、荷兰、葡萄牙、萨尔瓦多、塞尔维亚、瑞士等 11 个国家。接着英国、美国、丹麦、日本也先后在《巴黎公约》上签了字，所以，《巴黎公约》的原始签字国共有 15 个。刘振江．论保护工业产权的巴黎公约 [J]．法律科学（西北政法大学学报），1985（1）.

② 孙南申，高凌云，徐曾沧，等．美国知识产权法律制度研究 [M]．北京：法律出版社，2012：43.

③ 美国于 1995 年 1 月 1 日开始实施《与贸易有关的知识产权协定》。

一、美国专利主体合作化的历史诉求

随着产业革命的不断推进，社会生产的集约化程度日益增强，社会分工也日益细化，尤其是进入 20 世纪世界掀起第二次产业革命以来，新技术方案研发的巨大投入和风险，使技术创新难以由个人发明人所独立完成，而逐步转变为由拥有雄厚资本的雇主组织大量雇员发明人合作完成。究其根本，这一情况的产生是源于现代技术的复杂性和高难性，使技术的创造离不开发明人的雇主所提供的人力、物力和财力条件。同时，由于发明人自己往往负担不了雇佣专利代理人的费用、申请及维持专利的费用，故职务发明开始出现并渐渐取代个人发明。[①] 美国历史学家大卫·诺布尔（David Noble）在追溯美国发明创造雇主所有规则的发展历程时说道："在 1900—1929 年，美国专利制度逐渐趋向于保护雇主利益，职务发明的数量激增，而个人发明则越来越少。这一制度性改变是由当时企业专利垄断和产业性研发的出现所引起的。"[②] 无独有偶，这一时期专利制度对于雇员发明人的创新激励则相对不足，专利制度的价值导向从"天才之火"转变为"利益之油"。[③] 20 世纪 70 年代以来，以网络技术和基因技术为代表的第四次产业革命，则进一步提升了技术创新的合作化程度，职务发明数量急剧增加，专利主体也往往都是法人或者团体组织。

二、美国专利主体合作化的实现方式

在美国"发明人主义"的制度设计下，专利必须由事实的发明人申请，法人或者团体组织不能成为发明人。[④] 即使是职务发明，专利权也往往归属于发明技术方案的雇员，雇主则仅享有对该技术方案的不排他使用权（shop

---

　① 郑成思. 知识产权论 [M]. 3 版. 北京：法律出版社，2007.

　② 转引自：MERGES R P. The Law and Economics of Employee Inventions [J]. Harvard Journal of Law and Technology, 1999, 13 (1).

　③ FISK C L. Removing the Fuel of Interest from the Fire of Genius': Law and the Employee Inventor, 1830–1930 [J]. University of Chicago Law Review, 1998, 65 (4).

　④ HRICIK D, MEYER M. Patent Ethics [M]. New York: Oxford University Press, 2009: 6.

right，即工厂实施权）和优先受让权。易言之，根据美国专利制度的规定，专利主体只能是真正发明技术方案的个人，法人或者团体组织并不能直接取得技术方案的专利权。然而，由于技术研发合作性的不断加强，法人或者团体组织掌控技术方案专利权的诉求越发强烈。为实现专利权属由个人发明人向法人或者团体组织的转移，实践中，在发明创造的研发工作开始之前，法人或者团体组织往往会与雇员发明人签订"发明预先转让协议"（Pre - invention assignment agreements），或在与雇员发明人签订的雇佣合同中加入"发明预先转让条款"（Pre - invention assignment clauses），将未来完成的技术方案的专利权预先转让给自己。① 最初，这种超越专利法的约定是不被认可的，但随着发明预先转让协议的不断增多，其效力也逐步为法院所承认，因而，发明预先转让协议也成为雇主与雇员发明人事前约定预先转让发明成果，实现专利权由个人发明人向法人或者团体组织的转移，合法规避专利法个人发明人限制的有效方式。②

第三节　美国专利主体的虚拟化趋势

美国专利主体的虚拟化趋势，是指在人工智能技术的飞速发展中，机器人的智能水平日益提升并已经具备作为"研发者"独立发明专利技术的能力，进而引发的美国学者关于机器人作为发明人的专利主体讨论。基于此，下文将从美国专利主体虚拟化的问题由来和潜在选择两个方面，探究美国专利主体制度的未来发展趋势。

一、美国专利主体虚拟化的问题由来

美国作为当今世界新兴科学技术的引领者，人工智能技术的发展也处于

---

① PISEGNA-COOK E D. Ownership Rights of Employee Inventions: The Role of Preinvention Assignment Agreements and State Statutes [J]. University of Baltimore Intellectual Property Law Journal, 1994 (2).

② 刘鑫. 美国职务发明预先转让协议的考察与启示 [J]. 科学管理研究, 2018 (2).

世界领先地位。早在 20 世纪末，美国塞勒（Thaler）博士基于人工神经网络所发明的智能机器人"创意机器"（Creativity Machine）就已经能够独立研发技术成果，并获得了两项美国专利商标局的专利授权，专利号分别为 U. S. Patent No. 5，659，666（filed Oct. 13，1994）和 U. S. Patent No. 5，852，815（filed May 15，1998）。① 21 世纪初，美国科扎（Koza）博士基于基因编程而开发的智能机器人"创新机器"（Invention Machine）也独立研发出能够获得授权的专利技术。② 为避免专利申请被美国专利商标局驳回，无论是塞勒博士，还是科扎博士，都将自己作为该技术成果的发明人，并未在申请中披露作为专利技术"真正发明人"的智能机器人。为此，一些美国学者提出让智能机器人作为专利发明人的专利制度设想，开启了美国社会关于专利主体虚拟化的讨论。

二、美国专利主体虚拟化的潜在选择

在目前美国专利法的制度框架中，并没有智能机器人能否作为发明人的直接规定，在司法实践中也没有智能机器人能否作为发明人的在先判例。③ 因而，面对当下人工智能技术飞速发展，智能机器人创造技术成果不断增多的情形，智能机器人作为发明人的专利主体虚拟化争议也越发激烈。有学者从现行《美国专利法》的规定出发，以《美国专利法》没有要求发明来源于人的规定，即《美国专利法》中不存在智能机器人不能成为发明人的法律依据，支持在《美国专利法》实施过程中引入智能机器人作为发明人的制度设计；④ 也有学者从激励技术创新的专利制度目的出发，以智能机器人完成技术创造的行为不需要被激励为由，反对赋予相关技术成果以财产权，并以此

---

① ABBOTT R. I Think，Therefore I Invent：Creative Computers and the Future of Patent Law［J］. Boston College Law Review，2016，57（4）.

② KOZA J R. Human – Competitive Results Produced by Genetic Programming［J］. Genetic Programming & Evolvable Machines，2010，11（3－4）.

③ SCHERER M U. Regulating Artificial Intelligence Systems：Risks，Challenges，Competencies，and Strategies［J］. Harv. J. L. & Tech. ，2016，29（2）.

④ DAVIES C R. An Evolution Step in Intellectual Property Rights：Artificial Intelligence and Intellectual Property［J］. Computer Law & Security Review，2011（27）.

否定了智能机器人作为发明人的可能性。①未来随着智能机器人自主生成专利技术的日益广泛，相关争论或许会更加激烈，但从长远来看，将智能机器人纳入发明人的概念范畴，推进专利主体的虚拟化进程，无疑是美国实现专利制度与技术发展相契合的必然选择。

---

① SAMUELSON P. Allocating Ownership Rights in Computer – Generated Works ［J］. University of Pittsburgh Law Review, 1986, 47 (4).

第十章

美国专利客体制度的发展

专利客体，即专利法所保护的对象，也就是依照专利法授予专利权的发明创造。在美国专利制度 200 多年的发展历程中，从 1790 年颁布的第一部《美国专利法》最初规定的"具有实用性的工艺、机器、设备，及其改进"等发明创造类型，到 19 世纪《美国专利法》中增加的外观设计专利，再到 20 世纪《美国专利法》中引入的植物品种专利，美国专利法所设定的基本客体类型呈现不断扩张的趋势。20 世纪下半叶以来，在科技革命与产业革新的双重驱动下，美国专利法所保护的客体范畴进一步扩大，基因技术、商业方法等新兴专利客体类型先后在美国司法中获得认可。易言之，美国专利客体制度的发展历程，无疑是美国专利法所保护的客体范畴不断扩张的过程，突出地展现了专利法作为回应社会经济需要之社会工具的重要属性。[1] 从制度演进的历史分期来看，美国专利客体制度的发展历程大致可以划分为两个阶段：一是从 1790 年第一部《美国专利法》制定到 20 世纪中叶，美国专利法逐步实现对发明专利、外观设计专利、植物品种专利给予保护的专利客体类型的基本形成阶段；二是 20 世纪下半叶以来，在科技革命与产业革新的影响下，美国判例逐步认可基因技术、商业方法等新兴客体可专利性的专利客体类型的持续扩张阶段。为深入了解美国专利客体制度的发展历程及其各种客体类型的不同特征与构成要件，下文将从专利客体类型的基本形成阶段和持续扩张阶段出发，就不同发展阶段中美国专利客体制度的

---

① Funk Brothers Seed Co. v. Kalo Inoculant Co. , 333 U. S. 127, 132 (1948).

发展演变进行回顾与梳理。

第一节　美国专利客体的基本类型及其构成要件

美国专利客体的基本类型包括发明专利、外观设计专利、植物品种专利三种，其中，发明专利是最基础的专利客体类型，在专利制度产生之初即被明确规定和不断完善；外观设计专利和植物品种专利则是为回应社会发展需要，在美国专利制度的发展过程中相继被纳入专利制度所保护的客体内容之中，并与发明专利共同构成目前美国专利客体的基本类型。

一、发明专利及其保护要件

发明专利是各国专利法所一致保护的专利类型，也是美国专利制度所设定的最基本的客体类型。自 1790 年第一部《美国专利法》颁布以来，以"工艺、机器、设备，及其改进"为主要形式的发明专利就一直是《美国专利法》所保护的客体类型。在美国判例法实践中，还形成了"自然法则例外""自然产物例外""抽象思想例外""商业方法例外"等客体例外原则，将不适合使用《美国专利法》保护的客体排除。虽然在制度演进的过程中有关发明专利的法律运行日趋完善，但在发明专利的构成要件上，"新颖性""非显而易见性""实用性"这三个限制条件一直被沿用至今，并没有发生重大变革。

（一）发明专利的新颖性要件

在现行专利制度框架下，多数国家在对新颖性下定义时往往是通过与现有技术的比较来诠释的，[①]《美国专利法》也不例外。根据现行《美国专利法》第 102 条的规定，一项发明获得专利授权的前提条件为发明成果在完成之时与现有技术相比不同，即要求发明成果具有新颖性。此外，为充分保障

---

① 吴汉东. 知识产权基本问题研究（分论）[M]. 2 版. 北京：中国人民大学出版社，2009：245.

发明人的合法权益，《美国专利法》在严格限制发明专利新颖性的同时，还设置了诸多"优惠期"等新颖性丧失的例外规定。①

（二）发明专利的非显而易见性要件

非显而易见性作为可专利性判断的核心标准，是建立在特定技术领域一般技术人员的理性人假设基础上的，即以熟知某一技术领域的一般技术人员能否轻而易举地完成技术方案为参照标准来衡量该技术方案的非显而易见性。② 现行《美国专利法》第 103 条对此作出了明确的规定，要求获得专利授权的发明成果不能是具有本领域一般技艺水平的人员仅凭所谓的现有技术或处于公共领域的诸如出版物和相关专利文献材料就能推断出来的。③ 在美国专利制度运行实践中，由于该标准规定得较为原则性，具体的标准适用则是通过判例法实现的，例如 1966 年的格雷厄姆诉约翰迪尔公司案（Graham v. John Deere Company）就直接推动了美国专利审查中非显而易见性标准的提升。④

（三）发明专利的实用性要件

发明专利的实用性标准，要求授予专利的发明成果必须是能够在生产生活中应用的。在 1790 年第一部《美国专利法》对"工艺、机器、设备，及其改进"等保护客体的限定中就加入了"具有实用性"的要求，并一直为后续《美国专利法》所承继。但是，必须值得注意的是，在美国专利制度的运行中，对于发明专利实用性的要求实际是相对较低的，一般只要求发明专利具备某种预期的应用价值，因此，在专利申请与审查中实用性也往往并不是制约专利授权的核心要素。

---

① 发明专利新颖性丧失的优惠期，即发明专利申请在申请日以前的一定时间内，由发明人或者共同发明人披露该发明，不属于新颖性丧失的情形。这一规定于 1839 年出现，最初规定的期限为 2 年，1939 年改为 1 年。参见：李明德. 美国知识产权法 [M]. 2 版. 北京：法律出版社，2014：47.

② 曾陈明汝. 两岸暨欧美专利法 [M]. 北京：中国人民大学出版社，2007：39－40.

③ 孙南申，高凌云，徐曾沧，等. 美国知识产权法律制度研究 [M]. 北京：法律出版社，2012：48.

④ Graham v. John Deere Co. , 383 U. S. 1, 86 S. Ct. 684, 15 L. Ed. 2d 545, 1966 U. S. LEXIS 2908, 148 U. S. P. Q. （BNA）459 （U. S. Feb. 21, 1966）.

二、外观设计专利及其保护要件

美国对外观设计专利的保护，发轫于1842年美国国会应专利局要求通过的《外观设计专利法案》，并成为美国专利制度的重要组成部分，规定于现行《美国专利法》第16章。[①] 1842年11月9日，美国为乔治·布鲁斯（George Bruce）颁发了第一项外观设计专利，该法案生效一年内共颁布了13项外观设计专利。[②] 外观设计专利的保护要件包括"新颖性""原创性""装饰性""非显而易见性"四项，其中新颖性和非显而易见性要求是与发明专利相似的，即要求外观设计专利明显不同于现有设计，且不是一般设计人员通过对现有设计的简单修改、拼凑即可轻而易举完成的；而原创性和装饰性则是《美国专利法》根据外观设计的本质属性所专门设置的专利保护要求，下文将分述之。

（一）外观设计专利的原创性要件

外观设计专利的原创性，是指要求获得专利保护的外观设计必须是原创，而非通过抄袭、剽窃他人成果形成。这是基于外观设计创造特点对外观设计专利所设定的保护要件，不仅可以有效避免在外观设计专利保护中发生权利的冲突与纠纷，也能够更好地实现激励外观设计创造的专利保护宗旨。

（二）外观设计专利的装饰性要件

外观设计专利的装饰性要求，则是对外观设计专利保护范围的重要限定，即专利法所保护的外观设计必须是具备装饰功能的。外观设计符合装饰性要求，无疑意味着其必须是具有一定美感的设计，因而也就将不具有美感的设计排除在专利保护范围之外。与此同时，外观设计专利的装饰性功能还可以与商标、商业装潢的标识性功能相区别，避免出现专利法与商标法、反不正

---

① 李明德. 美国知识产权法［M］. 2版. 北京：法律出版社，2014：797 – 801.

② "The first design patent that was issued in the United States was issued to George Bruce on November 9, 1842. Only thirteen design patents were issued in the first year of eligibility." QUINN G N. A Brief History of Design Patents［EB/OL］.（2014 – 01 – 11）［2024 – 03 – 29］. https：//ipwatchdog. com/2014/01/11/design – patent – history/id = 47283/.

当竞争法的重叠保护。

三、植物品种专利及其保护要件

美国对植物品种专利的保护，肇始于 1930 年《美国植物专利法案》（Plant Patent Act）的出台。20 世纪 70 年代，以"种子战争"（Seed Wars）为契机进行的《美国植物专利法案》修订，以及新颁布的《美国植物品种保护法案》（Plant Variety Protection Act，PVPA），更将植物品种的专利保护推向完善。[①] 根据上述两个法案的规定，美国植物品种专利的保护要件可以概括为"特异性""同一性和稳定性"等内容，下文将分述之。

（一）植物品种专利的特异性要件

植物品种专利的特异性要件，即获得专利保护的植物品种应与目前已知的植物品种之间存在明显区别。植物品种专利的这一保护要件与发明专利和外观设计专利的新颖性要件相似，要求专利保护的客体必须是新的，且与现存或已知客体不同。同样，这一要件也是一项植物品种获得专利保护的前提与基础。

（二）植物品种专利的同一性和稳定性要件

植物品种专利的同一性和稳定性要件，是由植物品种的特殊属性所决定的，也是植物品种能否获得专利保护的核心要素。具言之，植物品种专利的同一性和稳定性，即获得专利保护的植物品种在经过繁衍后，不应发生变异而沦为已知植物品种或成为其他新品种，即要求植物品种经过特定繁衍周期后其相关属性与之前同一，不发生改变。

第二节　科技与产业变革下的美国专利客体制度

在科技革命与产业革新的双重驱动下，美国专利制度所保护的客体范畴

---

① EWENS L E. Seed Wars：Biotechnology，Intellectual Property，and the Quest for High Yield Seeds [J]．Boston College International and Comparative Law Review，2000，23（2）．

不断扩大，不再仅仅局限于原有的基本类型，相应的限制与例外规定也相继被打破。新技术革命中所涌现出的基因技术，以及产业革新升级中所迸发出的新型商业方法，在日益高涨的争论中为美国判例法所认可，被纳入美国专利制度所保护的客体范畴，并逐步为成文法所接纳。鉴于此，有必要分别以基因技术和商业方法为例，探究科技革命与产业革新对美国专利客体制度所带来的影响与变革。

一、基因技术发展对美国专利客体制度的深刻影响

随着科技革命的不断深化，美国专利客体扩张的趋势越发明显，原本的限制条件被逐渐动摇。20 世纪 80 年代以来，以基因技术为代表的第四次科技革命更是将专利制度的保护客体延伸到动物及人体的组成部分，极大地突破了美国专利法长期运行中确立的"自然产物例外"与"自然法则例外"。因而，下文将以基因技术专利为例，分析科技革命对专利客体制度所带来的深刻影响，并以此为基础，梳理美国判例及立法针对新客体"基因技术专利"的特别规定。

（一）基因技术发展对美国专利客体制度的挑战

从 1953 年弗朗西斯·克里克（Francis Harry Compton Cric）和詹姆斯·沃森（James Watson）发现 DNA 分子的双螺旋结构，到 21 世纪初各国科学家共同完成人类基因组计划（Human Genome Project）[1]，基因技术的出现使"人"不再是"神秘"的主体，而是能够运用科学来进行解释。作为新兴技术的典型代表，基因技术的飞速发展使得基础研究、应用研究、技术进步以及工业化应用之间的联系变得异常紧密，它们之间的相互转化也变得格外迅速。[2] 这样一来，科学发现与发明创造之间的界限无疑变得模糊起来，对

---

① 人类基因组计划是由美国科学家于 1985 年率先提出，并于 1990 年正式启动的。美国、英国、法国、德国、日本和中国科学家共同参与了这一预算达 30 亿美元的人类基因测定计划。2005 年，人类基因组计划的测序工作完成。其中，2001 年人类基因组工作草图的发表被认为是人类基因组计划成功的里程碑。

② 拜尔茨．基因伦理学：人的繁衍技术化带来的问题［M］．马怀琪，译．北京：华夏出版社，2000：4.

于基因技术可专利性的争论也因此越发激烈。一般来说，自然发现与创造性发明有明显区别，自然发现属于自然法则范畴，不具有可专利性。实践中所要求保护的基因序列一般是动物或人类体内的自然产物，并非经过人类创造而产生的。但是随着基因技术由基因定序、分离纯化等基础研究向生物制药、基因治疗等临床应用发展，高昂的经济投入、漫长的研发周期以及巨大的运营风险使得产业界对于以专利保护基因技术的诉求越来越强烈。① 因而，司法者也不得不作出妥协，打破专利客体制度中的"自然产物例外"与"自然法则例外"，认定基因序列只要与自然状态不同即可获得专利保护。②

（二）美国针对新客体"基因技术专利"的特别规定

作为美国法院审理的具有里程碑的基因专利案件，米里亚德（Myriad）案开启了美国基因技术专利保护的新时代。长期以来，基于专利制度对客体范畴的严格限制，理论界普遍认为诸如基因序列等生命物质不具有可专利性，③ 负责该案初审的美国纽约南区联邦地方法院正是从这一观点出发，依据"自然法则例外"原则，以美国米里亚德公司享有专利权的 BRCA1/2 基因属于自然产物为由，否认了基因序列的可专利性。④ 但在该案的二审过程中，美国联邦巡回上诉法院颠覆了传统的专利客体框架，部分推翻了一审判决，认为经过分离的基因分子与自然产生的基因序列具有不同的化学结构，因而具有可专利性。⑤ 随后在美国联邦最高法院 2013 年的终审判决中，美国联邦巡回上诉法院的观点也被部分推翻，美国联邦最高法院认为只有经过分离、合成等方式人工改造的基因片段才符合可专利性要求。⑥ 申言之，从美国联邦地方法院初审采取的"自然法则例外"到美国联邦巡回上诉法院二审依据的"化学结构标准"，再到美国联邦最高法院终审时自然基因和人工改

---

① 李崇僖. 再探专利问题：美国经验省思 [J]. 月旦法学杂志，2014（1）.

② Diamond v. Chakrabarty, 447 U. S. 303, 310 (1980).

③ DUTFIELD G. Intellectual Property, Biogenetic Resources and Traditional Knowledge [M]. London：Earthscan Press, 2004：3.

④ AMP v. Myriad Genetics 669F. Supp. 2d 365；2009 U. S.

⑤ AMP v. Myriad Genetics 653F. 3d 1329；2011 U. S.

⑥ AMP v. Myriad Genetics 33 S. Ct. 2107；186 L. Ed. 2d 124, 2013 U. S.

造基因的区别对待，反映出美国基因技术的可专利性认定标准在司法实践中不断完善的过程。① 在判例法充分认可基因技术可专利性，并总结出符合基因技术发展特性的可专利性认定标准的同时，相关立法工作也随之跟进。《美国专利法》在第 103 条对可专利主题的规定，增加了"具有新颖性和非显而易见性的一种生成组合物的生物技术方法"，并要求相关专利技术的权利要求中包含"方法中使用的组合物"以及"方法制造的组合物"。这无疑为基因技术成为专利法所保护的客体提供了有力的法律依据与制度支撑。此外，为应对当前基因检测研究等基因技术的实际应用问题，《美国发明法案》在第 27 条中专门就相关问题进行了详细的规定。②

二、商业方法创新对美国专利客体制度的深刻影响

随着产业革新的不断加速，新的商业方法犹如雨后春笋般不断涌现。在产业界的大力推动下，美国专利客体制度中的"商业方法例外"原则被突破，对商业方法实现了从最初的不给予专利保护到给予专利保护的转变。美国专利法的最初目标在于赋予智力成果以财产权利，通过技术发展提升社会福利，③ 而美国专利法对商业方法保护的这一转变则从根本上体现了美国现代科技的发展水平及其对国家利益的追求。④

（一）商业方法创新对美国专利客体制度的冲击

在网络技术及电子商务飞速发展的时代背景下，依托于计算机软件所产生的各种新型商业方法凝聚着创造者的智力付出，蕴含着巨大的市场价值，同时也是相关企业赖以生存的根本所在。为避免自身投入大量人力、物力所创造出的商业方法被竞争者所窃取，相关市场经营者纷纷呼吁给予商业方法

---

① 刘鑫. 试论人体基因的可专利性：Myriad 案之省思 [J]. 华中师范大学研究生学报，2016（1）.

② 外国专利法选译（上）[M]. 国家知识产权局法条司，组织翻译. 北京：知识产权出版社，2015："LEAHY—SMITH 美国发明法案"部分内容。

③ MOSSOFF A. Rethinking the Development of Patents：An Intellectual History，1550—1800 [J]. Hastings L. J.，2001，52（6）.

④ 余翔，邱洪华. 基于判例和立法的美国商业方法专利研究 [J]. 科技进步与对策，2007（3）.

以专利保护。但是，由于运行于电子商务中的商业方法专利依托于网络，故其必将形成权利扩张，从而使专利保护的地域性无限扩大，使专利的合法垄断范围超越界限，进而构成对他人利益及公共利益的威胁，① 美国专利制度长期以来并没有承认商业方法的客体地位，1908 年在酒店安全检查公司诉洛林公司案（Hotel Security Checking Co. v. Lorraine Co.）中所确立的"商业方法例外"原则更是被一直沿用。② 直到 1998 年，在相关产业亟待发展的巨大压力下，美国法院终于做出妥协。在 1998 年的道富银行（State Street Bank）案中，美国法院开启了对商业方法的专利保护，废除了专利客体制度中的"商业方法例外"。③ 道富银行案的判决更使各个领域涌现出大量长期以来一直认为属于专利保护范围之外的商业方法专利申请，大批创新程度不高的商业方法专利申请获得授权，招致社会各界对专利客体适格性标准的激烈反对。④

（二）美国针对新客体"商业方法专利"的特别规定

为平息社会各界对商业方法专利的争论，以及平衡社会各方之间的利益，2008 年美国联邦巡回上诉法院在比尔斯基案（In Re Bilski）中创立了一项新的商业方法专利的检测标准，即"机器或转换"标准。⑤ 这一标准与之前道富银行案所确立的商业方法专利检测标准相比更为严格，在很大程度上可以避免出现大量低质商业方法获得专利授权的情形，似乎意味着 1998 年道富银行案判决以来十年间狂热的商业方法专利时代的结束，而在美国联邦最高法院对比尔斯基案的判决中虽然支持了美国联邦巡回上诉法院的结论，但使用了不同理由，并对"机器或转换"标准给予限制，从而使商业方法专利判定重新回到不确定状态。⑥ 在判例法确认商业方法可专利性，并创设出符合商

① 唐昭红. 美国商业方法专利制度正当性分析 [J]. 电子知识产权, 2004 (3).
② Hotel Security Checking Co. v. Lorraine Co., 160 F 467 (2d Cir 1908).
③ State Street Bank & Trust Co. v. Signature Financial Group, 149 F. 3d, 1368 (Fed. Cir. 1998).
④ 张玉蓉. 美国商业方法专利争论及司法实践最新发展 [J]. 中国科技论坛, 2011 (1).
⑤ In Re Bilski, 545 F. 3d 943, 88 U. S. P. Q. 2d 1385 (Fed. Cir. 2008).
⑥ 刘银良. 美国商业方法专利的十年扩张与轮回：从道富案到 Bilski 案的历史考察 [J]. 知识产权, 2010 (6).

业方法特性的可专利性认定标准的同时，相关立法工作也随之跟进。美国专利商标局出台了新的《专利审查指南》（Manual of Patent Examining Procedure，MPEA）改变了原有的将商业方法排除在可专利性主题之外的规定，允许给予计算机软件，以及与计算机软件相关的商业方法以专利保护。与此同时，美国专利商标局还专门颁布了诸如《商业方法行动规划》《商业方法白皮书》以及专门针对商业方法的《专利审查指南》等多项文件，为商业方法专利检测标准的完善和商业方法专利的有序运行提供了政策保证与策略选择。

第十一章

美国专利权利制度的发展

在美国专利制度的历史演进历程中，各项制度都随着科技的进步和经济的发展而被逐步完善。专利权最基本的权利内容也在这一过程中不断变革，日益向国际通行标准靠拢。进言之，美国专利权利内容的发展变迁，突出表现为专利权保护期限和具体权项的国际化，并以此推进美国专利制度的现代化进程。有鉴于此，有必要分别从专利权保护期限的变迁、专利权具体权项的演化、专利权转移机制的革新三个方面入手，厘清美国专利权利制度的发展变迁过程，从而梳理出美国专利权利制度层面的发展史。

第一节　美国专利权保护期限的变迁

专利权保护期限的设定，是平衡专利财产权利私人独占与专利技术方案社会共享之间关系的重要制度手段。美国专利制度对于专利权保护期限的规定，在其200余年的制度演进中几经改变，并呈现不断延长的发展趋势。从1790年第一部《美国专利法》，以及1836年、1870年、1952年等历次《美国专利法》修正案的相关规定来看，美国专利权保护期限的发展演变过程大体可以划分为立法起步、制度发展、规则完善三个阶段，下文将分述之。

一、美国专利权保护期限的立法起步阶段

美国专利权保护期限的立法起步阶段，是指1790年《美国专利法》在

立法之初对于专利权保护期限的相关规定。在这一阶段，1790 年《美国专利法》承继《英国垄断法案》的相关规定，赋予专利权人以 14 年的权利保护期限。① 1836 年《美国专利法》虽然增加了专利权人可以申请将专利保护期延长 7 年以达到 21 年的规定，但是专利权自授权之日起 14 年保护期限的根本规定并没有得到改变，对于专利权人延长保护期的申请是否批准则需要由专利行政主管机构具体衡量。② 因此，可以说，自 1790 年《美国专利法》颁布到 19 世纪中叶以来，《美国专利法》给予专利权人以 14 年的权利保护期限，虽然专利权人可以申请一定期限的延长，但仅有极少部分可以获得批准。概言之，在美国专利权保护期限的立法起步阶段，《美国专利法》所设定的专利权保护期限是以《英国垄断法案》的"14 年垄断权"为基础的，即权利人一般仅享有自授权之日起为期 14 年的专利权。

二、美国专利权保护期限的制度发展阶段

美国专利权保护期限的制度发展阶段，是指 19 世纪下半叶美国根据科技与经济发展需要延长专利保护期限的过程。在 1870 年《美国专利法》修订过程中，专利权保护期限由原来的 14 年被延长到 17 年，这是《美国专利法》加强专利保护强度的重要举措，更是《美国专利法》基于创新发展需求所作出的必要制度变革。③ 与此同时，在 1870 年《美国专利法》中也对外观设计专利的保护期限进行了明确的规定，即外观设计专利申请人可以选择 3.5 年、7 年或者 14 年的保护期。④ 1870 年《美国专利法》对专利保护期限的延长是美国从本土科学技术发展水平出发，以激励技术创新，并充分发挥专利技术

---

① 1790 年和 1793 年《美国专利法》在保护期限上都采用了《英国垄断法案》中赋予专利权人以 14 年独占权利的规定。Article 1 of Patent Act of 1790, Ch. 7, 1 Stat. 109 – 112（April 10, 1790）The First United States Patent Statute CHAP. Ⅶ. – – An Act to promote the progress of useful Arts. （a）& Article 1 of Patent Act of 1793, Ch. 11, 1 Stat. 318 – 323（February 21, 1793）Ch. 11.

② Article 18 of Patent Act of 1836, Ch. 357, 5 Stat. 117（July 4, 1836）.

③ Article 22 of Patent Act of 1870, Ch. 230, 16 Stat. 198 – 217（July 8, 1870）.

④ "SEC. 73. And be it further enacted, That patents for designs may be granted for the term of three years and six months, or for seven years, or for fourteen years, as the applicant may, in his application, elect." Article 73 of Patent Act of 1870, Ch. 230, 16 Stat. 198 – 217（July 8, 1870）.

对经济发展的推进作用而作出的重要举措。历史也进一步证明，1870 年《美国专利法》延长专利保护期的这一改革措施确实起到了立法者所希冀的良好效果。在 1952 年《美国专利法》的又一次大变革中，自专利授权之日起17 年的基本保护期限被沿用下来，一直到 20 世纪末才发生变化。

三、美国专利权保护期限的规则完善阶段

美国专利权保护期限的规则完善阶段，是指美国为了推进专利保护的国际化进程，实现美国专利保护期限与《与贸易有关的知识产权协定》规定相一致，而对专利权保护期限相关规则所作出完善举措的时期。如前所述，自19 世纪下半叶以来，美国专利制度对于专利权保护期限一直采用"自授权之日起 17 年"的规定，但是《与贸易有关的知识产权协定》则根据大多数国家的立法模式，采用"自申请之日起 20 年"的规定，为此，1995 年《美国专利法》积极作出应对，将专利保护期限改为自专利申请之日的 20 年。与此同时，对于此次修订之前仍有效的专利，1995 年《美国专利法》也作出了较好的规制，即相关专利的保护期限可以是申请之日起的 20 年，也可以是授权之日起的 17 年，并以期限较长者为准。[1]《美国专利法》对专利权保护期限的这一修改，无疑是美国专利制度国际化的重要表现。这样一来，不仅实现了美国专利权保护期限与世界多数国家的统一，也为以专利技术为基础的国际贸易创造了有利条件，使《与贸易有关的知识产权协定》能够有效实施并充分发挥其对经济全球化发展的积极效用。

第二节　美国专利权具体权项的演化

一般来说，专利权的具体权项包括制造权、使用权、销售权、许诺销售权、进口权等。[2] 在美国专利制度的历史演进过程中，专利权的具体权项经

---

① Article 365（c）of Title 35 of the United States Code.
② 吴汉东. 知识产权基本问题研究（分论）[M]. 2 版. 北京：中国人民大学出版社，2009：286.

历了从制造权、使用权、销售权三大基本权项到制造权、使用权、销售权、许诺销售权、进口权五大权项的发展历程。进言之，美国专利权具体权项大体可以划分为专利制度长期运行中形成的基本权项（制造权、使用权、销售权）和 20 世纪末为适应国际化发展需要的新增权项（许诺销售权、进口权）两个层面的内容，下文将分述之。

一、长期以来美国专利权的基本权项

自 1790 年第一部《美国专利法》制定以来，专利权人就被赋予在一定期限内制造、使用、销售专利产品的排他权利。在随后的 1793 年、1836 年、1870 年、1952 年等历次《美国专利法》修订过程中，这一规定一直被沿用下来，并未对具体的权利内容有所增减。易言之，制造权、使用权、销售权无疑是美国专利制度长期以来所保护的基本专利权项。而上述三项重要的权利不仅是专利权人行使权利的主要方式，也是专利权最基础的内容。

（一）专利产品的制造权

专利产品的制造权，即专利权人享有依照专利技术方案制造专利产品的排他权利。专利权人对于专利产品的制造权，是其实现对专利产品占有的重要保证，也是专利权人对专利产品的使用权、销售权、许诺销售权等其他权项行使的前提与基础。

（二）专利产品的使用权

专利产品的使用权，即专利权人享有自己使用专利产品的排他权利。专利权人对于专利产品的独占使用，使其能够充分享有专利技术实施所带来的一系列便利条件与优势地位。这无疑是专利权人申请专利并制造专利产品的一大诱因之所在。

（三）专利产品的销售权

专利产品的销售权，即专利权人享有将专利产品投入市场进行销售并获得市场收益的排他权利。专利权人对于专利产品的独占销售，使其能够最大限度地获得专利产品的市场收益，而这则是专利权人申请专利并制造专利产

品的另一大诱因之所在。

二、20 世纪末美国专利权的新增权项

一直以来，美国专利法并没有规定专利产品进口权和许诺销售权。直到 1988 年《美国综合贸易竞争法》（Omnibus Trade and Competitiveness Act of 1988）的颁布，专利权人才开始在进口货物的环节中享有进口权，从而有效阻止侵权产品的进口。20 世纪 90 年代，为推进世界贸易组织的设立，由美国等发达国家主导的《与贸易有关的知识产权协定》出台，为满足专利产品的全球流通需要，该协定按照各国通行规定在制造权、使用权、销售权的基础上，还设置了许诺销售权和进口权。为实现《美国专利法》与《与贸易有关的知识产权协定》的契合，美国国内法不得不作出妥协，正式在《美国专利法》中新增了权利人对专利产品的许诺销售权和进口权。[①]

（一）专利产品的许诺销售权

专利产品的许诺销售权，即专利权人享有明确表示愿意出售专利产品并禁止他人未经其许可而许诺销售专利产品的权利。专利权人对于专利产品的许诺销售权可以有效防止专利产品市场销售中的侵权行为，降低专利产品市场化运营中的侵权可能性，减少专利侵权对专利权人造成的损失，从而使专利权人对专利产品的制造、使用、销售等独占权利得到进一步强化。

（二）专利产品的进口权

专利产品的进口权，即专利权人享有禁止他人未经其许可，出于生产经营目的进口合法专利产品的排他权利。专利权人对于专利产品的进口权是随国际贸易繁荣而衍生出的新专利权项。设立专利产品的进口权的目的在于限制他人对专利产品的进口行为，避免专利权人的经济利益在专利产品的国际贸易中受到损害，从而进一步加强了专利权人对专利产品的独占权利。

---

① 李明德. 美国知识产权法［M］. 2 版. 北京：法律出版社，2014：116 – 117.

第三节　美国专利权转移机制的革新

美国专利权转移机制主要包括专利技术的权属转让与许可使用两个层面的内容。其中，专利技术的权属转让，是指专利权人将制造、使用、销售专利产品的排他权利全部转给受让人；而专利技术的许可使用，则是指专利权人允许被许可人在一定范围内行使制造、使用、销售专利产品的权利，即该专利权在一定程度上失去对被许可人的排他效力。根据许可范围和程度的不同，专利技术的许可使用又可以被划分为独占许可和非独占许可两种方式，前者要求专利权人仅将专利技术许可给某一特定被许可人使用，不能再向其他人进行许可，而被许可人也必须在许可范围内使用专利技术，不能再向第三人进行许可使用；后者则只要求被许可人在许可范围内使用专利技术即可，并没有其他层面的限制。

在实践中，美国专利权转移机制运行并不受《美国专利法》的支配，而是由当事人根据其所在州的普通法缔结契约进行约定，专利技术权属转让的方式、金额，以及专利技术许可使用的方式、范围等具体事项完全由当事人通过订立契约的方式自由约定。然而，美国专利权转移机制在长期的自由约定模式下的运行中，契约的订立过程往往为专利权人所主导，而受让人、被许可人为取得专利技术的所有权或者使用权也往往不得不作出妥协，接受过高的转让费或许可费等一系列不公平的合同条款。为此，在美国司法实践中，美国法院处理了从布鲁洛特诉蒂斯公司案（Brulotte v. Thys Co.）到金布尔诉漫威娱乐公司案（Kimble v. Marvel Entertainment，LLC）等大量相关案件，并以判例法的形式逐步建立专利权转移契约机制的限制条件，即当事人应该在不违反和抵触反垄断法等法律所禁止事项的范围内就专利技术权属转移、许可使用的具体内容进行自由约定。①

---

① 曾陈明汝. 两岸暨欧美专利法［M］. 北京：中国人民大学出版社，2007：240－241.

第十二章

美国专利授权制度的发展

专利授权，即一项发明成果被授予专利权利的过程，其中包含发明人或利益相关人提出专利申请和专利行政主管机构进行专利审查两个环节。易言之，专利授权制度，即可划分为专利申请制度和专利审查制度两个程序。鉴于此，下文对于美国专利授权制度发展历程的研究，也将从专利申请和专利审查两个方面分别展开。在美国专利制度 200 余年的发展历程中，专利授权制度几经变革，并日臻完善。首先，在专利申请机制上，美国专利制度长期沿用的专利申请"先发明制"的弊端日益凸显，并于 2011 年颁布的《美国发明法案》中实现了专利申请机制由"先发明制"向"先申请制"的规则转变；① 其次，在专利审查模式上，《美国专利法》的相关规定在 1793 年和 1836 年两次法律修订过程中得到大幅度修改，呈现从主观实质审查模式到客观形式审查模式，再到客观实质审查模式的制度变革；最后，为扶持中小企业发展和适应商业方法专利的运行，美国还对专利审查机制作出了进一步的细化与完善。②

第一节 美国专利申请机制的变革

专利申请，是指发明人或利益相关人就其发明或拥有的技术方案向专利

---

① American Invents Acts，Public Law 112 - 29，Sep. 16（2011）.

② 付丽霞. 美国专利制度演进的历史梳理与经验借鉴［J］. 中国发明与专利，2018（10）.

行政主管机构提出授予专利权申请的过程。换言之，专利申请是一项技术方案获得专利授权的第一步，也是专利授权制度的启动环节。在美国专利制度框架下，专利申请机制一直采用"先发明制"的规则设计，直到 2011 年《美国发明法案》颁布，"先发明制"（First to Invention）才被当今世界所通行的"先申请制"（First to File）所取代。为此，下文将对美国专利申请"先发明制"的沿用与问题，以及美国专利申请"先申请制"的引入与优势分别进行论述。

一、美国专利申请"先发明制"的沿用与问题

美国专利制度为了保障发明人的权益，最大限度地实现专利法所追求的公平价值取向，自从 1790 年第一部《美国专利法》制定时就采取"先发明制"，并一直特立独行地沿用 200 多年。美国长期以来对专利申请"先发明制"的坚持，是美国法律保护个人利益精神的充分体现，也是美国专利制度运行中"路径依赖"情形的重要表现。然而，随着专利申请数量的与日俱增，以及专利经济贡献的不断提升，"先发明制"的问题与弊端也日益凸显，不仅极大地降低了专利审查的效率与专利保护的效果，还严重地制约了以专利技术为基础的国际交流与合作。

（一）美国专利申请"先发明制"自身所存在的问题

专利申请的"先发明制"，顾名思义，是指专利权授予最先作出发明的申请者。这一专利申请机制无疑使发明人的合法权利得到了充分保护，但是存在极大的弊端。在美国专利申请的"先发明制"的框架下，发明日往往难以确定，这也就极大地加重了专利申请人的举证负担，进而使专利审查的周期无限延长，专利授权的成本急剧升高，引发专利权利状态不稳定的问题，尤其是在当前专利申请数量庞大的形势下，专利权利状态的不稳定无疑会进一步增加专利纠纷的发生，给司法机关带来巨大的专利诉讼负担。[①] 由此看来，专利申请的"先发明制"所带来的诸多问题，严重制约了美国专利制度

---

① 邵冲，冯晓青．美国专利法最新修改述评［J］．中国审判，2013（10）．

的有序发展与高效运行。因此，专利申请"先发明制"自身所存在的巨大问题，无疑是促使美国专利申请机制向"先申请制"转变的一大诱因。

（二）美国专利申请"先发明制"所带来的外部影响

随着经济全球化的不断加强，美国在专利审查中独树一帜的"先发明制"日益成为美国参与并主导国际经济贸易的阻碍。在当今世界，专利申请的"先申请制"为绝大多数国家所采用，并为一系列国际性、区域性的专利国际公约所确认。美国所采用的专利申请"先发明制"在申请的程序上与"先申请制"有诸多不同，这无疑增加了美国企业对外进行专利布局，以及外国发明人在美国申请专利的难度，同时给美国与其他国家之间开展专利保护合作与专利技术转让活动设置了障碍，极大地阻碍了国际经贸合作的顺利开展。由此看来，专利申请的"先发明制"影响美国专利制度有序运行的同时，更构筑了更为严重的专利国际交流与合作的壁垒。因此，专利申请"先发明制"所带来的巨大外部影响，则是推动美国专利申请机制向"先申请制"转变的重要助力。

二、美国专利申请"先申请制"的引入与优势

在 2011 年颁布的《美国发明法案》中，"先发明制"被"先申请制"所取代，这对于美国专利制度的有序运行，以及专利国际合作的高效开展都具有重大的积极意义。换言之，美国改采专利申请"先申请制"无疑是美国专利制度响应时代潮流、顺应国际趋势的重要体现。因而，下文将从专利制度运行和专利国际合作层面来分析美国改采专利申请"先申请制"所带来的积极影响。

（一）美国改采专利申请"先申请制"完善了专利制度运行

美国改采专利申请"先申请制"，将专利权授予最先申请专利的发明人，使专利授权不再从发明创造完成之时起算，而是从专利申请呈交之时起算，这样的做法是对原有"先发明制"所呈现运转问题的有效法律回应，更是保障专利制度有序运行的重要立法完善举措。① 具言之，美国在 2011 年改采专

---

① MILLER A R, DAVIS M H. Intellectual Property: Patents, Trademarks, and Copyright in a Nutshell [M]. 5th ed. London: Thomson Reuters, 2012: 12.

利申请"先申请制"后，不仅有效克服了"先发明制"下专利申请成本高、审查周期长的制度弊端，还使得专利申请的程序性规范得以简化，例如之前在"先发明原则"下的复杂的专利申请"冲突程序"就随着美国专利申请机制的改变而被废除。① 与此同时，在专利申请"先申请制"下，长期存在于美国司法实践中的职务发明权属转移问题也变得更为简单，为发明预先转让协议或条款的充分适用清除了制度障碍，保证了职务发明专利权的合理配置。②

（二）美国改采专利申请"先申请制"便利了专利国际合作

2011 年《美国发明法案》改采专利申请"先申请制"这一立法变革，在完善专利制度运行的同时，也为美国参与并主导专利国际合作提供了便利。如前所述，美国作为当前国际经贸体系的主导者，其专利申请机制与国际通行规则的差异，实质上是美国进行专利技术输出、开展专利国际合作的巨大障碍。美国对专利申请机制的修订，则实现了美国专利制度规则与国际公约的契合，使原有因专利申请机制不同所出现的国家法律冲突不攻自破，极大地推进了美国专利技术在全球范围内的流通，并促进了美国与世界其他国家之间更为紧密的专利合作与经贸往来。美国将专利申请的"先发明制"向"先申请制"的变革，无疑是美国专利制度顺应国际立法趋势的重要体现，更是美国推进以专利流通与合作为基础的国际经贸框架的关键举措。

第二节　美国专利审查模式的改进

专利审查，是指专利行政主管机构对发明人或利益相关人所提交专利申请进行审查，并决定是否授予专利权的过程。然而，在 1790 年《美国专利

---

① 李明德. 美国知识产权法 [M]. 2 版. 北京：法律出版社，2014：49. 另见《美国发明法案》第三节之规定，参见：外国专利法选译（下）[M]. 国家知识产权局条法司，组织翻译. 北京：知识产权出版社，2015：1489－1499.

② 刘鑫. 美国职务发明预先转让协议的考察与启示 [J]. 科学管理研究，2018（2）.

法》实施之初，美国并没有专门的专利行政主管机构负责专利审查。直到1836 年《美国专利法》，美国才成立了专利局专门负责专利审查等专利行政管理事务。以专利审查的内容与形式为基础进一步予以细分，美国专利审查模式的演进历程大体可以划分为四个阶段：一是 1790 年《美国专利法》的主观实质审查模式阶段；二是 1793 年《美国专利法》的客观形式审查模式阶段；三是 1836 年《美国专利法》的客观实质审查模式阶段；四是 2011 年《美国发明法案》对审查模式的进一步完善阶段。下文将分述之。

一、1790 年《美国专利法》的主观实质审查模式

1790 年第一部《美国专利法》颁布，实现了美国本土专利制度从无到有的历史性飞跃。在这一时期，由于美国还没有设立专门的专利行政管理机构，相关的专利审查工作由国务卿、国防部长和司法部长负责。根据 1790 年《美国专利法》的规定，国务卿、国防部长和司法部长需要对所收到的专利申请进行内容层面的实质审查，并进而决定是否给予专利授权，但是 1790 年《美国专利法》并没有给出可专利性判断的客观标准，专利授权与否完全由国务卿、国防部长和司法部长进行主观判断，因而，可以将 1790 年《美国专利法》框架下所形成的专利审查模式，概括为"主观实质审查模式"。[①] 起初，专利申请数量相对较少，且申请专利的技术方案专业性相对较低，国务卿、国防部长和司法部长完全可以胜任专利审查的工作。由于专利申请数量的增加，申请专利技术方案专业性的提升，政务繁忙的国务卿、国防部长和司法部长，没有充足的时间对众多的专利申请逐一进行实质审查，因而，也就带来了严重的专利申请积压问题，亟须通过对 1790 年《美国专利法》的主观实质审查模式进行改动与完善，从而降低国务卿、国防部长和司法部长的专利审查压力，减少专利申请积压，提升专利审查的效率。

二、1793 年《美国专利法》的客观形式审查模式

为化解 1790 年《美国专利法》主观实质审查模式下的专利申请积压问

---

① Act of April 10, 1790, ch. 10, § 2, 1 Stat. 109 (1790).

题，1793 年《美国专利法》随即作出积极应对，将国务卿、国防部长和司法部长从专利审查工作中解放出来，改专利主观实质审查模式为以登记注册为基础的客观形式审查模式，即不对专利申请进行严格的实质审查，只要符合形式要求的专利申请，经过登记注册即获得授权。① 1793 年《美国专利法》所规定的这一专利客观形式审查模式，无疑极大地降低了国务卿、国防部长和司法部长进行专利审查的行政负担，有效提升了专利授权的效率，却顾此失彼，不对专利申请进行内容层面的实质审查，采用登记注册为基础的形式审查，致使专利授权数量暴涨，专利质量急剧下降，进而引发专利有效性的降低和专利纠纷频发的问题。根据 1793 年《美国专利法》，专利的有效性问题由美国联邦最高法院在专利诉讼中来确定。② 如此一来，频发的专利效力争议与专利侵权纠纷无疑给美国联邦最高法院带来了巨大的司法确权负担。进言之，1793 年《美国专利法》的客观形式审查模式，实质上是把 1790 年《美国专利法》的主观实质审查模式下国务卿、国防部长和司法部长进行专利审查的行政压力转嫁给法院，形成海量专利诉讼中的司法确权负担，并未有效平衡专利审查中的效率与质量，专利审查实践中所面临的难题仍然存在，仍需通过《美国专利法》的修订对相关专利审查规则进行修改与完善。

三、1836 年《美国专利法》的客观实质审查模式

在充分吸取 1790 年《美国专利法》主观实质审查模式和 1793 年《美国专利法》客观形式审查模式失败教训的基础上，1836 年《美国专利法》对专利审查制度进行了全面的修改，开始采用客观实质审查模式。③ 一方面，废止 1793 年《美国专利法》以来以登记注册为基础的客观形式审查模式，再次采取 1790 年《美国专利法》的实质审查模式，并设置一系列的专利审查标准与原则，构建起与 1790 年《美国专利法》主观实质审查模式不同的客观实质审查模式，充分保证获得授权专利技术的质量；另一方面，成立专门

---

① Act of Feb. 21, 1793, ch. 11 § 3, 1 Stat. 318 (1793).

② 李明德. 美国知识产权法 [M]. 2 版. 北京: 法律出版社, 2014: 33.

③ Act of July 4, 1836, ch. 357 § 6, 5 Stat. 117 (1836).

的专利行政主管机构，即专利局，负责专利审查工作，避免了在1790年《美国专利法》主观实质审查模式仅由国务卿、国防部长和司法部长负责专利审查的效率低下问题，以专门化专利审查机构的设置，有效保证了专利实质审查基础上的工作效率。因此，可以说，1836年《美国专利法》的客观实质审查模式不仅提高了专利审查的效率，也保证了专利授权的质量，有效地解决了1790年《美国专利法》主观实质审查模式下的专利审查效率不足问题和1793年《美国专利法》客观形式审查模式下的专利授权质量低下问题和专利纠纷频发的问题。[①] 进言之，1836年《美国专利法》的客观实质审查模式，建立起了美国现代专利审查制度的基本架构，为美国一直沿用至今的同时，也为世界各国专利审查制度的构建与完善提供了重要的经验借鉴与立法参考。1836年《美国专利法》设立专门专利审查机构的做法，极大地提升了美国专利审查工作的专门化程度与专业化水平，为之后美国专利制度的有序运行提供了专利审查的程序基础与专利授权的质量保障。[②]

四、2011 年《美国发明法案》对审查模式的进一步完善

2011 年《美国发明法案》对1836年《美国专利法》所形成的客观实质审查模式作出进一步完善与细化，主要体现在如下两个方面：一是为扶持小企业增设了优先审查制度；二是为保证商业方法专利的效力引入了商业方法专利的授权后重审程序。下文将分述之。

（一）小企业专利申请的优先审查制度

20 世纪中叶以来，发明创造的集约化程度飞速提升，尤其是在以网络技术和基因技术为代表的第四次产业革命后，人们在技术贸易活动中很少遇见某个人的专利权，却是经常遇上某公司、某企业或某研究所的专利权，这是因为现代技术的发明创造往往离不开发明人的工作单位提供的人力、物

[①]　ADELMAN M J, RADER R R, KLANCNIK G P. 美国专利法 [M]. 郑胜利，刘江彬，译. 北京：知识产权出版社，2011：11.

[②]　付丽霞. 美国专利制度演进的历史梳理与经验借鉴 [J]. 中国发明与专利，2018 (10).

力和财力条件，还因为发明人自己往往负担不了从聘请专利代理人、申请专利到维持专利有效的巨大及长期的开支。① 不仅如此，规模较小的企业无法应对残酷的专利竞争，实践中，一些有发展潜力的小企业经过了技术研发的洗礼，却往往由于专利申请不能及时获得授权而在市场竞争中失利。为此，2011 年《美国发明法案》专门增设了扶持小企业优先审查制度。根据《美国发明法案》的相关规定，专利商标局可应申请人的请求优先审查对经济或国家竞争力具有重要意义的专利申请，优先审查下申请的专利在 1 年内可获授权，但优先审查量不能超过年申请量的 10%。② 此外，为达到对小企业有效扶持的效果，《美国发明法案》还专门设置了一系列对微型实体的优惠政策与优先审查制度相配合。

（二）商业方法专利授权后的重审程序

商业方法专利发轫于网络技术及电子商务的飞速发展，依托于计算机软件所产生的各种新型商业方法作为相关企业赖以生存的根本，具有巨大的市场价值，在产业界的强烈诉求下于 1998 年的道富银行案后被纳入专利保护范畴中，成为一项新的专利客体。③ 但是，由于商业方法本身会随着商业活动发展而不断演变的特质，商业方法专利的有效性也是以特定的市场环境为基础的，随着市场环境的变化，一项商业方法专利的有效性也会随之改变。为推进商业方法的不断创新，避免商业方法专利权人的不当市场垄断，《美国发明法案》针对商业方法专利的特殊性质制定了商业方法专利的授权后重审程序。根据《美国发明法案》的相关规定，商业方法专利需要在获得授权的 10 年后，由专利商标局以特定的标准进行重审，避免已经不具有专利保护意义的商业方法专利仍然被专利权人所独占，发生商业方法专利权人对市场不当垄断的现象，从而实现专利保护与知识共享之间的平衡，充分发挥商业方法专利积极效用，保证商业方法专利在市场竞争中的有序运营。

---

① 郑成思. 知识产权论［M］. 3 版. 北京：法律出版社，2007：99.
② 胡冬云，高敏. 美国专利法修改及创新促进作用研究［J］. 科技管理研究，2012：23.
③ State Street Bank & Trust Co. v. Signature Financial Group，149 F. 3d，1368（Fed. Cir. 1998）.

第十三章

美国专利限制制度的发展

专利权作为一项独占权利，赋予权利人对专利技术方案以一定期限的垄断，从而充分激励社会创新热情。然而，一旦专利权为权利人所滥用，则会使技术层面的垄断延伸到社会层面，专利权也会随之嬗变为权利人实现不当目的的工具。因此，为实现专利权人利益与社会公共利益之间的平衡，各国都在专利制度中专门设置了诸多专利限制规则，美国也不例外。根据美国法律对专利权限制的具体规定，大体可以将美国专利限制制度划分为专利侵权的例外情形和强制性专利许可模式两种类型，其中，前者是由《美国专利法》所明确规定的，而后者则是由相关法律规范所创设的。

第一节　美国专利侵权的例外情形

在《美国专利法》制定与实施之初，专利限制制度并未被明文规定在法律文本之中。而随着专利制度运行实践中专利权保护范围的不断扩张，以及专利权不当滥用等行为的不断出现，美国判例法中逐步形成诸如权利穷竭、实验使用等一系列专利侵权的例外规则，以保证专利制度的有序运行。与此同时，为避免专利制度运行影响正常国际交往与贸易活动，《美国专利法》还专门对外国船舶、飞机或车辆临时过境专利侵权例外作出了规定。

一、美国专利侵权例外之权利穷竭

专利侵权例外中的权利穷竭，是指专利权人自己或者许可他人制造的专利产品（包括依据专利方法直接获得的产品）被合法地投放市场后，任何人对该产品进行销售或者使用，不再需要得到专利权人的许可或者授权，且不构成侵权。[1] 易言之，专利产品经首次销售后，在该产品之上权利人所享有的专利权即告用尽。美国的专利权利穷竭原则由版权权利穷竭原则发展而来，并在判例法遵循先例的运行模式下不断发展完善。从 1873 年的亚当斯诉伯克案（Adams v. Burke）中法官以"当一台机器转移到购买者的手中时，它不再受专利的垄断限制"为由作出专利权利穷竭的判决，[2] 到 1942 年的美国诉尤尼维斯镜头公司案（United States v. Univis Lens Co.）中美国联邦最高法院作出将专利权穷竭原则用于查找违反反垄断规定行为的决定，[3] 再到 2008 年广达电脑公司诉 LG 电子公司一案（Quanta Computer, Inc. v. LG Electronics, Inc.）中美国联邦最高法院对专利权利穷竭原则的有效性的再次重申与强调。[4] 作为美国专利侵权例外规则的重要组成部分，专利权利穷竭机制历久弥新，在协调专利权人利益与社会公共利益之间关系的过程中发挥着重要的作用，有效地限制了专利权人独占权利的垄断范围，保证了专利制度的有序运行。

二、美国专利侵权例外之实验使用

专利侵权例外中的实验使用规则，是指为保证科学研究工作的顺利进行，允许科研人员在不经专利权人同意的情况下，在科学实验中使用专利技术，但是这种使用不能具有任何商业性的营利目的。这一专利侵权例外规则也是由美国普通法运行中的判例制度所确立的，其产生是源于科学研究中科学家经常发现其开展研究工作的工具上往往有诸多专利限制，不能自由地进行使用，如若逐一向专利权人取得授权，则需耗费巨大的交易成本和时间成本，研究工作也就难以为继了。然而，随着科学技术的不断发展进步，实验使用

---

① 吴汉东：知识产权基本问题研究（分论）[M]. 2 版. 北京：中国人民大学出版社，2009：304.
② Adams v. Burke, 84 U. S. 17 Wall. 453 453（1873）.
③ United States v. Univis Lens Co., 316 US 241（1942）.
④ Quanta Computer, Inc. v. LG Electronics, Inc., 553 US 617（2008）.

这一专利侵权例外规则饱受理论界与实务界的争议。[①] 这是因为在当今科学研究与技术应用的界限日渐模糊，科学技术的理论研究与实践应用联系越发紧密的趋势下，科学家的研究工作往往直接涉及相关技术的转化应用。但美国法院对于专利技术"实验性使用"的解释仅限于"娱乐性"或"哲学性"的理论探究，这无疑使科学家们在对新技术的研究与开发的过程中面临着令人畏惧的选择，要么通过谈判获得大量的许可证，要么承受专利侵权的风险。[②] 为此，有学者就专利侵权实验使用例外规则在美国判例法适用中的局限性，提出引入专利技术非营利实验使用强制许可机制的建议，从而实现美国实验使用例外规则与当今技术研发模式的契合。[③]

三、美国专利侵权例外之临时过境

专利侵权例外中的临时过境，是指临时通过一国领土、领空、领水的他国交通工具，可以正常使用该交通工具所必需的发明，即使该发明受到本国专利法的保护也不构成对权利人专利权的侵害。临时过境的专利侵权例外规则，是基于专利权的地域性特征而产生的。一般来说，专利权人对一项发明的独占权利仅限于该国境内，因而，也就会出现一项发明在不同国家很可能为不同的专利权人掌控，或者一项发明在某一国境内不受专利保护，而在另一国境内则是一项专利技术的情况。如此一来，当外国交通工具进入本国境内，且该交通工具上有受本国专利法所保护的发明创造，则外国交通工具每次进入本国均需取得本国专利权人的许可。在这种情况下，专利制度无疑嬗

① KOSTOL ANSKY K J, SALGADO D. Does the Experimental Use Exception in Patent Law Have a Future? [EB/OL]. [2024 – 04 – 01]. https：//www. lewisroca. com/assets/htmldocuments/TCL – KK_DS. pdf.

② KOSTOL ANSKY K J, SALGADO D. Does the Experimental Use Exception in Patent Law Have a Future? [EB/OL]. [2024 – 04 – 01]. https：//www. lewisroca. com/assets/htmldocuments/TCL – KK_DS. pdf；MUELLER J M. No Dilettante Affair：Rethinking the Experimental Use Exception to Patent Infringement for Biomedical Research Tools [J]. Washington Law Review, 2001, 76 (1).

③ THOMAS K M. Protecting Academic and Non – Profit Research：Creating a Compulsory Licensing Provision in the Absence of an Experimental Use Exception [J]. Santa Clara Computer & High Technology Law Journal, 2006 – 2007, 23 (2).

变为贸易交流的阻碍。基于此，国际社会积极倡导设置临时过境的专利侵权例外，并将其逐步变成国际惯例。最终，临时过境的专利侵权例外规则被《巴黎公约》所确认。美国作为《巴黎公约》的缔约方，其专利制度也基于国际互惠原则，专门设置了关于临时过境的专利侵权例外规定，即"任何国家的船舶、飞机或车辆使用任何一项发明而暂时地或意外地进入美国，并不构成对任何一项专利的侵权，但前提是该国对美国的船舶、飞机或车辆也给予同样的待遇，且该国船舶、飞机或车辆使用所使用的发明是必需，不在美国销售，也不被用于制造在美国销售或向美国出口的任何产品"[1]。

第二节　美国强制性专利许可模式的演变

长期以来，《美国专利法》并未设置专利强制许可制度。虽然《巴黎公约》《与贸易有关的知识产权协定》等知识产权国际公约中都对专利强制许可制度作出了明确规定，但美国一直没有在专利制度中引入这一制度。在1952年《美国专利法》修订过程中，立法者曾考虑过是否对专利强制许可制度进行明确规定，但由于各方意见相左，未能达成一致，故专利强制许可制度也就没能进入《美国专利法》的条文框架之内。然而，这并不意味着在美国不存在专利强制许可，美国政府在为国家公益及大众福利着想时，有权征用私人专利财产并进行强制性的专利许可。[2] 例如《美国司法及司法程序法》（Judiciary And Judicial Procedure）[3]、《美国原子能法》（Atomic Energy Act，AEA）[4]、《美国清洁空气法》（Clean Air Act，CAA）[5] 等法律规范中有类似专利强制许可制度的强制性专利许可规定。鉴于此，下文将分别从上述三项法案的具体规定入手，明确美国专利强制性专利许可机制在不同领域的

---

①　Article 272 of Title 35 of the United States Code.

②　曾陈明汝. 两岸暨欧美专利法 [M]. 北京：中国人民大学出版社，2007：244 - 245.

③　The Title 28 of the United States Code.

④　The Atomic Energy Act of 1954（42 U. S. C.）.

⑤　The Clean Air Act of 1970（42 U. S. C.）.

运行模式。

一、《美国司法及司法程序法》中的强制性专利许可

《美国司法及司法程序法》中的强制性专利许可，是美国政府为自身或者政府协议相对方能够免于许可谈判而快捷实施私人专利的一种司法程序。这种专利司法强制许可的模式在美国常常出现，这也是美国调节专利权人和社会公众之间利益平衡的主要方式。[①] 但是，从严格意义来说，《美国司法及司法程序法》为政府或者政府协议相对方所提供的强制性专利许可模式并不能算是一种完善的专利强制许可，因为在《美国司法及司法程序法》中并未对强制性专利许可的专利技术范畴及费用支付数额作出明确规定。根据《美国司法及司法程序法》的规定，如若美国政府在未经专利权人许可的情况下制造或者使用一项美国专利法所保护的专利技术，专利权人可以向法院提起诉讼要求政府作出合理的补偿。[②] 由此可见，《美国司法及司法程序法》无疑为美国政府提供了广泛的、几乎没有约束的强制性专利许可，政府使用专利权人的专利技术方案并不需要特殊的启动条件，也没有告知专利权人的义务，而只需在专利权人向法院提起诉讼后根据法院的判决给予专利权人以补偿即可。这样的强制性专利许可模式极大地降低了政府的注意义务，给予公权力以肆意使用私人专利权的便利。如此一来，虽然政府可能高效地利用专利技术以实现社会公益，但由于强制性专利许可相关规则的缺失，会严重影响专利制度的正常运行。

二、《美国清洁空气法》中的强制性专利许可

1970 年《美国清洁空气法》中的强制性专利许可，是美国基于空气清洁与社会公共利益的高度相关性而设置的一项专门的强制性专利许可。《美国清洁空气法》对强制性专利许可的规定，与《美国司法及司法程序法》相

---

① 黄丽萍．美国专利司法强制许可实践及对我国的启示［J］．武汉大学学报（哲学社会科学版），2012（3）.

② The Article 1498（a）of Title 28 of the United States Code.

比，更加合理，不仅对能够被强制性许可的专利技术进行了明确界定，也对强制性专利许可的启动提出了程序性要求。根据《美国清洁空气法》的规定，如果企业或个人为实现所设定的空气清洁目标需要使用特定专利技术，相关企业或个人需要先同专利权人进行协商以取得专利使用许可，如若经过充分协商后专利权人仍不给予许可，则可以将该专利技术进行强制性许可，但被许可的企业和个人应当支付合理的许可费用。针对专利强制性许可的条件和程序，《美国清洁空气法》还专门进行了限定，一方面，只有在企业或个人采用该固定污染物、空气污染物标准，以及机动车排放标准过程中遇到专利技术障碍，才能发起对特定专利技术的强制性许可。① 另一方面，相关强制性专利许可作出前，必须进行充分的听证，以确定专利许可的合理时间和合理条件，使相关专利技术被充分用于清洁空气的同时，也使专利权人的合法权益能够得到应有的保护。②

三、《美国原子能法》中的强制性专利许可

1954 年《美国原子能法》中的强制性专利许可，则是美国基于原子能物质与社会公共利益的高度相关性而设置的一项专门的强制性专利许可。《美国原子能法》对强制性专利许可的规定，与《美国清洁空气法》相比更为全面，不仅对于授予强制性许可专利技术本身的限制更为严格，对强制性专利许可程序设置也更为细致。根据《美国原子能法》的规定，专利技术如果对

---

① "Whenever the Attorney General determines, upon application of the Administrator— (1) that— (A) in the implementation of the requirements of section 7411, 7412, or 7521 of this title, a right under any United States letters patent, which is being used or intended for public or commercial use and not otherwise reasonably available, is necessary to enable any person required to comply with such limitation to so comply, and (B) there are no reasonable alternative methods to accomplish such purpose, and (2) that the unavailability of such right may result in a substantial lessening of competition or tendency to create a monopoly in any line of commerce in any section of the country, the Attorney General may so certify to a district court of the United States, which may issue an order requiring the person who owns such patent to license it on such reasonable terms and conditions as the court, after hearing, may determine. Such certification may be made to the district court for the district in which the person owning the patent resides, does business, or is found." See the Article 7608 of the Clean Air Act of 1970 (42 U. S. C.).

② The Article 7608 of the Clean Air Act of 1970 (42 U. S. C.).

于原子能物质的发现与原子能的开发具有特别作用，美国原子能委员会将对该专利技术作出特别声明，并允许符合原子能委员会所设定条件的单位和个人向原子能委员会申请对该专利的强制性许可使用。① 针对专利技术特别声明的发出，《美国原子能法》还设定了专门的听证程序与专利技术认定规则，一方面，被声明给予强制性许可的专利技术必须是确实与原子能物质的发现或原子能的开发密切相关，且其具体核心作用是无法替代的；② 另一方面，原子能委员会在作出声明前应及时告知专利权人及利益相关各方，并在规定期限内召开听证程序。③ 不仅如此，《美国原子能法》还就强制性专利许可的费率问题作出原则性的规定，即一般由各方主体协商确定，如果无法达成一致，则由原子能委员会来决定。④

---

① The Article 2183 (a) of the Atomic Energy Act of 1954 (42 U. S. C.).
② The Article 2183 (e) of the Atomic Energy Act of 1954 (42 U. S. C.).
③ The Article 2183 (d) of the Atomic Energy Act of 1954 (42 U. S. C.).
④ The Article 2183 (b) of the Atomic Energy Act of 1954 (42 U. S. C.).

第十四章

美国专利保护制度的发展

在《美国专利法》200 余年的发展历程中，专利保护一直是制度设计中的重要内容，并在历次法律修订中不断完善。随着美国科技与经济发展水平的日益提升，专利保护的强度也在不断地提高，不仅是专利保护的客体内容与范畴在逐渐扩大，专利的侵权方式与救济途径也日渐呈现多元化的发展趋势。鉴于此，为对美国专利保护制度的发展有一个相对全面的了解，有必要分别从美国专利保护范围的确定、美国专利侵权行为的类型、美国专利权利救济的途径三个方面进行疏解与阐释。

第一节　美国专利保护范围的确定

在专利保护范围的确定上，《美国专利法》在"周边限定原则"与"中心限定原则"两大专利保护范围的确定原则中选择了前者。在长期的制度运行中，基于"周边限定原则"下专利保护范围限定过于严格，难以对专利侵权行为有效规制的问题，美国判例法中引入了专利等同理论，在司法中以专利等同侵权的判断弥补制度设计的不足，并逐步形成以周边限定为原则，专利等同为补充的专利保护范围的确定模式。

一、《美国专利法》所采用的周边限定原则

不同于"中心限定原则"下以权利要求书为中心并综合考量说明书及图

纸等专利申请材料来确定专利保护范围的模式，《美国专利法》采用了较为严格的"周边限定原则"，即严格地依据权利要求书的文字含义来确定专利权的保护范围。根据《美国专利法》的规定，专利申请人在提交的文件中，应明确提出专利技术所涉及的一项或多项专利权利要求，明确而具体地指出其所要求保护的发明内容。①《美国专利法》采用"周边限定原则"确定专利保护范围的立法模式，不仅使专利保护范围更容易被予以确定，还使"中心限定原则"下专利保护范围被无限扩大的风险得以有效避免，既方便了人们对于专利技术的运用，也简化了法院对于专利侵权的判断。但是，必须注意的是，在实践中技术发展千变万化，采用严格的"周边限定原则"以专利权利要求的文字含义来确定专利保护范围往往难以给予专利权人以充分的保护。因为在"周边限定原则"下，专利保护范围仅仅由专利权利要求的文字含义来确定，行为人若要规避现有专利技术只要采用少量文字或表达替换，即可生成独立于原有专利的一项新的专利技术，不仅规避了专利侵权，也保证了自己的技术实施。但这对于原专利权人而言，无疑是不公平的。倾注大量心血、投入大量资金的专利技术，轻而易举地就会为他人所窃取，长此以往，甚至会抑制社会创新活力。为此，《美国专利法》引入了专利等同理论，弥补"周边限定原则"下专利保护范围确定模式的不足。

二、美国判例法中所引入的专利等同理论

所谓专利等同理论，是指当被控侵权的产品或方法中的一个或几个技术要素虽与权利要求中的技术要素不一致，但二者之间并不存在实质性的差别，因而，在被控侵权的产品或方法中的一个或几个技术要素与权利要求中的技术要素相等同时，即应当认定被控行为人存在专利侵权行为。②《美国专利法》中的专利等同侵权由判例法所确立，从1814年欧迪恩诉温克利一案（Odiorne v. Winkley）中法官提出专利等同理论的最初观点，③ 到1853年温南

---

① Article 112 of Title 35 of the United States Code.
② 吴汉东. 知识产权基本问题研究（分论）［M］. 2版. 北京：中国人民大学出版社2009：319.
③ Odiorne v. Winkley, 18 F. Cas. 581, 582, No. 10432（C. C. D. Mass. 1814）.

思诉丹米德案（Winans v. Denmead）中美国联邦最高法院第一次明确给出"等同原则"（Doctrine of Equivalents）的含义，[1] 再到 1950 年格雷弗坦克制造公司诉林德空气产品公司案（Graver Tank & Manufacturing. Co. v. Linde Air Products Co.）中美国联邦最高法院对专利等同理论的全面概括与详细描述，[2] 美国专利等同理论从判例法机制的长期司法实践中产生与完善，逐步成为美国专利保护范围"周边限定原则"下侵权判定的重要准则，并随着美国判例法的不断发展，以专利等同理论为基础衍生出"逐一技术要素"原则、禁止反悔原则等一系列专利侵权判定标准。[3] 美国判例法对专利等同理论的引入，有效地化解了《美国专利法》专利保护范围"周边限定"模式下专利权人的合法权利无法得到充分保护的问题，也使美国对于专利侵权行为的认定有了更为全面的司法指引，从而能够在不打破《美国专利法》"周边限定原则"立法模式的同时，有力地规制专利等同侵权行为。

第二节　美国专利侵权行为的类型

在专利侵权行为的类型上，《美国专利法》的相关规定在最初的"直接侵权"行为的基础上发展出"间接侵权"行为，并与"直接侵权"共同构成美国专利侵权行为的基本类型。与此同时，随着科技的不断进步和经济社会的不断发展，《美国专利法》关于专利侵权行为的规定也日益细化，不仅针对新技术产生等新的社会背景增加了侵权行为的判断规则，还对"间接侵权"行为的构成要件展开了进一步的探索。

一、《美国专利法》中的专利直接侵权行为

专利直接侵权，是指在专利权的有效期间内，他人未经授权而行使专利

---

① Winans v. Denmead, 56 U. S. 15 How. 330 330（1853）.
② Graver Tank & Manufacturing Co. v. Linde Air Products Co., 339 U. S. 605（1950）.
③ 李明德. 美国知识产权法 [M]. 2 版. 北京：法律出版社，2014：152 – 173.

权人排他的权利，如制造、使用、销售、许诺销售和进口相关的发明产品。[①]专利直接侵权的概念，是与专利间接侵权相伴而生的，意味着专利权受到了侵权人的直接侵犯。根据《美国专利法》的规定，专利直接侵权是侵权人在专利存续期间内，在美国领域内所实施的制造、使用、销售、许诺销售专利产品，以及进口专利产品到美国境内而侵犯专利权人合法权益的情形。[②]

　　作为专利侵权行为的基础类型，专利直接侵权在1790年第一部《美国专利法》中即已出现。然而，在制度运行初期，《美国专利法》较为注重权利的授予问题，对于专利权授予后侵权行为的规制则并未设置专门的条文给出明确的规定。直到20世纪中叶，美国针对专利侵权行为的法律规制框架才基本形成。现行《美国专利法》中与专利侵权相关的规则体系，实质上也是以1952年《美国专利法》的制度设计为蓝本而建立起来的。20世纪80年代以来，为进一步加强对专利权的保护，《美国专利法》中对专利直接侵权行为的相关规定进行了多次修改。一方面，针对基因技术等先进生物技术的发展，基于基因技术研发的特殊情况，增加了关于基因技术合理使用原则上不构成专利直接侵权行为的规定；另一方面，针对专利技术国际化交流日益增多的情况，增加了对专利进口被认定为专利直接侵权行为的详细规定，以及国际商贸合作中专利产品或其中组成部分在美国境内构成专利直接侵权的相关规定。[③]

二、《美国专利法》中的专利间接侵权行为

　　专利间接侵权，是指行为人积极诱导或促使他人实施专利直接侵权的行为，该行为本身可能并不构成对专利权人合法权益的直接侵害，却诱导或促使他人实施了专利直接侵权行为。[④] 进言之，专利间接侵权行为，又可以被划分为诱导专利侵权和帮助专利侵权两种类型，《美国专利法》也对这两种类型的专利间接侵权作出了明确规定，无论是诱导专利侵权者，还是帮助专

---

① 李明德. 美国知识产权法［M］. 2版. 北京：法律出版社，2014：94.
② Article 271（a）of Title 35 of the United States Code.
③ 曾陈明汝. 两岸暨欧美专利法［M］. 北京：中国人民大学出版社，2007：249 – 251.
④ 吴汉东. 知识产权基本问题研究（分论）［M］. 2版. 北京：中国人民大学出版社2009：321.

利侵权者都需要承担相应的侵权责任。①

具体来说，诱导专利侵权作为专利间接侵权行为的一种类型，现行《美国专利法》第271条b项对其予以规定，即主动诱导侵害专利权的行为人，应承担与实施专利侵权相同的侵权责任。进言之，在《美国专利法》的制度设计下，诱导专利侵权的行为人只要主动实施了诱导侵犯专利权的行为，便应承担专利侵权责任，对于诱导专利侵权行为人进行诱导行为的目的与动机，以及是否存在故意的主观状态，法律在所不问。而帮助专利侵权是专利间接侵权行为的另一种类型，根据现行《美国专利法》第271条c项的规定，帮助专利侵权行为人需与专利直接侵权行为人承担共同侵权责任。为进一步明确帮助专利侵权行为人的侵权责任成立标准，《美国专利法》第271条在1994年的法律修订中专门增加了帮助专利侵权判断原则，即帮助专利侵权行为人的帮助行为是对未经许可而制造、使用、销售、许诺销售、进口专利产品等直接专利侵权行为的帮助，同时这一帮助行为还应当涉及专利技术的重要组成部分，而且帮助专利侵权行为人主观上明知其所提供的关键技术帮助会被用于实施专利侵权行为。②

第三节　美国专利权利救济的途径

在专利权利救济的途径上，民事救济途径是最根本的。基于专利权的财产权属性，民事权利救济途径中的赔礼道歉、消除影响等人格权救济途径往往适用空间较小，一般只有停止侵害和赔偿损失两种民事救济途径可以被应用。《美国专利法》经过长期的制度演进所形成的两种主要的专利权利救济途径也是以停止侵害和赔偿损失为基础的，即以停止侵害为目的的专利禁令机制和以赔偿损失为宗旨的专利损害赔偿制度。

---

① Article 271（b）（c）of Title 35 of the United States Code.

② Article 271（i）of Title 35 of the United States Code.

一、美国专利制度中的专利禁令机制

专利禁令机制是美国专利制度中一种重要的专利权利救济途径，在运行效果上相当于我国法律中"停止侵害"的权利救济措施。美国的专利禁令机制始于 1819 年《美国专利法》修改，为保护专利权人的合法权益，法律赋予联邦法院依据衡平法的程序和原则颁发禁令的权力。[①] 根据《美国专利法》的规定，在专利权人证明专利的有效性和侵权行为的现实性后，任何一个有管辖权的法院均可以依据衡平法原则发出专利禁令，以避免给专利权人造成不可挽回的损失。[②] 具言之，美国的专利禁令又可以进一步分为初步禁令和永久禁令，前者规定在《美国联邦民事程序规则》中，后者规定在《美国专利法》中，两者在颁发前都有严格的标准，法院都必须根据实际情况充分考虑四个要素作出决定。

专利初步禁令，是法院在作出判决前，或于开庭审讯之前或审讯过程中，为避免发生无法弥补的侵害而发出的禁令，该禁令的效力期间自发出禁令之时起，到诉讼结束之时止，也是美国诉讼法上的一项重要的行为保全制度。[③] 依据判例法，法院在颁发初步禁令的时候必须综合考虑如下四个要素：（1）专利权人（原告）是否具有较大的胜诉可能；（2）如果不发布禁令是否会给专利权人（原告）造成不可弥补的损失；（3）禁令给被告造成的影响是否不成比例地大于给原告的收益；（4）是否符合社会公共利益。

专利永久禁令，则是法院在确定专利侵权之后，责令被告在专利权存续期间，不得再次实施侵权行为而发出的专利禁令。[④] 依据衡平法的程序和原则，法院在颁发永久禁令的时候必须综合考虑如下四个要素：（1）专利权人是否会遭受无法弥补的损失；（2）损害赔偿的救济手段是否不足以弥补权利人的损失；（3）禁令给被告造成的影响是否不成比例地大于给原告的收益；

---

① 和育东. 美国专利侵权救济 [M]. 北京：法律出版社，2009：72.
② Article 283 of Title 35 of the United States Code.
③ 和育东. 美国专利侵权的禁令救济 [J]. 环球法律评论，2009（5）.
④ 李明德. 美国知识产权法 [M]. 2 版. 北京：法律出版社，2014：131.

（4）是否符合社会公共利益。一直以来，专利永久禁令无疑是美国专利权利救济的核心方式，但上述"四个要素"并没有得到足够的重视。一般说来，只要专利侵权为法院所确定，专利永久禁令也会随之颁布。据统计，美国联邦巡回上诉法院在 2005 年以前的 20 年内没有拒绝对任何一个认定专利侵权的被告颁发永久禁令。[①] 直到 2006 年的亿贝（ebay）案发生，美国联邦最高法院推翻了巡回上诉法院发布的专利永久禁令。[②] 专利永久禁令颁布的"四个要素"才再次被法院所强调，并作为衡平法下永久禁令发布的衡量标准被严格遵循。[③]

二、美国专利制度中的专利损害赔偿规则

专利损害赔偿是对专利权人因专利侵权行为所遭受的经济利益损失的补偿以及对侵权行为人因专利侵权行为所获得的非法获益的剥夺与惩罚。[④] 在美国专利制度中，专利损害赔偿与专利制度一同产生发展，在 200 余年的演进过程中不断发展完善，并逐步形成相对健全的专利损害赔偿制度体系。为此，下文将以美国 1790 年《美国专利法》为起点，结合 1793 年、1836 年、1870 年、1952 年等历次《美国专利法》修改的内容，对美国专利制度中的专利损害赔偿问题进行梳理与总结。

1790 年第一部《美国专利法》颁布之时就规定了专利损害赔偿的问题，即侵权人应该赔偿陪审团所估算出的专利损害数额。[⑤] 1793 年《美国专利法》就出现了专利惩罚性赔偿的相关规定，即侵权人应该赔偿专利权人不少于专利正常销售与许可价格三倍的损害赔偿金。[⑥] 之后，1836 年《美国专利法》修改中，相关规定得以进一步完善，专利损害赔偿数额的确定标准由

---

① 李澜. 专利侵权诉讼中的永久禁令：以新的视野审视"停止侵害"的民事责任 [J]. 电子知识产权，2008（7）.

② EBay Inc. v. MercExchange, L. L. C., 547 U. S. 388（2006）.

③ 张玲，金松. 美国专利侵权永久禁令制度及其启示 [J]. 知识产权，2012（11）.

④ 张鹏. 专利侵权损害赔偿制度价值初探 [J]. 科技与法律，2016（2）.

⑤ The Article 4 of the Patent Act of 1790, Ch. 7, 1 Stat. 109 – 112（April 10, 1790）The First United States Patent Statute CHAP. Ⅶ. – – An Act to promote the progress of useful Arts.（a）.

⑥ The Article 5 of the Patent Act of 1793, Ch. 11, 1 Stat. 318 – 323（February 21, 1793）Ch. 11.

1793 年的"专利销售或许可的价格"转变为"专利权人的实际损失"，惩罚性赔偿的计算也由 1793 年的"不少于 3 倍"转变为"不超过 3 倍"。① 这一法律规则的演变，无疑是立法者为降低无辜侵权时的赔偿数额所作出的重要立法调整。② 1870 年《美国专利法》迎来又一次的法律修订，即允许专利权人选择以自身的实际损失或者侵权人的所得利润为标准提起专利侵权损害赔偿诉讼，并在惩罚性赔偿上给予法院以自由裁量权，即允许法院判定不超过专利权人实际损失或者侵权人的所得利润 3 倍的损害赔偿金。③

　　进入 20 世纪，1870 年《美国专利法》中专利损害赔偿的相关规定一直被沿用，即使在 1952 年《美国专利法》进行全面修订的过程中，专利损害赔偿的法律条文也仅仅作了一点文字性的修改，实质的规则并未发生改变，形成了当下《美国法典》第 35 编中专利侵权损害赔偿规定的基本内容。④ 2011 年的《美国发明法案》作为美国 21 世纪最关键的一次专利制度变革，也并未改变专利损害赔偿的相关规定。⑤ 由此，以美国专利制度中的专利损害赔偿制度的历史沿革为基础，可以将美国专利制度中的专利损害赔偿规则归纳为两个层面，即以弥补专利权人损失为目的基于专利权人实际损失或者侵权人所得利润的基本赔偿机制和以惩罚侵权人为目的不超过基本赔偿数额 3 倍的惩罚性赔偿机制。

---

① The Article 14 of the Patent Act of 1836, Ch. 357, 5 Stat. 117 (July 4, 1836).

② 张慧霞. 美国专利侵权惩罚性赔偿标准的新发展 [J]. 知识产权, 2016 (9).

③ The Article 59 of the Patent Act of 1870, Ch. 230, 16 Stat. 198 – 217 (July 8, 1870).

④ The Article 284 of the Patent Act of 1952, Codified in the Title 35 of the United States Code.

⑤ Leahy – Smith America Invents Act (AIA), enacted by the 112th United States Congress and effect on September 16, 2012.

美国专利制度典型案例一

史蒂芬·塞勒诉美国专利商标局

(Stephen Thaler v. Katherine K. Vidal, Under Secretary of Commerce for Intellectual Property and Director of the United States Patent and Trademark Office, United States Patent and Trademark Office)

【案情摘要】

本案原告为史蒂芬·塞勒（Stephen Thaler），其开发并运行了能够生产可申请专利的发明的人工智能系统。其中一个系统就是"自主引导的设备"，即"源代码或程序和软件程序的集合"，塞勒称之"DABUS"。2019 年 7 月，塞勒向美国专利商标局提交两份专利申请，为 DABUS 的两项发明申请专利：美国申请号分别为 16/524350（teaching a"Neural Flame"）和 16/524532（teaching a"Fractal Container"）。塞勒认为他并没有参与这些发明的构思，这些发明的发明人应该是 DABUS，因此将上述申请的发明人填写为"本发明由人工智能产生"。他还附上了三份与发明人身份相关的文件：第一是为了满足《美国法典》第 115 条的要求，发明人在申请专利时需提交宣誓或声明，塞勒代表 DABUS 提交了一份声明；第二是塞勒补充提供的一份"发明权声明"，指出 DABUS 是一种特殊类型的联结主义人工智能，被称为"创造力机器"；第三是塞勒提交的一份转让文件，其载明塞勒转让自己作为 DABUS 发明人的所有权利。

美国专利商标局认为这两份专利申请都缺少有效发明人，不满足申请条件，因此向塞勒寄发了"非临时申请缺失部分提交通知"，并要求塞勒重新确定有效发明人。对此，塞勒向专利商标局局长提出申请，要求根据他的发明权声明撤销这些通知。专利商标局驳回了塞勒的请求，理由是机器不具备发明人资格。塞勒为此要求复议，但被专利商标局驳回。专利商标局再次申明，专利申请的发明人必须是自然人。随后，塞勒根据《行政程序法》要求对专利商标局关于其申请的最终决定进行司法审查。双方同意由地区法院根据专利商标局的行政记录对这一质疑进行裁决，并提交了要求简易判决的交叉动议。经过案情陈述和口头辩论，法院批准了专利商标局的简易判决动议，驳回了塞勒重新提出申请的请求。地区法院的结论是：《美国专利法》规定的"发明人"必须是"人"。

塞勒提出了上诉，但联邦巡回上诉法院维持了原判。巡回上诉法院认为本案的焦点在于 AI 是否可以在专利申请中被列为发明人，解决这个问题似乎会涉及对发明性质或人工智能权利（如果有的话）的抽象探究，但是本案中并不需要思考这一形而上的问题，仅需要从相关法规中的定义适用出发，得出结论即可。遵循这一判断逻辑，巡回上诉法院同意专利商标局的观点，并作出即决判决：《美国专利法》要求"发明人"必须是自然人，因此维持原判。

【法院观点】

关于"AI 是否可以在专利申请中被列为发明人"这一问题，实质上是一个法律解释的问题，因此法院的论述"从法律文本开始，如果文本没有歧义，也就从法律文本结束"。

第一，从法律用语看，《美国专利法》明确规定发明人是"individual"。2011 年通过《莱希–史密斯美国发明法案》后，《美国专利法》将"发明人"定义为"发明或发现发明主题的个人，或共同发明的个人（individual）"。[①] 该法同样将两个"共同发明人"（"joint inventor" and "coinventor"）定义为

———————————

① 35 U. S. C. § 100（f）.

"发明或发现共同发明主题的个人（individual）中的任何一人"。① 因此，在申请专利，对发明人进行描述之时，该法始终将"发明人"和"共同发明人"称为"个人"（individual）。② 除此之外，《美国专利法》的用语并未给非人类成为发明者留下空间。该法中使用人称代词——"himself"和"herself"——来指代"individual"，③ 而没有使用"itself"，这就意味着国会并不打算允许非人类成为发明者。同样，《美国专利法》还要求发明人在申请专利之时（除非已故、无行为能力或无法履行职责）提交宣誓或声明，这也是国会并不允许非人类成为发明者的示例之一，因为仅有人类才有提交宣誓或声明的能力。

第二，从名词解释角度看，尽管《美国专利法》没有对"individual"进行定义，然而，正如美国联邦最高法院所解释的那样，当"individual"作为名词使用时，通常指"人"，即"每个人"。④ 其一，将"individual"解释为"自然人"更能符合该词语的日常用法。在日常交流中，"individual"大多指代一个自然人。其二，字典释义也能窥见对该词的普遍理解。在2022年《牛津英语词典》（The Oxford English Dictionary）中，"individual"的第一个定义是"一个人，有别于群体"。⑤ 《词典法》也持同样说法。该法规定，立法中使用"person"和"whoever"这两个词时，广泛包括（"除非上下文另有说明"）"公司、协会、商号、合伙企业、社团和股份公司，以及个人"。⑥ 该定义将"个人"与之前所列的人造实体相区别，表明国会认为除非另有说明，否则"个人"指自然人。⑦

虽然我们无法确定人工智能系统是否可以形成意识，但立法用语与法律解释中均没有任何迹象表明人们可以如塞勒所自称的代表DABUS一样去

---

① 35 U. S. C. §100（g）.

② 35 U. S. C. §115.

③ 35 U. S. C. §115（b）（2）.

④ Mohamad v. Palestinian Auth.，566 U. S449，454（2012）.

⑤ Individual，Dictionary.com（ast visited July 11，2022），https：//www.dictionary.com/browse/individual.

⑥ 1 U. S. C. §1.

⑦ Mohamad，566 U. S. at 454.

代表 AI。

第三，关于"whoever"在《美国专利法》其他条款中指代非人类。"whoever"在《美国专利法》第 101 条和第 271 条的使用包含了非人类的定义。其一，《美国专利法》第 101 条规定，"凡发明或发现任何新的和有用的工艺、方法、制造或物质组合物或任何新的和有用的改进，均可在符合本标题的条件和要求的前提下获得专利（whoever invents…）"。但是，该条款是用于判断申请主题是否属于可专利主题，而非申请主体。法院强调专利申请必须符合《美国法典》第 35 篇的"条件和要求"，包括其对"发明人"的定义。其二，《美国专利法》第 271 条在规定构成侵权的行为时，再次使用了"whoever"来表示公司和其他非人类实体，但是非人类可能侵犯专利权并不能说明非人类也可能成为专利的发明者，因此塞勒的主张无法得到法院的支持。法院认为，为解决这一问题，还需要绕回《美国专利法》对"发明人"的定义上，该定义使用了"individual"一词，而没有使用"whoever"一词，表明其并未考虑过将非人类纳入发明人的行列中。因此，上述几项条款均无法支持塞勒的论断。

第四，关于将发明人限制于"自然人"后会使得专利性取决于"发明的方式"。塞勒认为人工智能必须具备发明人资格，否则专利性将取决于"发明的方式"，这违反了《美国法典》第 35 篇第 103 节的规定。《美国法典》第 35 篇第 103 节规定，即使发明是在"常规"测试或实验中被发现的，它们仍然可能是非显而易见的，[①] 对此，法院提出，这一规定与发明人资格无关，其规定的是发明如何获得专利，因此这个法条无法支撑塞勒的观点。

第五，对"individual"进行解释时的扩张解释。塞勒强调，在解释"发明人"一词时，必须注意"使用该语言的上下文以及整个法规的更广泛上下文"。对此，法院认为，法规通常可以有多种合理解释，但本案并非如此。本案中，法律解释问题始于文本的明确含义，也将终于文本的明确含义。[②]

---

① Honeywell Intl Inc. v. MexichemAmanco Holding SA. de C. V，865 F. 3d 1348，1356（FedCir. 2017）.

② Bostock v. Clayton Cnt.，140 S. Ct. 1731，1749（2020）.

在《美国专利法》中，"individual"——发明人——是明确无误的自然人。因此，我们没有必要考虑法律解释的额外工具。"当法定语言毫不含糊，法定方案前后一致时，对法规文本含义的探究即告终止"。[①]

第六，关于法定目的的遵循。塞勒提出，将 AI 作为发明人在激励创新方面具有正当性，但法院认为，无论是"鼓励创新"抑或"促进科学与实用艺术的进步"，其论点均是推测性的，在《美国专利法》的文本和记录中均缺乏依据，无法说明 AI 作为发明人的合理性。无论如何，摆在面前的文本是明确无误的，法律解释不能"将对法定目的的模糊援引凌驾于国会选择的措辞之上"。[②]

【裁判结果】

经审理，美国巡回上诉法院认为《美国专利法》明确清晰地直接回答了 AI 究竟能否成为发明人这一问题，因此对这一问题的分析不能超出法律文本规定的范围——只有自然人才能成为发明人，人工智能无法成为发明人。维持地区法院的判决。

2023 年 4 月，美国联邦最高法院拒绝受理塞勒的上诉。

---

① 137 S. Ct. 1744，1756（2017）.
② Sw. Airlines Co. Airlines Co. v. Saxon, 142 S. Ct1783, 1792 – 93（2022）.

美国专利制度典型案例二

道富银行和信托公司与签记金融集团公司专利无效纠纷案
(State Street Bank Trust Co v. Signature Financial Group inc)

【案情摘要】

本案原告为道富银行和信托公司（State Street Bank and Trust Company，以下简称"道富银行"），被告为签记金融集团公司（Signature Financial Group，以下简称"签记"），二者均兼有共同基金管理人和会计代理人身份。本案被告签记拥有美国专利"轮毂轮辐式金融服务配置数据处理系统"，其专利号为5193056（以下简称"涉案专利"），是签记于1993年3月9日从发明人 R. 托德·博斯（R. Todd Boes）处受让得来。涉案专利要求保护一种"数据处理系统和方法，用于监控和记录信息流和数据，并进行所有计算，这是维护合伙投资组合和合作伙伴基金（轮毂轮辐）金融服务配置所必需的"。道富银行为能够使用这一专利，与签记进行许可使用商谈，希望可以得到签记的许可，但商谈并未成功。在商谈破裂后，道富银行提起对签记的诉讼，请求宣告判决涉案专利无效且不可执行。①

一审法院经聆讯后，基于对涉案专利的分析，认为涉案专利无论是作为

---

① 诉状寻求以下宣告性判决：无效（第1条）、不侵权（第2条）、因不公平行为而不可执行（第3条）和因滥用而不可执行（第4条）。签记提出了两项反诉：道富银行为了维持市场份额和诽谤被告而提起本宣告性判决诉讼，违反了 MGL 第93A条，实施了不公平和欺骗性的贸易行为（第1条），以及道富银行自己的宣告性判决，即道富银行的一名代理人与签记就据称受道富专利保护的数据处理系统签订了具有约束力的口头许可协议（第2条）。

数学算法还是商业方法都不具备可专利性，并作出涉案专利无效的判决，驳回被告人的反诉要求。

【一审法院观点】

数学算法不可专利分析。法院认为判决的核心在于根据《美国法典》第35篇第101条的规定，本质上执行数学会计功能并配置为在通用（个人）计算机上运行的计算机软件是否可申请专利。对此，一审法院援引美国联邦最高法院的数个判例，以说明司法实践对利用算法的计算机软件的可专利性的态度。无论是"解决特定类型数学问题的程序"，[①] 还是一种"针对特定活动的数学算法或者公式的计算"，[②] 美国联邦最高法院均认为"如果一项权利要求主要针对一种使用数学公式进行计算的方法，即使该解决方案是用于特定目的的，那么所主张的方法也是非法定（可专利）的"。尽管法院没有认定计算机软件程序永远不能申请专利，但认为将"物品"转换为"不同的状态或事物"是方法权利要求可专利的条件，计算机通过数学算法或者数学公式处理数据不足以满足这一要求，因此利用算法的计算机软件并不满足可专利性。一审法院的分析遵循了上述论证逻辑，使用"弗里曼－沃尔特－阿贝尔测试法（Freeman－Walter－Abele）"，又称"两步检验法"对涉案专利进行分析，[③] 步骤如下：第一步，数学算法测试。这一步是为确定涉案专利是否直接或者间接引用了数学算法。其目的是解析涉案专利是否陈述了数学算法，同时判断"权利要求是否……超越了简单地操纵'抽象概念'或'自然现象'"。[④] 分析认为，尽管涉案专利并没有直接引用数学公式，但是该数据处理系统是为了解决数学问题而专门设计的，因此并不符合数学算法测试。第二步：物理转化测试。其目的是确定要求保护的专利是否适用于物理元素或

---

① 本案涉及一种可以"在长期使用的现有计算机中执行，不需要新的机器"的数学程序是依靠算法实现的，该算法被定义为"解决特定类型数学问题的程序"，参见 Gottschalk v. Benson, 409 U. S. 63, 65, 93 S. Ct. 253, 254, 34 L. Ed. 2d 273 (1972).

② 本案涉及一种更新碳氢化合物催化转化"警报限值"的工艺，参见 Parker v. Flook, 437 U. S. 584, 98 S. Ct. 2522, 57 L. Ed. 2d 451 (1978)；本案涉及一个利用众所周知的数学公式对模具内温度的恒定测量方法，参见 Diamond v. Diehr, 450 U. S. 175, 101 S. Ct. 1048, 67 L. Ed. 2d 155 (1981).

③ 409 U. S. at 65, 93 S. Ct. at 254；See also Schrader, 22 F. 3d at 293.

④ Warmerdam, 33 F. 3d, 1360.

工艺步骤或受其限制。无论涉案专利是否执行数学运算（第一步检测），如果其能够将主体转换或还原为不同的状态或事物，即属于法定可专利的主体。法院认为，签记的数据处理系统未能通过这项物理性测试。涉案专利对从解决方案前的活动中收集的数据进行数学计算，并存储和显示结果，因此并不涉及这种类型的转换。相反，它与其他会计方法一样，旨在操纵和记录数字。综合两步判断，一审法院最终认为涉案专利并不属于《美国专利法》第101条中对可专利主题的列举范围。

商业方法不可专利分析。法院认为"商业方法例外"是一个长期确立的原则，在诸多的案例中得到了证实。商业方法不依赖于人类的审美、情感或判断反应，因此不作为可专利的主题。"虽然能够执行业务功能的设备或系统可能包含可申请专利的主题，但法律仍然认为，无论是否由设备或系统产生，开展业务的方法都不构成可申请专利的主题。"本案中，为开展某种商业活动所需的会计系统申请专利，无异于对商业方法本身申请专利，而涉案专利授予签记对其多层次合伙投资组合、投资结构理念的垄断权，如果其可申请专利，那么任何希望实施以轮毂轮辐式金融服务（Hub and Spoke）配置为模型的多层融资综合体的金融机构都需要在开始此类项目之前获得签记的许可，这显然并不合理。因此，一审法院认为涉案专利并不符合可申请专利的主题，该专利无效。

被告提出了上诉。针对这一案件，美国第二巡回上诉法院作出了截然相反的判决。针对数学算法，第二巡回上诉法院认为数学主题被简化为某种实际应用，即"有用的、具体的和有形的结果"[①] 之时就不再是抽象概念，属于可专利的主题。而涉案专利作为一种数据分析设备，经过数学计算，将储存的数据（每个辐条基金在投资组合中持有的百分比份额；任何影响投资组合资产的日常活动；每个分支成员基金的收益、损失和费用分配；以及跟踪和更新用于确定年终总收入、收益、损失和费用的数据）进行分析后转化为价格用于会计或者税务目的，这也相当于一种"实用、具体和有形"的实际

---

① Alappat, 33 F. 3d at 1544, 31 USPQ2d at 1557. 4.

应用，属于可专利的主题。针对商业方法，第二巡回上诉法院则认为司法实践从未认定商业方法不可专利，这一误解需要得到重新审视。

【二审法院观点】

第二巡回上诉法院经审理后认为无论是数学算法还是商业方法，一审的判决均不合理。从可专利主题的限制来看，法院认为美国联邦最高法院早已承认，国会立法的意图是将可专利主题延伸至"阳光下人类制造的任何东西"[1]，因此判决不可对可专利主题进行自我限制与解读。可专利主题的限制共有两种：一是数学算法；二是商业方法，以下分别论述。

数学算法的可专利性。第二巡回上诉法院认为弗里曼－沃尔特－阿贝尔测试法（Freeman－Walter－Abele test），又称两步检测法，已经不适用该案，对数学算法不可专利这一命题需要更多的思考。在戴蒙德诉迪尔案（Diamond v. Diehr，以下简称迪尔案）和戴蒙德诉查克拉巴蒂案（Diamond v. Chakrabarty）之后，[2] 两步检测法对于确定可专利主题几乎没有适用性，因为"该测试的应用可能具有误导性"，一如阿拉帕特案（In Re Alappat）指出的，"采用自然法则、自然现象或抽象概念的工艺、机器、制造或合成的物质、设备是可申请专利的主题，即使自然法则、自然现象或抽象概念本身不享有这种保护"[3]。在迪尔案和阿拉帕特案之前，利用该测试法可能对于确定非法定主题已经足够。然而，在迪尔案和阿拉帕特案之后，所要求保护的发明本身涉及输入数字、计算数字、输出数字和存储数字的事实（本案正是这一发明类型）不会使其成为非法定主题，除非其操作不产生"有用的、具体的和有形的结果"。这表明，某些类型的数学主题单独来看仅构成抽象概念，只有被简化为某种实际应用，即"有用的、具体的和有形的结果"之时，才成为可专利主题。不可专利的数学算法可以通过证明它们仅仅是构成非实体的概念或真理等抽象概念来识别，因为这些概念或真理并不"有用"，即算

---

① 447 US. 303，309，100 S. Ct. 2204，65 L. Ed. 2d 144（1980）.

② Diamond v. Diehr, 450 U. S. 175, 182, 101（1980）；Diamond v. Chakrabarty, 447U. S. 303, 309, 100 S. Ct. 2204, 65 L. Ed. 2d 144（1980）.

③ In re Alappat, 33 E3d 1526、31 U. S. P. 0. 2d 1545（Fed. Cir. 1994）.

法必须以"有用"的方式应用才能获得专利。本案中，涉案专利通过一系列数学计算将代表离散美元数额的数据转化为最终股价，构成数学算法、公式或计算的实际应用，因为它产生了"有用、具体和有形的结果"——为记录和报告目的而暂时固定最终股价，随后被应用于监管机构和商业目的，因此具备可专利性。法院强调，一项成果是否具有可专利性，不应当仅考量其属于四类可专利主题中的哪一类——工艺、机器、制造或物质组成，而应该集中在分析该成果的基本特征上，尤其是其实际效用。《美国专利法》第101条规定，法定主题还必须满足第35篇的其他"条件和要求"，包括新颖性、非显而易见性、披露和通知的充分性。如上所述，涉案专利针对的是一台使用中心辐射型（Hub and Spoke）软件编程的机器，并且它确实产生了"有用的、具体的和有形的结果"，因此属于法定主题。

类似判决还有上述的阿拉帕特案，该案中，法院认为一台机器通过一系列数学计算转换数据，在光栅显示器上产生平滑的波形显示，这构成了抽象概念（数学算法、公式或计算）的实际应用，因为它产生了"有用、具体和有形的结果"——平滑的波形。[1] 同样，在心律失常技术研究中心诉科拉松尼克斯公司案（Arrhythmia Research Technology Inc. v. Corazonix Corp.）中，[2] 法院也认为机器通过一系列数学计算转换病人心跳的心电图信号构成了抽象概念（数学算法、公式或计算）的实际应用，因为它对应于有用的、具体的或有形的东西——病人的心脏状况。

商业方法的可专利性。法院强调所谓的"商业方法例外"自诞生之日起就仅代表了一些普遍但不再适用的法律原则——"商业方法"从未被引用以说明专利无效，商业方法已经也应当适用对其他可专利主题所适用的法律依据。对于本涉案专利的无效理由，即如果涉案专利可申请专利，那么任何金融机构在实施以轮毂轮辐式金融服务配置为模型的多层次融资综合体之前，都必须征得签记的同意，这一理由也不应该根据"商业方法不可专利"来判

---

[1]　In re Alappat, 33 F. 3d 1526 (Fed. Cir. 1994)

[2]　958 F. 2d 1053, 22 USPQ2d1033 (Fed. Cir. 1992).

断，而是根据权利要求是否过于宽泛而无法获得专利来判断。

综上所述，上诉巡回法院认为，涉案专利作为数学算法以有用的方式应用，不属于不可专利的主题；商业方法实质上并没有被排除于"可专利主题"行列之外，应当适用其他可专利主题的法律规定。

【裁判结果】

经审理，美国联邦上诉巡回法院推翻了原审法院利用两步检测法认定的涉案专利不具备可专利性的判决，以数学算法是否产生"有用的、具体的和有形的结果"作为数学算法是否可专利的判断方法，同时强调商业方法从未被联邦法院认定为非专利主题，从而驳回上诉并将案件发回原审法院进行与上述意见一致的判决。

第三编

美国商标制度发展史

第十五章

美国商标制度的历史沿革

商标制度是商品经济发展的衍生物，也是促进跨国贸易的重要保障。如今，商标已成为企业与消费者沟通交流的媒介，更是企业最重要的无形资产。美国作为世界经济强国，拥有众多的跨国公司，其商标制度的发展亦有着悠久的历史。美国商标制度的发展主要可以分为三个阶段：启蒙阶段、独立阶段和变革阶段，分别对应着美国不同历史时期的社会发展，下文将从三个阶段的时代背景以及特点介绍美国商标制度的发展历史。

第一节　启蒙时代：普通法向联邦法律的演变

美国商标制度的启蒙时代是指美国独立之后至 1870 年美国第一部涉及商标管理条款的法案颁布期间，即美国商标制度的萌芽至联邦立法这一时期。下文将着重从其商标法的产生背景以及产生阶段的特点进行论述，力图还原美国商标制度初期的真实样态。

一、美国商标制度的产生背景

美国商标法的产生除自身经济发展的内在需要，还离不开原属殖民国英国的影响。下文将对美国商标法的产生原因进行分析，企图探求历史原貌。

其一，英国普通法商标保护路径的影响。商标是商业活动过程中，经营者用于区分商品或服务的标志。早在公元前，中国就开始在其生产的陶器上标记以表示其制造商和生产的时代；① 1363 年，英国规定银匠在制作其商品时一定要在商品上进行标记；15 世纪，欧洲开始要求印刷出版者需要在书籍中添加印刷者的标记以便于识别；② 上述早期商标的使用均还属于以便利社会生活为目的。商标最早与法律产生关系发生在 1617 年的英国，在索森诉罗伯特·豪一案（Southern v. How）中，原被告都是服装制造商，索森会在自己制造的服装上留下标记，罗伯特·豪也在自己生产的服装上留下了相同的标记，从而让消费者误认为该服装来自索森。该案的法官多德里奇（Doddridge）在审理该案时回忆起一条格言："没有人有权利将自己的商品作为他人的商品进行展示，没有人有权利冒充他人商品。"③ 该案形成的"假冒"（passing off）理论被英国法院所采纳，并演变为英国法院后期商标侵权的判断原则。美国作为的英国殖民地，其在独立之后也沿袭了英国普通法下的商标保护路径。④

其二，商标的低水平保护现实与经济发展的高保护诉求失衡。英国商标普通法保护路径影响了美国多年，虽然在独立初期协助了美国法院审理商标案件，有效填补了商标保护的制度空缺，但从长远来看，仅仅基于普通法的保护模式仍然存在许多与美国发展不相适应的地方。一方面，普通法保护之下的商标权利的范围较小，只能局限于某一地区，各州之间缺乏统一的标准，不利于全国范围内的产品经营，更不利于后期跨国贸易的开展；另一方面，随着生产技术的进步，产品销售的地域限制逐步缩小，强大的运输网络开始构建，经营者急欲扩张自己商标的保护范围，期待建立统一而健全的商标制度。在此背景下，美国国内对于寻求统一的联邦商标法律制度的呼声日益高

---

① GILMORE E A, WERMUTH W C. Modern American Law ［M］. Chicago: Blackstone Institute, 1921: 5.

② History of Trademarks, Respect for trademarks ［EB/OL］. ［2024 - 02 - 01］. http://respectfortrademarks. org/tricks - of - the - trademark/history - of - trademarks/.

③ SARKISSIAN M. Passing Off vs Trademark Infringement: What's The Difference? ［EB/OL］. （2020 - 04 - 23）［2024 - 05 - 23］. http://lawfultalks. com/trademarks - infringement - passing - off/.

④ 李明德. 美国知识产权法 ［M］. 2 版. 北京: 法律出版社, 2014: 455.

涨。1870 年，美国国会尝试建立统一的商标制度，但在寻求立法依据时犯了难，最终将《美国宪法》的"版权与专利条款"作为美国商标条款颁布的立法基础，① 同年 7 月，第一部包含美国商标管理制度条款的专利版权法案诞生。然而，《美国宪法》中的"版权与专利条款"并没有关于商标的规定，这也为之后的争议埋下了伏笔。

二、美国商标制度启蒙初期的特点

第一，商标保护范围狭窄。美国商标保护初期采用的是普通法保护路径，但是保护范围相当狭窄。一方面，普通法下的商标保护局限于各州，相互之间并无联系，一旦商品销售范围超过该区域，商标还能否受到保护存疑；② 另一方面，商标得到保护也需要满足一定的条件，并非所有的商标都可以得到普通法的保护。虽然 1870 年美国第一次在相关法案中明确规定了商标管理条款，但其仅仅规定了简单的商标注册制度，商标保护范围还是相当有限。③

第二，商标制度立法依据存疑。1868 年和 1869 年，美国与俄罗斯、比利时和法国签订商标互相保护条约，但当时美国专利局并没有任何联邦层面的法律依据来执行上述条约。当时，美国专利制度和版权制度正处于修订中，因此第一部联邦意义上的《美国商标法》就被赋予在该法案中，该法案是依据《美国宪法》"版权与专利条款"而制定的，全称为《修订、合并和修正专利、版权相关法规的法案》（An Act to revise, consolidate, and amend the statutes relating to patents and copyrights）。然而，自从 1870 年联邦层面的商标制度颁布之后，美国学者对于国会是否有权颁布该涉及商标制度的法案争议

---

① Act of July 8, 1870, ch. 230, 16 Stat. 198, §§ 77 – 84; see also U. S. CONST. art. I, § 8, cl. 8; Merges, supra note 21, at 2208 – 09（"To promote the Progress of Science and useful Arts, by securing for limited Times to Authors and Inventors the exclusive Right to their respective Writings and Discoveries"）.

② PATTISHALL B W. Two Hundred Years of American Trademark Law ［J］. The Trademark Reporter, 1978, 68（2）.

③ 李明德. 美国知识产权法 ［M］. 2 版. 北京：法律出版社，2014：457.

不断，其宪法依据的合理性也受到质疑。[①] 1879 年，美国联邦最高法院在商标类案（Trade - Mark）[②] 中对前述法案中商标条款的合宪性进行了审查。法官认为国会没有为该法案中商标条款的出现找到足够的理由，国会虽有权制定《美国专利法》与《美国版权法》，[③] 但商标并不是版权与专利制度中的一种，而是独立于二者之外的一种知识产权形式，并不具备版权或专利促进科学和艺术进步的特性，因此该法案中的商标条款是无效的。[④] 同时法院还指出《美国宪法》第 1 条第 8 款的"贸易条款"虽然赋予国会管理州际贸易以及对外贸易的权力，但并未赋予其管理州内纯粹贸易的权力，1870 年出台的美国商标条款显然违背了这一点。[⑤] 在此判决的背景下，1881

[①] "The ordinary trademark has no necessary relation to invention or discovery. The trademark recognized by the common law is generally the growth of a considerable period of use, rather than a sudden invention. It is often the result of accident, rather than design, and when under the act of Congress it is sought to establish it by registration, neither originality, invention, discovery, science, nor art is in any way essential to the right conferred by that act. If we should endeavor to classify it under the head of writings of authors, the objections are equally strong. In this as in regard to inventions, originality is required. And while the word writings may be liberally construed, as it has been, to include original designs for engravings, prints, &c., it is only such as are original and are founded in the creative powers of the mind. The writings which are to be protected are the fruits of intellectual labor, embodied in the form of books, prints, engravings, and the like. The trademark may be, and generally is, the adoption of something already in existence as the distinctive symbol of the party using it. At common law, the exclusive right to it grows out of its use, and not its mere adoption. By the act of Congress, this exclusive right attaches upon registration. But in neither case does it depend upon novelty, invention, discovery, or any work of the brain. It requires no fancy or imagination, no genius, no laborious thought. It is simply founded on priority of appropriation. We look in vain in the statute for any other qualification or condition. If the symbol, however plain, simple, old, or well known, has been first appropriated by the claimant as his distinctive trademark, he may by registration secure the right to its exclusive use. While such legislation may be a judicious aid to the common law on the subject of trademarks, and may be within the competency of legislatures whose general powers embrace that class of subjects, we are unable to see any such power in the constitutional provision concerning authors and inventors, and their writings and discoveries." Trade - Mark Cases, 100 U. S. 82 (1879).

[②] Trade - Mark Cases, 100 U. S. 82 (1879). Trade - Mark Cases 其实是一类案件合并上诉到美国联邦最高法院的总称，其分别是：United States v. Steffens, United States v. Wittemean 和 United States v. Johnson。

[③] GILMORE E A, WERMUTH W C. Modern American Law [M]. Chicago：Blackstone Institute, 1921：10.

[④] WITHERELL B J. Trademark Law [J]. Western New England Law Review, 2006, 29 (1).

[⑤] 李明德. 美国知识产权法 [M]. 2 版. 北京：法律出版社, 2014：457；WITHERELL B J. Trademark Law [J]. Western New England Law Review, 2006, 29 (1).

年 3 月 3 日，美国国会颁布了新的联邦一级的《美国商标法》，但其适用范围十分狭窄，仅允许在对外贸易以及印第安部落贸易中使用的商标进行注册，并没有对国内的联邦一级的商标予以保护。1881 年《美国商标法》局限的保护范围引发了诸多质疑，最终实践证明该法案并不利于政府对商标的保护与监管。①

第二节　独立时代：现代商标制度的初步建立

美国商标法的独立时代是指美国真正意义上开始脱离普通法的商标保护途径，继而创设现代意义联邦商标法的时期，即指 1946 年《美国商标法》颁布前后的阶段。1870 年美国商标管理条款被认定无效后，1881 年美国国会尝试颁布新的《美国商标法》，但规定得并不全面；1905 年《美国商标法》尝试扩大 1881 年《美国商标法》的保护范围，但仍存制度缺陷。1946 年美国国会通过了第一个现代意义上的《美国商标法》，开启了美国商标法的新纪元。下文将对 1946 年《美国商标法》的产生与完善的背景与特点进行分析。

一、美国现代商标制度创立的背景

1946 年《美国商标法》初具现代意义上商标法的雏形，其颁布与 1870 年、1881 年、1905 年美国商标制度相比有实质性的进步。下文将从立法和实践两个方面阐释其颁布背景。

其一，弥补现行商标制度的不足。1881 年《美国商标法》颁布后虽然回应了法院对于 1870 年美国商标管理条款的合宪性质疑，但并没有实际解决联邦一级商标保护的问题，美国各州州际贸易中的商标保护也受到了阻碍。为了应对实践争议，1905 年 2 月 20 日，美国国会在 1881 年《美国商标法》的

---

① WITHERELL B J. Trademark Law ［J］. Western New England Law Review，2006，29（1）.

基础上对注册商标的适用范围进行了延伸，将其扩大到州际贸易中。1905 年《美国商标法》增加了新的章节，同时扩大了 1881 年《美国商标法》适用范围。该法案实施 7 年内申请注册并授予的商标数量比 1870—1905 年这 35 年内的商标申请数量都多。① 虽然 1905 年《美国商标法》带来了积极的影响，但是其规制的范围仍然有限。为了弥补 1905 年《美国商标法》的相关缺陷，美国国会一直尝试修订和补充 1905 年《美国商标法》：1906 年、1907 年、1909 年、1911 年、1912 年、1924 年、1925 年……直至 1938 年美国国会仍然在对 1905 年《美国商标法》进行修改，前后共进行了 16 次。② 令人遗憾的是，多次的修订仍然无法满足美国社会对一部新的实体性商标法的需求，因此，1946 年众议员弗雷德里克·加兰德·兰哈姆（Frederick Garland Lanham）提出了新的商标法修订法案，该法案于同年 7 月 5 日由总统杜鲁门签署通过，自此 1946 年《美国商标法》诞生，也被称作《兰哈姆法案》。

其二，改变实践中商标保护乱象的需要。1946 年《美国商标法》的出台除了为了弥补现有法律的不足，更是为了满足立法实践的需要。细言之，1905 年《美国商标法》虽多次修订力求完善，但仍然无法改变美国实践中以州为基础进行商标注册的混乱现象：首先，当时美国 48 个州对于其境内的商标都在以其认为合理的方式进行注册，而不管商标的原始出处；③ 其次，各州立法虽然大力推广商标强制注册制度，但并未将其视为有效的商标保护手段，而是作为获得外部资金来源的重要渠道；④ 最后，许多商标诉讼虽然在联邦法院审结，但联邦普通法的缺失导致联邦法院只能适用其所在州的法律进行审理，造成商标保护并未能达到理想的效果。⑤ 此时，国会议员兰哈姆意识到以州为基础注册商标会引发诸多问题，认为亟须出台新的联邦层面的《美国商标法》，但反对者认为加强商标保护会严重损害公

---

① GILMORE E A，WERMUTH W C. Modern American Law ［M］. Chicago：Blackstone Institute，1921：10 – 11.

② WITHERELL B J. Trademark Law ［J］. Western New England Law Review，2006，29 (1).

③ Diggins，supra note 7，at 202 – 203.

④ WITHERELL B J. Trademark Law ［J］. Western New England Law Review，2006，29 (1).

⑤ Diggins，supra note 7，at 202 – 203.

平竞争。① 经过多次博弈，最终 1946 年《兰哈姆法案》得以通过，给美国商标制度带来了全新的面貌，这也是第一部现代意义上的《美国商标法》。

二、美国现代商标法创立时期的特点

1946 年《兰哈姆法案》的出现改变了美国商标保护的风向，同时也为联邦商标制度寻找到新的立法基础，其特点在于制度设置相对完备，强调实际使用在商标注册中的重要性，下文将分述之。

第一，商标保护制度设置相对完备。与 1870 年、1881 年《美国商标法》的规定不同，《兰哈姆法案》详细规定了商标的含义、商标注册、商标保护原则、商标侵权救济等一系列相对完备的商标保护制度，为美国建立更加完善、先进的商标法奠定了基础。一方面，《兰哈姆法案》对商标进行了明确界定，认为"商标是任何人所使用的文字、名称、标志、图案或及上述组合……用于识别他或者她的商品，包括一些独特的商品，同时与他人销售或制造的商品区分，指明商品来源，即使来源不明"。② 另一方面，《兰哈姆法案》对联邦商标注册的程序、费用以及实体性权利都进行了相关的规定。此外，法案还规定了商标侵权救济制度，对于侵犯商标权的行为可以采取禁令和损害赔偿等救济措施。1946 年《兰哈姆法案》完全改变了之前 1870 年、1881 年以及 1905 年《美国商标法》的格局，初具美国现代商标制度身影，被美国沿用至今。③

第二，强调实际使用在商标注册中的重要性。《兰哈姆法案》虽然在美国商标制度发展史上举足轻重，但仍然存在一定的局限性，例如过度强调

---

① ROGERS E S. The Lanham Act and the Social Function of Trade - Marks [J]. Law and Contemporary, 1949, 14 (2).

② "The term "trademark" includes any word, name, symbol, or device, or any combination there of— (1) used by a person, or (2) which a person has a bona fide intention to use in commerce and applies to register on the principal register established by this chapter, to identify and distinguish his or her goods, including a unique product, from those manufactured or sold by others and to indicate the source of the goods, even if that source is unknown." See Lanham Act, 15 U. S. C. § 1127.

③ ROGERS E S. The Lanham Act and the Social Function of Trade - Marks [J]. Law and Contemporary Problems, 1949, 14 (2).

商标实际使用而导致商标注册陷入混乱状态。申言之，由于美国商标法以宪法中"贸易条款"为立法依据，因此商标在贸易中的实际使用一直被作为商标注册的要求。1946 年《兰哈姆法案》虽然全面规定了联邦商标的注册程序，但仍然将商标的实际使用作为申请商标注册的前置程序，仅仅具有使用的意图还不足以申请商标注册。然而，实际使用作为商标注册申请的前置程序也带来了许多问题，如何确定首先使用，如何证明实际使用以及如何应对象征性使用？① 这些问题的出现都为之后《兰哈姆法案》的修订埋下了伏笔。

第三节　变革时代：《兰哈姆法案》的修订与完善

《兰哈姆法案》的产生是美国现代意义上的商标法诞生的标志，对于1946 年之后美国的经济贸易发展带来了巨大的益处。然而，20 世纪正是科学技术、文学艺术飞速发展的年代，《兰哈姆法案》虽规定了商标保护的相关基础问题，但仍然无法摆脱法律的滞后性这一固有特性；与此同时，随着跨国贸易的开展，世界各国商标制度正在向国际化靠拢，这使得美国迫切需要加入其中。在此背景下，《兰哈姆法案》历经多次修改，最终成为一部较先进、合理的现代商标法。

一、美国《兰哈姆法案》修订的背景

20 世纪中期《兰哈姆法案》的出现极大地提高了美国商标保护的水平，然而这仅仅是美国迈入商标保护先进水平国家的第一步。《兰哈姆法案》之后历经的多次修改，不仅是科学技术进步后的产业诉求，更是跨国贸易扩大后国际社会对于美国完善商标保护制度的要求。

---

① 彭学龙. 寻求注册与使用在商标确权中的合理平衡 [J]. 法学研究，2010 (3).

其一，国内科技进步与产业发展的时代诉求。美国知识产权制度的变革都是从技术变革出发，继而引发经济变革，最终是制度上的变革，商标制度也不例外。20世纪中后期，互联网和电视上出现了众多商品广告，而商标在这些商业宣传中起到了重要作用，且随着跨国企业的不断出现，商家要求进一步提高商标保护水平的呼声愈演愈烈。① 此时，1946年《兰哈姆法案》的局限性开始逐步体现。首先，随着商品经济的不断发展，以商标实际使用为商标注册前提的制度已经无法与实践中商业发展的节奏保持一致。其次，互联网和广播技术的普及促进了商品贸易，但同时也导致商标侵权行为的多样性，以互联网领域为核心的商标侵权行为类型早已超出了原有商标制度的预期。最后，随着商标在企业资产中重要性的提升，跨国公司与中大型公司对于自身驰名商标的保护需求越来越高，1946年《兰哈姆法案》早已无法提供充分而有效的保护。

其二，全球商品贸易急速发展的制度保护国内外诉求。一方面，全球经济贸易一体化趋势的出现，导致世界各国都在谋求对于本土产业的保护。美国原有的观望态度已经无法满足其他各国对于公平保护各国产业的诉求，作为企业重要无形资产的商标更是成为各国首要考虑的因素。因此，各国迫切要求美国加入商标保护的相关国际条约，至此美国商标制度的国际化进程在各国的督促下不断加快。另一方面，美国作为发达国家中的重要一员，拥有众多跨国企业。跨国企业不断对美国国会施压，希望其商标保护能够达到国际水平，同时也使其商标能够在其他国家获得相同的保护。在国内外双重压力下，美国《兰哈姆法案》的修订刻不容缓。

二、美国《兰哈姆法案》修订阶段的特点

纵观《兰哈姆法案》修订的过程，其修订工作主要呈现以下两个特点。

第一，国际化保护趋势明显。随着国际合作不断加深，有关商标的国际

---

① PATTISHALL B W. Two Hundred Years of American Trademark Law [J]. The Trademark Reporter, 1978, 68 (2).

协议开始制定，1891 年各国签订了《商标国际注册马德里协定》（The Madrid Agreement Concerning the International Registration of Marks），该协定旨在便利商标在世界各国不同法律制度中进行注册。1989 年各国又签订了《马德里议定书》（The Protocol Relating to the Madrid Agreement），作为马德里联盟（Madrid Union）成员的国家和地区在商标跨国申请和注册方面拥有诸多便利，极大地提高了商标的国际保护水平。早先美国对此一直处于观望状态，但随着美国跨国企业的增多，国际贸易的频繁，商标的国际保护对国家发展显得尤为重要，美国融入国际社会的需求也显得愈加强烈。2003 年美国成为马德里联盟的成员，同时将通过的《马德里议定书实施法案》（Madrid Protocol Implementation Act，MPIA）的相关内容纳入《兰哈姆法案》中作为第 60—74 条。美国加入该协议之后，有效地促进了商标在其他国家的商标注册，大大提高了商标保护的国际化水平，在给本土企业带来利好的同时，也给予其他国家企业便利与优惠，促进了商标国际保护水平的提升。①

第二，商标保护范围扩大，制度更加合理具体。以《兰哈姆法案》为蓝本建立起来的美国商标制度在 1946 年之后被不断修正，以期达到制度合理化的最佳状态。在注册商标要素层面，美国从早先的只有"文字、名称、标志、图案或者上述要素之组合"才能作为商标使用，到 1990 年声音和气味可注册为商标，② 再到后期 1995 年奎利泰克斯公司诉雅各布森产品有限公司案（Qualitex Co. v. Jacobson Products Co.）中单一颜色也可作为商标使用。③ 在商标保护层面，1995 年美国通过《联邦商标反淡化法》（Federal Trademark Dilution Act，FTDA），禁止使用他人未经授权的驰名商标，从而进一步加强

---

① 世界知识产权组织. 商标国际注册马德里协定及其议定书的目的，基本概念和优越性［世界知识产权组织出版物 第 418 号（C）］［R/OL］.（2014 – 02 – 13）［2024 – 01 – 22］. https：//web. archive. org/web/20140224022149/http：//www. wipo. int/export/sites/www/madrid/zh/general/pdf/wipo＿pub＿418. pdf.

② 李明德. 美国知识产权法［M］. 2 版. 北京：法律出版社，2014：476.

③ Qualitex Co. v. Jacobson Products Co., Inc., 514 U. S. 159（1995）.

了驰名商标的保护。2006 年，美国对《联邦商标反淡化法》中容易产生歧义的词语进行了进一步的解释，以保证法律的顺利实施。①《兰哈姆法案》的制定彰显了美国法律制度的进步，也奠定了美国在商标立法方面的先进地位，助力了美国跨国贸易的迅速发展。

---

① 李明德. 美国知识产权法 [M]. 2 版. 北京：法律出版社，2014：459.

第十六章

美国商标主体制度的发展

在美国商标法律规范的发展历程中，商标主体制度作为其中的核心内容，为适应经济社会的发展诉求，呈现由各州主体到联邦主体再到全球主体的国际化转变，以及由单纯私人主体到私人主体与公共主体共存的多元化演变。由此，美国商标主体制度的发展历程，可被概括为商标主体的国际化转变过程和商标主体的多元化演变过程。因而，有必要分别从国际化和多元化两个发展趋势入手，对美国商标主体制度的发展历程进行梳理与总结，从而描绘出美国商标主体制度的发展面貌与变革方式。

第一节 美国商标主体的国际化演进

美国商标主体的国际化转变，实质上是美国商标主体制度的一体化发展过程。从美国商标制度本身的发展历程来看，商标主体的一体化进程可以划分为商标主体的联邦一体化和全球一体化两个层面。进言之，美国商标主体的国际化转变是存在两个发展阶段和步骤的，首先是国内层面美国商标主体的联邦一体化，在此基础上其次才是在国际层面美国商标主体的全球一体化。

一、美国商标主体规则的联邦一体化

美国在建国之后的很长一段时间，并没有统一的商标制度，对于商标的保护由各州采用普通法进行规制。如此一来，商标主体制度也是以各州不同

的商标认定和保护规则为基础的。因而，可以认为在联邦统一商标制度出台之前，美国长期以来的商标主体规则是以州为单位的。由于各州之间普通法的规制存在差异，一旦超越了州的地域范围，商标权主体规则各不相同。[①]普通法规则在各州之间的差异，进一步影响了商标权主体之间的跨州交流，制约了美国各州间州际的商品与服务贸易，一时间成为抑制美国国内经济持续发展的制度阻碍。为此，美国开启了历时近百年的商标主体联邦一体化的立法探索。1870 年美国商标管理条款在专利版权修订法案中得以设立，由此美国展开了第一次商标主体联邦一体化的立法尝试。然而，由于《美国宪法》中缺乏相应的立法基础，这次立法尝试在争议中以失败而告终。1881 年《美国商标法》再次颁布，这次虽然在《美国宪法》中找到了商标制度的立法基础，但由于法律规定的不全面，1881 年《美国商标法》并没有实现美国商标主体的联邦一体化。随后，在 1905 年《美国商标法》的修订中，注册商标被允许在州际贸易中使用，美国商标主体的联邦一体化进程才算是初步开启。但是，此时《美国商标法》并未对之前普通法下各州商标认定与保护规则进行全面统一，仅在注册商标上实现了权利主体的联邦一体化。[②] 直到1946 年《兰哈姆法案》的出台，美国商标认定与保护规则的全国统一才得以完全实现，美国商标主体联邦一体化的立法工作也随之完成。

二、美国商标主体规则的全球一体化

在美国实现商标主体规则的联邦一体化之后，商标主体规则的全球一体化成为美国商标制度所面临的新课题。20 世纪中叶以来，随着全球经贸交往的日益频繁，以及美国国际地位的不断提高，仅仅局限于美国本土的商标主体规则难以适应经济社会的发展需求。究其原因，商标权利主体作为商业活动的参与者不仅需要在国内进行贸易活动，更需要进行国家间的产品或服务贸易。在此背景下，美国商标主体制度的全球一体化正式开启。诚然，在 19

---

　　① PATTISHALL B W. Two Hundred Years of American Trademark Law ［J］. The Trademark Reporter, 1978，68（2）.

　　② WITHERELL B J. Trademark Law ［J］. Western New England Law Review，2006，29（1）.

世纪末，世界上就已经有了商标保护的国际公约，出现了商标主体制度的全球一体化趋势，例如 1891 年的《商标国际注册马德里协定》，但美国并没有加入其中，而是仍采用本土的商标主体制度。这或许受限于当时美国经济社会发展，其全球一体化的诉求还不够强烈，也可能是由于美国当时还未完成商标主体规则联邦层面的一体化，故加入国际公约还无从谈起。1989 年，世界知识产权组织在之前国际公约的基础上又出台了《马德里议定书》，并以此为基础形成了推进商标跨国申请和注册的马德里联盟。当年，美国并未签订该协定书，而是经过对该公约运行效果的评估后才于 2003 年加入，成为马德里联盟的成员。与此同时，美国也积极进行国内法转化，将该《马德里议定书》中的内容吸收于《兰哈姆法案》之中，至此美国才真正完成了商标主体规则的全球一体化，实现商标主体制度的国际化转变，也极大地推进了美国与其他国家之间的经济与贸易往来，促进了美国经济的飞速发展。①

第二节　美国商标主体的多元化演变

美国商标主体的多元化演变，是指在美国商标制度运行过程中，商标权人由单纯的个人、企业等私人主体向私人主体与公益主体共存的多元化主体模式发展的过程。在这一过程中，美国商品经济下的商标功能不断增加，以集体商标（collective mark）、证明商标（certification mark）等公益商标的产生为主要表现形式。鉴于此，下文将分别以集体商标框架下商标主体的群体化和证明商标框架下商标主体的特殊化为例，展开对美国商标主体的多元化演变的疏解。

① 世界知识产权组织. 商标国际注册马德里协定及其议定书的目的，基本概念和优越性［世界知识产权组织出版物 第 418 号（C）］［R/OL］.（2014 - 02 - 13）［2024 - 01 - 22］. https：//web. archive. org/web/20140224022149/http：//www. wipo. int/export/sites/www/madrid/zh/general/pdf/wipo _ pub_418. pdf.

一、集体商标框架下商标主体的群体化

集体商标框架下商标主体的群体化，是美国商标主体多元化演变的一种重要的表现形式。集体商标是与个体商标（individual mark）相对而言的，[①]根据美国《兰哈姆法案》第 4 条及第 45 条的规定，集体商标是由行业协会或其他社会团体和组织的成员所使用的商品商标或服务商标。就其宗旨而言，集体商标所有人可以要求成员的产品或者服务达到自己所设定的标准，并允许成员用广告等方式宣传自己所拥有的集体商标，但不得在自己经销的商品或服务上使用相关的集体商标。[②] 由此看来，集体商标与普通个体商标之间并不会出现使用上的冲突。具言之，作为集体商标的所有人的行业协会或其他社会团体、组织自身并不使用集体商标，而集体商标的使用者则仅限于行业协会或其他社会团体、组织的成员。如此一来，不仅可以保证集体商标的市场效力，同时还可以有效避免相关主体对集体商标的不当利用。因此，可以说，集体商标框架下商标主体的群体化，只是商标使用主体的群体化，而非商标所有者的群体化。这样的制度设计是避免发生商标权属纠纷的重要保障，同时也是实现集体商标作用的关键举措，进而使集体商标框架下商标主体的群体化模式能够有序且高效地运行。

二、证明商标框架下商标主体的特殊化

证明商标框架下商标主体的特殊化，则是美国商标主体多元化演变另一种重要的表现形式。证明商标，顾名思义，即为证明商品或服务具有某种特性的商标。根据美国《兰哈姆法案》第 45 条的规定，证明商标所证明的商品或服务具有的特性包括以下几类，即商品或服务的地理来源或其他来源，商品所使用的材料，商品的制造方式，商品或服务的质量和精确度，或者该

---

① 吴汉东．知识产权基本问题研究（分论）［M］．2 版．中国人民大学出版社，2009：478.
② 李明德．美国知识产权法［M］．2 版．北京：法律出版社，2014：464.

商品或服务是由某一协会或组织的成员所制造或提供等。① 此外，必须格外注意的是，由于美国没有专门的地理标志保护制度，特定的地理标志也往往由证明商标所保护。在主体层面，证明商标申请人不仅可以是特定个人，也可以是国家、州和市等。这样特殊的商标主体规则，无疑是由证明商标的特殊功能所决定的。不同于一般商标对经营者商品或服务的广告宣传与质量保障作用，证明商标的功能在于证明某一或某些商品或服务的特定属性。以地理标志为例，其作用在于证明商品或服务来源于某一特定的地理范围或区域，从而进一步证明商品或服务的功效与质量。因此，可以说，与一般商标相比，证明商标的功能更为特殊，使用范围也更加广泛，并不局限于某一特定经营者所提供的商品或服务，而是涉及某一特定属性的所有商品或服务。尤其是对于地理标志而言，来源于某一特定国家或地区的产品或服务均可以使用该标志。也正是由于这一原因，证明商标的主体才更为特殊，其在一般商标主体的基础上还包含国家和地方政府等特殊主体。

---

① "to certify regional or other origin, material, mode of manufacture, quality, accuracy, or other characteristics of such person's goods or services or that the work or labor on the goods or services was performed by members of a union or other organization." See 15 U. S. Code § 1127 – Construction and definitions; intent of chapter.

第十七章

美国商标客体制度的发展

商标权客体是指商标权所保护的对象，即商标。美国商标制度对于商标的规定一直在随着社会的进步而不断调整，下文将从美国商标构成要素的发展及显著性（Distinctiveness）要求的变化两个方面对商标权客体制度的发展进行相关介绍。

第一节　美国商标构成要素的变迁

商标与企业之间的联系十分紧密，商标代表着企业形象与服务，能够提升产品辨识度，稳固商业信誉，同时也加强了消费者与企业之间的互动。可见，如何设计商标是企业进行产品推广的首要任务。早期市场经济并不发达，一般人们往往通过口口相传来宣传某一商品，而这时商品创始者的名字就成为早期的商标，例如中国沿用至今的"张小泉"商标。但随着商品经济的不断发展，仅用名字作为商标已经无法满足丰富的社会生产需要。1946 年《兰哈姆法案》第 45 条规定，"商标由文字（word）、姓名（name）、象征（symbol）、图案（device）或者上述元素的组合构成"。① 然而这一规定仍然没有满足经营者的需要，许多企业尝试将能够区分商品、指示商品来源的其他要素例如

---

① "device"翻译参考杜颖. 美国商标法 [M]. 北京：知识产权出版社，2012：65. 李明德教授将其翻译为设计，参见李明德. 美国知识产权法 [M]. 2 版. 北京：法律出版社，2014：484.

声音、气味等进行商标注册申请。对于上述申请，作为判例法国家的美国没有在法条中进一步解释，而是通过司法实践给予回应，陆续肯定气味商标、声音商标等新型商标的合法性。下文将主要通过案例介绍特殊商标的产生与发展。

一、声音商标的出现与发展

随着广播技术与网络技术的迅速发展，传统的商业宣传形式发生了变革，利用互联网和广播进行宣传的企业逐渐增多，声音这一独特的传播形式成为许多商品进行宣传的渠道，许多产品都有了自己独特的声音标记。例如，电脑打开微软系统时的声音，会让用户即刻联想起微软系统。[①] 鉴于美国《兰哈姆法案》关于商标定义有一定的包容性，很多经营者开始申请声音商标。美国关于声音商标的描述在《商标审查程序手册》（Trademark Manual of Examining Procedure，TMEP）中有所体现："声音商标是通过音频而非视觉手段区分商品或者服务，它在听者心中建立起声音与商品或者服务的关联。"[②]

美国第一次明确承认声音可以申请商标注册发生在 1978 年，该案件不仅肯定了声音商标的存在，更是对不同声音申请商标的要求作了大致区分，十分具有价值。通用电气广播公司（General Electric Broadcasting Company）为其无线广播电台服务申请注册声音商标，该声音是由船上的钟发出的。通用电气广播公司对这个声音商标的描述是："这是一系列的钟在四个小时序列中发出的声音，大约在第一个半小时会有一个铃声，之后每半个小时增加一次铃声。"[③] 美国商标审查员认为用该声音标记注册为服务商标是不合适的，

---

① MCCORMICK K K. "Ding" You Are Now Free to Register That Sound [J]. The Trademark reporter, 2006, 96 (5).

② "A sound mark identifies and distinguishes a product or service through audio rather than visual means. Sound marks function as source indicators when they 'assume a definitive shape or arrangement' and 'create in the hearer's mind an association of the sound' with a good or service." TMEP § 1202. 15.

③ "A series of bells tolled during four, hour sequences, beginning with one ring at approximately a first half hour and increasing in number by one ring at approximately each half hour thereafter", In re General Electric Broadcasting Co., 199 U. S. P. Q. 561 (T. T. A. B. 1978).

因为随着时间的推移，听众并不能将该铃声与服务的来源——广播电台相联系。①美国商标审判与上诉委员会（Trademark Trial and Appeal Board，TTAB）肯定了审查员的部分决定，认为案件中的声音在特定的环境下可以达到指明来源的作用，此时申请声音商标的声音必须能够在听者心中建立起声音与提供服务的联系。不仅如此，该委员会还对两种不同的声音商标的认定标准进行了区分：一是"独一无二、不同的或者具有显著性的"；二是普通声音或者模仿的常见声音。对于前者，该委员会认为不需要获得第二含义就可以注册成为商标；对于后者，该委员会认为如果想将其注册成为商标，必须提供相关证明材料，证明消费者、潜在购买者或者听众确实能够识别出此声音，同时能够将该声音与提供的服务联系起来，或者能够想起该声音的独家来源。② 随后关于声音商标的注册申请不断涌现，其中较为著名的声音商标是美国第一例核准注册的 NBC 公司的三阶音响声（注册号：72349496），Mac 电脑启动时发出的声音（注册号：4257783），Intel 操作系统软件的声音（注册号：2315261）。③

美国一直走在声音商标注册的前沿，现今仍在生效期限的注册声音商标有 4237 例。④ 随着第四次工业革命的到来，企业品牌宣传更不仅仅扎根于传统商标的宣传，无形的声音商标亦成为其商业宣传的利器。在此背景下，各国都在致力于进行商标制度的修订与完善，声音商标的核准注册更是成为各国立法者探讨的焦点。与此同时，也有学者认为声音商标与传统商标相比，

---

① In re General Electric Broadcasting Co. , 199 U. S. P. Q. , 562（T. T. A. B. 1978）.

② BIRD R C，JAIN S C. The Global Challenge of Intellectual Property Rights［M］. Cheltenham：Edward Elgar Publishing Limited，2008：182.

③ 商标注册信息于 2024 年 4 月 23 日检索于美国专利商标局网站，http：//tsdr. uspto. gov/# caseNumber = 4257783&caseSearchType = US _ APPLICATION&caseType = SERIAL _ NO&searchType = documentSearch.

④ 信息查询于美国专利商标局官网，查询时间为 2024 年 6 月 30 日，随着时间推移，数量会有所变化. http：//tess2. uspto. gov/bin/showfield？ f = toc&state = 4805% 3A2kyzhe. 1. 1&p _ search = searchss&p_L = 50&BackReference = &p _ plural = yes&p _ s _ PARA1 = live&p _ tagrepl ~ % 3A = PARA1% 24LD&expr = PARA1 + AND + PARA2&p_s_PARA2 = sound&p_tagrepl ~ % 3A = PARA2% 24COMB&p_op_ ALL = AND&a _ default = search&a _ search = Submit + Query&a _ search = % 26% 2325552% 3B% 26% 2320132% 3B% 26% 2326597% 3B% 26% 2335810% 3B.

识别来源和区分商品或者服务的作用远不如传统商标，现今企业对于声音商标的追求往往只是出于博取关注的心态，实际上这些公司仍然将更多的注意力放在了传统商标的申请与维护之上。①

二、气味商标的出现与发展

美国关于气味商标的第一例申请发生在1990年，申请人西莉亚·克拉克（Celia Clarke）申请将"缝纫线和刺绣纱线的气味"作为其产品商标，西莉亚·克拉克在申请书中对该气味的描述是："这是一种强烈的、清新的味道，能够让人联想起缅栀花（鸡蛋花）盛开的时候。"② 美国商标审查员初审驳回了该商标的注册申请，理由是：第一，申请人申请的商标未能发挥商标的功效，香水就像其他商品的装饰品，并因为它没有识别和区分申请人的商品与他人商品的作用。第二，法律意义上，香味是一种功能性的要素，若将此种香味注册成为商标将会妨碍其他竞争对手。第二项理由最后在递交给商标复审委员会的时候撤销了。随后申请人西莉亚·克拉克的律师提交了相关证据，强调了有且仅有西莉亚·克拉克公司提供此种香味的缝纫线和刺绣纱线，且作为美国纱线的主要供应商，所有与其合作的经销商等都能意识到香薰刺绣纱线来源于西莉亚·克拉克公司，并且西莉亚·克拉克公司制作的气味并不会影响同行制作其他气味的纱线，除了缅栀花还有康乃馨、玫瑰等花香可以选择。美国商标复审委员会在仔细核查卷宗后核准了该气味商标的注册，主要基于以下几种理由：首先，没有理由认为香味不能作为识别和区分产品的标志，申请人提交的证据已经能够证明申请人是唯一一个用香味制造销售纱线的人，由此可知香味并不是纱线的固有特征，而是申请人增加的；其次，申请人已经提交证据证明了它的顾客、经销商和分销商都能够通过香味判断纱线来源于申请人；最后，申请人在广告和手工艺品展览会上都以它的商品具有香气这一特质进行推广。美国商标复审委员会认为这是一个独特的利用

---

① 杨延超. 声音商标将成为知识产权的新蛋糕 [N]. 经济参考报，2013 - 01 - 31.

② "The mark is a high impact, fresh, floral fragrance reminiscent of Plumeria blossoms." See In. re Clarke，17 U. S. P. Q. 2d 1238（T. T. A. B. 1990）.

香味作为标记的案例，与之前的颜色商标申请案①相比，申请人的香味已经足以帮助消费者识别商品来源，应当可以注册成为商标。②该案之后，美国专利商标局正式接受气味可以作为注册商标的一种类型。随后，有许多企业开始进行气味商标的注册，但很少有能在主登记簿上登记的。因为在主登记簿上的商标需要证明其具有一定的显著性与非功能性，而很多非功能性的气味商标在申请注册时并没有获得显著性，故只能在副登记簿上进行登记。截至2011年，在主登记簿上进行登记的仍然只有西莉亚·克拉克一个，副登记簿上的气味商标却很常见，例如办公用品薰衣草香味商标和香草香味商标。③直到2018年5月15日，美国才核准了历史上第二例在主登记簿上登记的气味商标：孩之宝（Hasbro）公司的气味商标。孩之宝公司旗下子品牌培多乐（Play - Doh）生产的彩泥具有特殊的香味，2017年2月14日，孩之宝公司将该香味注册成为商标，申请中对于该气味的描述是"一种甜味，略有麝香味的香草气味，带有轻微樱桃味和盐渍小麦面团的气味"。④ 2018年2月27日，该气味商标获得公告，5月15日，美国专利商标局批准这一商标在主登记簿上注册。

美国关于气味商标的注册在主登记簿上的较少，但在副登记簿上的气味商标数量还是较为可观的。而此时其他国家气味商标注册成功的则相对较少，足可见美国对于商标要素认定的包容性，未来将会出现更多的气味商标。然而，也有学者对此表示担心，认为气味商标会让消费者混淆原产地，应当尽量减少气味商标的注册，让气味回归它本来的功能。⑤

上述声音与气味商标并不是特殊商标的全部，其实特殊商标还包括立体商标、单一颜色商标等。可以预见的是，随着科学技术的发展，商标构成元

---

① Inc., 225 USPQ 209（TTAB 1985）.

② In. re Clarke, 17 U. S. P. Q. 2d 1238（T. T. A. B. 1990）.

③ MEZULANIK E, LEGAL P B, HORSHAM, et al. The Status of Scents as Trademarks: An International Perspective ［J］. Inta Bulletin, 2012, 67（1）.

④ "The mark is a scent of a sweet, slightly musky, vanilla fragrance, with slight overtones of cherry, combined with the smell of a salted, wheat - based dough", See Registration No. 5467089, USPTO.

⑤ MEZULANIK E, LEGAL P B, HORSHAM, et al. The Status of Scents as Trademarks: An International Perspective ［J］. Inta Bulletin, 2012, 67（1）.

素的认定将会更加宽泛化，这也将是未来商标客体制度的发展趋势。

第二节　美国商标显著性要求的变化

商标的显著性，又称商标的识别性或者区别性，具体是指商标在使用过程中能够帮助消费者区分其标记产品或者服务与其他产品或者服务的能力。显著性越强，商标受到的保护就会越强。商标显著性的获得主要有两种方式：一种是内在显著性，即商标本身具有的显著性；二是商标本身并不具有显著性，其是在使用过程中获得的显著性。对于某一商标显著性的认定，并不能一次定终身，商标的显著性是随着时间的流逝不断发生变化的，是一个动态发展的过程，有可能会从无到有，从弱到强，从强到弱，或者最终显著性消失。①

商标的显著性是美国商标申请注册的要求之一，对于商标注册的重要性不言而喻。1946 年《兰哈姆法案》第 2 条就对商标的显著性进行了规定。然而，如何判断商标的显著性且分清商标显著性的强弱一直是个难题。1976 年，美国在司法判决中按照显著性的强弱对商标进行分类，并且按照商标的显著性强弱进行排列，引入了"显著性光谱"（the the spectrum of distinctiveness）或称"阿伯克隆比分类"（the Abercrombie test）的概念。② 在阿伯克隆比与菲奇公司诉狩猎世界公司案（Abercrombie & Fitch Co. v. Hunting World）中，该案原告公司诉称，1936 年阿伯克隆比与菲奇公司就开始在男士和女士外套中使用"Safari"这一商标，同时花费了大量的资金用于宣传"Safari"商标。被告公司在进行运动服装、鞋帽的销售时使用了"Safari"和"Minisafari"等识别标志，混淆和欺骗了公众，侵害了阿伯克隆比与菲奇公司的商标权；而被告公司认为"Safari"一词是一个普通的、描述

① 黄晖. 商标法［M］. 2 版. 北京：法律出版社，2016：58.
② 王敏铨. 美国商标法上识别性之研究［J］. 智慧财产权月刊，2004，67（7）.

性的、地理上的通用词汇，公众通常使用和理解它是指旅行或探险，尤其是东非的狩猎或探险，以及组成这种探险的猎人、向导、人员、动物和设备，该词汇并不能作为商标获得专有使用权。美国第二巡回上诉法院的亨利·弗伦迪尼（Henry Friendly）法官在此判决的第二部分按照显著性对商标进行了分类，不同类型的保护程度不相同，它们分别是：通用名称、描述性标记、暗示性标记和幻想性或任意性标记。

第一，通用名称。通用名称是指某一类商品或者服务的名称，如汽车、电视，等等，该类名称无法在法律上获得显著性，因为一旦通用名称注册成为商标，变成独占资源，则竞争者都无法使用该名称去指明该类商品或者服务，因此通用名称无法获得商标法保护。一旦一个注册商标在使用过程中失去了显著性，变成通用名称，则该注册商标会被注销。①

第二，描述性标记。描述性标记是指用于描述产品或者服务特征、质量、成分或者用途的简单标记。描述性标记一般不会受到商标法保护，但《兰哈姆法案》第 2 条规定若有证据证明描述性标记获得了第二含义，则该标记可以注册成为商标，其获得第二含义的程度将决定商标显著性的强弱程度。②

第三，暗示性标记。暗示性标记是通过暗示的方式，而不是通过直接描述的方式提示消费者，让消费者利用自己的想象力联想起对应商品或者服务特征的标记。该标记具有一定的显著性与描述性，并且由于其内在固有的显著性，无须证明获得第二含义即可获得商标法保护。③

第四，幻想性或任意性标记。任意性标记是指以不寻常或者不熟悉的方式使用已知通用词汇或者术语的标记，一般而言，该类标记与其标记的商品或者服务无关。幻想性标记是指仅仅为了注册商标而新组建的词语，没有其他含义。对于任意性标记和幻想性标记，二者显著性在四类中显著性最高，可以直接注册成为商标。④

---

① 李明德. 美国知识产权法［M］. 2 版. 北京：法律出版社，2014：498.

② Abercrombie & Fitch Company V. Hunting World, Incorporated 537 F. 2d 4（2d Cir. 1976）.

③ Abercrombie & Fitch Company V. Hunting World, Incorporated 537 F. 2d 4（2d Cir. 1976）.

④ 王敏铨. 美国商标法上识别性之研究［J］. 智慧财产权月刊，2004，67（7）.

虽然亨利·弗伦迪尼法官对上述分类作出了贡献，依照显著性对商标种类进行了划分，然而，随着案件判决的增多，不同种类商标之间的界限变得模糊，该分类排序的可操作性遭到质疑，原因是暗示性与描述性标记之间的界限难以厘清。[①] 1983 年，第五巡回上诉法院就曾对此作出回应：上述分类是建议性的，并非定义性的。该分类只是一种指导方针，不是严格的概念框架。[②] 虽然上述分类和排序方式存在诸多质疑，但现在仍然被世界上许多国家所引用。

---

① Soweco, Inc. v. Shell Oil Co. , 617 F. 2d 1178 (5th Cir. 1980).

② Zatarains, Inc. v. Oak Grove Smokehouse, Inc. , 698 F. 2d 786, 790 (5th Cir. 1983) . See also SCHECHTER &THOMAS, supra note 11, at 572.

第十八章

美国商标权权利制度的发展

商标制度的中心一直都是商标权，商标权是商标制度的生命力之所在。若商标之上不存在商标权利，则商标对于企业和消费者而言的功能性就会减弱。换言之，一旦商标之上不存在商标权利，则企业就无法阻止其他企业使用相同的商标，排他性商标权不复存在，消费者也就无法通过商标识别相关产品，更无法将商标与企业的商誉相连接，因此消费者对于商标的信赖和依赖度会随之降低，商标也不再成为企业与消费者之间沟通、联系的纽带。因此，商标权权利制度对于整个商标制度的重要性不言而喻。

商标权是指商标所有人对商标享有的排他性权利，商标权人有权在可能造成消费者混淆的情况下禁止他人使用其商标，具体而言为两方面——禁止权与使用权：一是前文所提到的禁止他人使用其商标；二是可以授权他人使用其商标。在美国，商标权利因商标的使用而产生，因注册而加强。下文将从美国商标权放弃、续展、驰名商标认定三个部分的制度发展进行介绍。

第一节　美国商标权利放弃机制的发展

商标的放弃，也是商标权的放弃，是指商标所有人放弃商标以及与商标有关的一切权利。在美国，商标权利是由于使用而产生的，而对于商标权利的放弃其最大原因就在于不使用。当然，因为商标注册者的行为而使得商标丧失了显著性也是商标放弃的一种。1946 年《兰哈姆法案》中就有关于商标放弃的相关规定，第 45 条规定，出现两种情况可以被认为是商标的放弃：
（1）商标所有人不再连续使用该商标，并且没有恢复使用的意图。商标不再
意图恢复使用可以根据情况加以判断。连续两年不使用商标将被认定为商标
的初步放弃。（2）当商标注册者的任何行为，包括不作为和作为行为，导致
商标失去其识别来源的作用。[①] 1996 年美国将连续不使用商标被视为商标初
步放弃的年限从 2 年延长至 3 年。[②]

　　美国商标制度中虽有商标权利放弃的基础性规定，但如何在具体案件中
进行认定还存在一定的缺陷，故只能不断地通过判例予以明晰，其中最典型
的就是埃里克·斯派奇特诉谷歌公司案（Erich Specht v. Google Inc.）。1998
年，斯派奇特成立安卓数据公司（Android Data Corporation），并设计了一个
电子商务软件，其业务是将软件许可给客户使用。2000 年斯派奇特向美国专
利商标局申请注册"Android Data"商标，2002 年该商标注册成功。然而，
2002 年之后，安卓数据公司的业务开始下滑，斯派奇特解雇了该公司唯一的
员工，在那之后"Android Data"商标很少被使用，但斯派奇特仍然保留了
"androiddata. com"这个网站直至 2005 年。与此同时，一家自称为"安卓"
（Android, Incorporated）的公司开始为智能手机开发安卓操作系统（Android
operating system）。谷歌公司于 2005 年收购前述安卓公司，随后申请注册了
"Android"商标。美国专利商标局基于斯派奇特已经注册成功的"Android
Data"商标而拒绝了谷歌公司的商标注册申请。之后，斯派奇特依据谷歌公
司在实践中使用"Android"商标的情况，对谷歌公司提起商标侵权诉讼。案
件最主要的争议焦点之一就是 2002 年之后斯派奇特的公司对"Android Data"
商标是否属于"意图不再恢复使用"，一审法院认定斯派奇特的公司已经放
弃使用"Android Data"商标，从而驳回了斯派奇特公司的诉求。针对这一指
控，安卓数据公司辩称其仍在使用"Android Data"商标，主要使用行为如
下：2003 年和 2004 年安卓数据公司曾出售其企业资产，2007 年 12 月斯派奇

---

① Article 45, 1946 Trademark Law of U. S.
② 李明德. 美国知识产权法 [M]. 2 版. 北京：法律出版社，2014：513.

特群发了一封带有"Android Data"标记的邮件，2 个月后斯派奇特试图向医疗保险公司授权其软件。该案上诉后，2014 年 4 月 4 日，美国第七巡回上诉法院维持了一审判决，同时对认定斯派奇特的公司"意图不再恢复使用"的理由进行了说明。法院认为："根据《兰哈姆法案》，连续三年不使用且没有恢复商业使用的意图将被视为放弃商标权的初步证据。与此同时，根据已经产生的相关案例，若存在恢复使用的意图必须是在没有连续使用该商标的三年内，[①] 且该使用必须是与销售商品或者提供服务相关。"[②] 按照此原则判断，首先，斯派奇特在 2003 年、2004 年出售其业务资产的努力不同于交易拥有商标、商誉商品或者服务的努力，因此不构成商业使用商标。其次，虽然斯派奇特认为安卓数据公司的电话服务在 2003 年还在使用，但其 2003 年就已经在拖欠电话服务费，其电话服务并未正常开展，因此认定安卓数据公司在 2003 年就没有进行企业运营。最后，斯派奇特提及两项尝试销售行为，即 2007 年的群发邮件和软件许可交易，虽然都是在对商标进行商业使用，但法院认为该"零星的企图招揽生意"的行为并不是持续的，也没有用于商业用途。基于此，法院认定斯派奇特及其公司在 2002 年底已经放弃了"Android Data"商标。该案的裁决为之后判定商标所有人"是否意图放弃商标"提供了原则性指导。

第二节　美国注册商标续展机制的发展

与同为知识产权的专利权、版权的保护期限相同，商标权的保护期限也不是永久的，是存在一定的时间限制的。但与专利、版权不同的是，商标权的保护期限并不是一次性、不可延长的，而是可以在一定权利保护期限届满

---

① ITC Ltd. v. Punchgini, Inc., 482 F. 3d 135, 149 n. 9（2d Cir. 2007）；Imperial Tobacco Ltd., Assignee of Imperial Group PLC v. Philip Morris, Inc., 899 F. 2d 1575, 1581（Fed. Cir. 1990）.

② 15 U. S. C. § 1127；United Drug Co. v. Theodore Rectanus Co., 248 U. S. 90, 97（1918）；Rearden LLC v. Rearden Commerce, Inc., 683 F. 3d 1190, 1204（9th Cir. 2012）；Int'l Bancorp, LLC v. Societe des Bains de Mer et du Cercle des Estrangers a Monaco, 329 F. 3d 359, 364（4th Cir. 2003）.

后，通过履行相关手续继续延长。一般而言，在遵守商标法相关规定的情况下，商标权的保护期限可以不限次数地进行延长，这就是商标的续展。商标的续展是针对注册商标而言的延长注册商标专用权保护期限的一种制度。对于商标权利注册取得制的国家而言，注册商标的续展就意味着商标权的续展。而对于使用取得制的美国而言，注册商标的续展是为了加强和延续商标注册的证明效力，但也会在注册商标续展制度中体现美国关于商标使用的要求，成功注册的商标在申请续展时，需要提交宣誓书，证明其商标的商业使用。

美国对于注册商标续展的规定并不是一成不变的，而是通过修订不断找到适合注册商标续展的路径。1946 年《兰哈姆法案》颁布，其中第 8 条就有关于商标续展的规定。其一，保护期限。注册商标专用权的有效期限为 20 年。其二，宣誓书。注册人应当在注册后第 6 年的当年内向美国专利商标局提交一份宣誓书，以证明注册商标仍在进行商业使用，对于当时没有进行商业使用的商标，注册人应当在宣誓书中说明其并不是基于放弃意图的不使用，而是有某种可以谅解的原因。[1] 1988 年 9 月 23 日，美国对 1946 年《兰哈姆法案》中的相关条款进行了修订，其中就有关于注册商标续展制度的变更：第一，保护期限减半。从原有的 20 年变为 10 年。第二，宣誓书要求变更。在提交宣誓书时应当列明商业使用中的商标及与其相连的商品与服务，同时在宣誓书中附上使用该商标的样品及用途。第三，对于在注册后第 6 年没有提交宣誓书的注册商标所有人，其注册商标将会被撤销。[2] 此次修订具有重大意义，商标保护期限的减半表现了美国对于商标使用要求的加强，也确立了美国实施 10 年商标保护期限的长期规定。如今，美国关于注册商标续展制度的规定，延续了 10 年保护周期的基础性规定，同时将提交续展申请的时间规定在注册 10 年或者每个连续 10 年届满前一年内提出，或者在每个连续 10 年届满后 6 个月的宽限期内提出。[3]

美国注册商标续展制度的变化，体现了美国对于使用取得原则的坚守与

---

[1] Article 8，1946 Trademark Law of U. S.

[2] Sec 8，1988 Trademark Law of U. S.

[3] Article 9，2013 Trademark Law of U. S.

尊重，更是对实践中抢占商标资源不使用的行为进行了有效的遏制，使得商标在公平合理的市场氛围中能够更好地发挥其价值，使闲置的商标资源得以充分利用，进行充分的资源整合，也使得整个社会朝向良好有序的方向进行。

第三节　美国驰名商标认定机制

在全球经济浪潮的席卷下，国际贸易迅速扩张，跨国公司不断涌现，各种国际知名商标开始出现。许多经营者为了更好地营销自己的产品或者服务，在选择商标时都会选择非竞争行业的其他公司的知名商标进行注册，以谋求自身的经济利益。这一现象的出现引起了弗兰克·斯凯特（Frank Schechter）教授的注意，1927 年他在《商标保护的合理依据》（*The Rational Basis of Trademark Protection*）一文中认为，在非竞争行业中使用商标不会造成混淆，但这对于商标所有者而言仍然会带来伤害，[1] 商标在消费者心中的形象会逐渐削弱。这篇文章被公认为是商标淡化理论的诞生之作，而驰名商标保护的理论基础就是来自商标淡化理论。商标淡化是指驰名商标被滥用，淡化了驰名商标与原有商品或者服务的联系，商标淡化理论立足于对驰名商标的价值保护，不仅是竞争领域内的保护，而是扩展到更多其他的领域，实行跨类保护政策。[2] 因此，在商标反淡化的制度中，认定驰名商标最为关键。

美国在 1995 年制定的《联邦商标反淡化法》中增加了关于商标淡化的规定。一方面，标记了反淡化法所保护的商标的特点：显著性与知名度（famous）；另一方面，列举了法院在考量和认定驰名商标时应当考虑的因素，包括但并不仅限于以下八项：

（A）商标内在或者后天获得显著性的程度；

---

① STRASSER M. The Rational Basis of Trademark Protection Revisited：Putting the Dilution Doctrine into Context ［J］. Fordham Intellectual Property, Media and Entertainment Law Journal, 2011 (2).

② 王熙君. 美国商标反淡化保护的立法与司法实践 ［J］. 呼伦贝尔学院学报, 2009 (2).

（B）商标用于商品或者服务的时间与范围；

（C）公开使用商标进行广告和宣传的时间与范围；

（D）商标用于商业交易的地理范围；

（E）商标用于商品或者服务进行交易的渠道；

（F）在商标所有人或者被寻求禁令的人进行贸易的地区和渠道内，商标被认可的程度；

（G）第三方使用相同或者近似商标的范围与性质；

（H）商标是否已经根据 1881 年法案、1905 年法案进行了注册，或者在主登记簿上进行了注册。①

上述八项考虑因素较为准确而全面地为法院提供了判断驰名商标的实践指导标准，衔接了理论与实践。然而，美中不足的是 1995 年美国《联邦商标反淡化法》并没有对驰名商标进行定义，使得实践中关于何为驰名商标一直未有定论，较为混乱。直到 2006 年，美国才对 1995 年的《联邦商标反淡化法》进行了修订。修订后驰名商标保护规定的主要变化有以下两点。其一，明确了驰名商标的定义：能够被美国普通消费者识别出其来源的，认出是商标所有人的商标或者服务的，该商标则为驰名商标。其二，优化了驰名商标的认定标准，从原有的八项考虑因素缩减至一半：

---

① In determining whether a mark is distinctive and famous, a court may consider factors such as, but not limited to—

(A) the degree of inherent or acquired distinctiveness of the mark;

(B) the duration and extent of use of the mark in connection with the goods or services with which the mark is used;

(C) the duration and extent of advertising and publicity of the mark;

(D) the geographical extent of the trading area in which the mark is used;

(E) the channels of trade for the goods or services with which the mark is used;

(F) the degree of recognition of the mark in the trading areas and channels of trade used by the marks' owner and the person against whom the injunction is sought;

(G) the nature and extent of use of the same or similar marks by third parties; and

(H) whether the mark was registered under the Act of March 3, 1881, or the Act of February 20, 1905, or on the principal register. See Article 3, Federal Trademark Dilution Act of 1995 (Public Law 104 - 98, 109 Stat. 985).

（A）商标进行公开宣传的时间、程度和地域范围，是否通过商标所有人或者第三方进行广告宣传；

（B）商标用于商品或者服务的销售数量、体积和地域范围；

（C）商标被真正识别的程度；

（D）商标是否已经根据 1881 年法案、1905 年法案进行了注册，或者在主登记簿上进行了注册。

2006 年修订后的《联邦商标反淡化法》回应了之前立法上存在的问题，完善了驰名商标的认定，加强了对美国驰名商标的保护，也体现了美国商标理论联系实际的特点。驰名商标的认定，其实是在另一方面给予商标所有人跨类保护的特殊权利，这一权利能够阻止他人在其他非竞争类领域注册其商标、淡化其商标，很好地阻止了蹭商誉行为的出现，保护了商标所有人的合法权益，同时保护了消费者的信赖利益，稳定了市场秩序，从而使商标的价值得到最大限度的保护。

第十九章

美国商标确权制度的发展

    商标制度自创立之时，其核心制度就是要保障企业商标专有使用权，保护消费者对于特定商标的信赖，维护交易的公平与社会的稳定。如何确定企业已经取得商标专用权，就是商标确权制度所要解决的问题。世界各国商标法对于商标确权制度主要有两种规定：一种是使用取得原则，另一种是注册取得原则。使用取得原则是指企业通过在日常贸易中使用商标即可获得商标专用权，注册取得原则是指企业需要通过申请商标注册，注册成功后即可获得商标专用权。商标制度刚刚建立时，多数国家遵循商标来源于商品或服务交易过程的使用这一基本理念，一般都采取使用取得原则，例如，1857 年，法国颁布了世界上第一部现代意义上的商标法，其采取的就是使用取得原则。① 随着商标种类和数量的不断增多，为了便于商标的公示与管理，许多国家最终都采用了注册取得制度。然而，美国虽然引入了商标注册制度，但对于商标专用权的取得一直坚持使用取得原则。下文将着重介绍美国商标确权制度中使用取得原则与商标注册制度在发展过程中的变化。

第一节　前期：坚持使用取得原则，确立实际使用要求

    1857 年，世界上第一部现代意义的商标法建立之前，商标就已经存在于

---

① 彭学龙. 寻求注册和使用在商标确权中的合理平衡 [J]. 法学研究，2010 (3).

人类的社会生活当中了，它与商品贸易一起产生，一起发展。① 早期，商家就会对产品进行标记，以此便于消费者辨别，同时维护产品的声誉，保护消费者合法权益。例如，1363 年，英国要求银匠对银器进行标记；② 中国在古代具有许多知名的商标，如泥人张、同仁堂，等等。当时并没有商标法，更没有商标注册制度，商家对于商标的权利完全是在商品贸易过程中使用商标而产生的，是一种自然权利。1617 年，英国对于商标权利的保护也是通过普通法进行的。由此可见，商标权利源于商标的使用，而不是注册，使用才是商标的生命力之所在，也是商标的灵魂。

　　早期，美国也是沿袭了英国对于商标权利普通法保护的原则，但随着美国贸易的增多，商标种类的繁多，美国国内对于颁布一部商标法的需求越来越强烈。1881 年《美国商标法》允许在对外贸易以及印第安部落贸易中使用的商标进行注册；1905 年《美国商标法》将范围扩大到州际贸易中使用的商标。上述两部商标法虽然制定得并不完善，多数内容有所欠缺，但其核心都是对贸易中已经使用的商标进行保护。1916 年，美国联邦最高法院在审判案件时再次明确了商标权利来自使用的说法，承认商标及商标权利属于财产权，权利来自使用。③ 1946 年，美国第一部现代意义上的商标法——《兰哈姆法案》颁布，该法案虽然规定了商标注册制度，但其明确要求申请人在申请商标注册之前，就应当实际使用该商标。1946 年《兰哈姆法案》第 1 条（a）（3）项中表示申请商标注册时需要提交已经实际使用商标的相关样品或者复制品。④ 若企业无法提交该项证明，则无法申请商标注册。不仅如此，1946 年《兰哈姆法案》第 45 条还对商标的放弃进行了相关解释，其中就有关于商标使用的要求：若商标已经停止使用，并且没有再恢复使用该商标的意图，则该商标被视为放弃；若该商标连续两年不使用则就可以被推断为放弃。从这一方面来看，使用更是商标存在和延续的基础，没有使用，就没有商标，

① 彭学龙. 寻求注册和使用在商标确权中的合理平衡 [J]. 法学研究，2010（3）.

② History of Trademarks, Respect for trademarks [EB/OL]. [2024 – 02 – 01]. http：//respect fortrademarks. org/tricks – of – the – trademark/history – of – trademarks/.

③ 李明德. 美国知识产权法 [M]. 2 版. 北京：法律出版社，2014：508 – 509.

④ Article 1 （a）（3）, 1946 trademark law of U. S.

更没有商标权利。《兰哈姆法案》通过立法的形式明确了美国使用取得商标的基本原则，体现了美国对于商标权利原始来源的坚持。

第二节　中期：淡化实际使用要求，纳入意图使用选项

美国坚持使用取得的原则，要求商标实际使用后才可获得专有权。这一规定虽符合商标法的立法宗旨，但也带来了许多问题。一方面，在严格的实际使用要求下，有些商标无法提供实际使用的例证，例如，石油公司的商标；另一方面，有许多商家为了能够成功进行商标注册，故意提供虚假的商标实际使用证明，这无疑对市场贸易的稳定性有所伤害。为了缓解严格的实际使用要求带来的问题，美国随后对1946年《兰哈姆法案》进行了相关修订，淡化了实际使用的要求，增加了商标的意图使用。下文将着重对修订后商标实际使用要求的变化以及商标意图使用的要求进行介绍。

一、商标的实际使用要求

早期，依据普通法或者联邦商标法，美国要求商标应当附着在商品或者服务之上。[①] 1946年美国《兰哈姆法案》颁布后，对商标的商业性使用进行了进一步的解释，第45条中将其描述为商标的商业性使用应当是：

（1）商品商标：将商业标记以任何方式置于商品或商品的容器上，或与商品一同展示；或者附加在进行商业销售或者运输的商品的标签或者标牌之上；

（2）服务商标：将商业标记在服务的销售或者服务的广告中进行展示，该项服务是在商业中提供的。[②]

---

① 李明德. 美国知识产权法 [M]. 2版. 北京：法律出版社，2014：509.

② "For the purposes of this Act a mark shall be deemed to be used in commerce (a) on goods when it is placed in any manner on the goods or their containers or the displays associated therewith or on the tags or labels affixed thereto and the goods are sold or transported in commerce and (b) on services when it is used or displayed in the sale or advertising of services and the services are rendered in commerce." See article 45, 1946 trademark law of U. S.

然而，有鉴于日益繁荣的经济贸易，1946年《兰哈姆法案》关于商业使用的定义显得有些局限，并不能与实践中的贸易实例相吻合。因此，1988年美国对该项内容进行了修改，增加以下三点：（1）对于商标的商业使用进行了解释，同时强调了真实使用的重要性：商标商业使用是指商标在正常贸易过程中的善意使用，而不是仅仅为了保留商标的使用；（2）对于商品商标，增加了对于特殊商品的商标商业使用的特殊要求：若由于商品本身的属性，商标无法附着于商品之上，则商标可以附着在与商品或者商品的销售有关的文件上；（3）对于服务商标，则是增加了另一种商业使用的认定情形：若该服务是在一个以上的州或者在美国和外国提供的，且使用者从事的是与该服务相关的商业性活动，则该服务商标会被认定为在商业使用。① 1988年对此的修订完善了1946年《兰哈姆法案》关于商标商业使用的定义，更好地适应了现有的商业贸易，该解释一直保持到现在。

二、商标的意图使用要求

1946年《兰哈姆法案》对于实际使用的严格要求在一定程度上限制了申请人的商标注册，这使得美国引入了另一种商标使用的要求形式：意图使用。

1988年11月16日，美国国会颁布了对1946年《兰哈姆法案》的修正案，对第1条中申请注册商标的实际使用进行了调整，增加了（b）：有真诚使用意图的当事人，在证明在商业中有善意使用意图的情况下，可以在商标

---

① The term'use in commerce' means the bona fide use of a mark in the ordinary course of trade, and not made merely to reserve a right in a mark. For purposes of this Act, a mark shall be deemed to be in use in commerce—

(1) on goods when—

(A) it is placed in any manner on the goods or their containers or the displays associated therewith or on the tags or labels affixed thereto, or if the nature of the goods makes such placement impracticable, then on documents associated with the goods or their sale, and

(B) the goods are sold or transported in commerce, and

(2) on services when it is used or displayed in the sale or advertising of services and the services are rendered in commerce, or the services are rendered in more than one State or in the United States and a foreign country and the person rendering the services is engaged in commerce in connection with the services. See article 45 of 1988 Trademark Law of U. S.

法的规定下申请商标注册。[①] 关于意图使用下申请商标注册的要求：（1）撰写美国专利商标局要求的申请书，申请书中需要指明申请人的身份，善意使用该商标的真实意图，意图使用的方式，等等；（2）描述申请的商标；（3）向专利商标局支付相关费用。"意图使用"这一形式的增加便利了企业和个人的商标注册申请，是美国商标制度的一大进步。然而，作为以"使用取得"为基本原则的美国商标法，实际使用仍然是"意图使用"规则中的一个重要组成部分。1988年《美国商标法》第1条规定，在专利商标局颁布允许注册的通知后，申请人应当在6个月内提交已经实际使用该商标的相关声明。经过申请人申请，6个月期限可以再延长6个月。

上述两种实际使用要求与商标意图使用要求其实都是对商标使用的要求，区别只不过在于：商标实际使用的发生时间。由此可见，虽然美国对商标法进行了改革，纳入了"意图使用"，但实际使用仍然是商标的生命力之所在，持续的使用更是商标权利得以继续存在的基础。

第三节　后期：延续使用取得模式，注册机制逐步推行

美国一直践行商标权使用取得的原则，即使商标注册制度开始在美国出现，使用取得原则也并没有被注册制度所改变，商标注册并不是商标权利的来源。对于"使用"这一原则的规定可追溯到1974年的"SNOB香水案"。该案原告乐嘉莉（LeGalion）是法国的香水制造商，已经用"SNOB"这一商标销售香水多年，产品销往全球各国，且1969—1974年销售额达到200万美元。然而，乐嘉莉在美国市场的销售受到了严重阻碍，因为早在1951年美国香水制造商巴图（Patou）就在美国获得了"SNOB"商标的注册。巴图尽管很早注册了该商标，但并没有努力推广该商标。1950—1971年，巴图仅卖出了89瓶印有"SNOB"商标的香水，1951—1969年，巴图售卖"SNOB"系

---

① Article 1, 1988 Trademark Law of U. S.

列商品的毛利润只有 100 美元，其销售额少于 600 美元。随后乐嘉莉向法院进行了起诉，要求撤销巴图的商标，理由是巴图没有充分使用"SNOB"商标。一审法院以巴图销售额并非虚假的，满足了最低的善意要求，故驳回了乐嘉莉的请求。乐嘉莉上诉后，第二巡回上诉法院认为巴图销售该商标的产品是为了建立和维护商标权，从而阻止潜在竞争对手，这种假装使用不应该是真正使用的替代品，更不是善意使用，因此支持了原告诉求。从上述案件可知，注册的效力永远无法阻挡使用的效力，而这种使用不可以是为了维系商标生命力而进行的使用，不能是防御性的使用，而是需要真正地充分使用。① 由此可见，美国商标制度中使用的重要核心地位，注册制度并不能抵抗使用取得原则。

美国虽然一直奉行商标权使用取得的原则，但随着各国对商标注册制度的重视，美国商标注册的法律效力开始不断加强。虽然商标注册与商标权利的获得无关，但对于企业商标权利的保护有着举足轻重的作用。首先，依现行《美国商标法》第 7 条的规定，商标的注册证书可以作为注册商标有效，注册人对注册商标享有所有权，注册人对商标享有独占性专用权的初步证据，但这种专用权应服从证书上列明的任何条件和限制。② 同时，在符合相关条件的情况下，商标注册申请就可以被视为使用商业标记。其次，现行《美国商标法》第 15 条规定，商标注册人在申请注册的商品或者服务上，已经连续使用该商标 5 年，并且有继续进行商业使用意图的情况下，该商标权人的专有商标使用权具有不可争议性。该条的规定进一步彰显了商标注册的效力，体现了商标注册制度在使用取得原则背景下的活力。最后，商标注册制度在使用取得原则下最大的效用在于注册商标的公示。注册商标公示制度便于商标专用权人有效地维护自身合法权益，便于企业在申请商标注册前进行商标检索，排除企业商标使用的法律风险，同时也极大地打击了商标恶意注册行为。

---

① La Societe Anonyme Des Parfums Le Galion, Plaintiff – appellant, v. Jean Patou, Inc. and Michael Stramiello, Jr., Collector Ofcustoms of the Portof New York, Defendant – appellee, 495 F. 2d 1265 (2d Cir. 1974).

② 美国商标法 [M]. 杜颖，译. 北京：知识产权出版社，2013：11.

第二十章

美国商标限制制度的发展

    商标权给予了商标所有者商标专用的权利，同时通过商标续展制度给予了商标所有者商标权无限延长的可能。对于商标所有者而言，无限续展的商标权带来的是不限期的排他权；对于社会公众而言，绝对的、长期的排他权会对社会公共利益或者他人正当权益带来损害。由此，商标权限制制度诞生。商标权限制制度主要是指当商标专用权与社会公共利益、他人正当权益发生冲突时，为了平衡二者之间的利益，法律公正地对商标权的行使等作出的必要限制。①

    一般认为，商标权的限制一般包括商标的在先使用权、商标权的权利穷竭和商标的合理使用等。商标的在先使用权是指在他人申请注册商标之前就已经使用与他人相同或者近似的商标时，满足一定条件下可以不受他人商标专用权约束继续使用该商标。各国对于商标的在先使用权一般都有规定，美国商标制度的特别之处在于其规定允许二者可以在有条件的情况下共同注册。商标权权利穷竭，也指商标权用尽，是指商标权人或者被许可人将附有商标的商品投入正常市场流通领域进行销售后，其他人可以自行利用和销售该商品不受商标权的控制。② 美国关于商标权权利穷竭的理论最早在 1886 年的阿波纳里斯有限公司诉谢勒案（Apollinaris Co. , Limited, v. Scherer）中得以确立。③

---

① 冯晓青. 商标权的限制研究 [J]. 学海，2006 (4).

② 冯晓青. 商标权的限制研究 [J]. 学海，2006 (4).

③ Apollinaris Co. , Limited v. Scherer, United States Circuit Court, S. D. New York, March 16, 1886. 参见马强. 商标权权利穷竭 [J]. 现代法学，2000 (1).

商标的合理使用（fair use）[①] 是商标权限制制度的重要组成部分，是指商标所有者以外的人在生产经营活动中按照法律规定的方式正当地使用他人商标，并不侵犯商标所有者商标权的制度。关于合理使用制度，主要可以分为商业性合理使用和非商业性合理使用，其中商业性合理使用包括叙述性合理使用和指示性合理使用，非商业性合理使用主要包含新闻报道中使用商标、滑稽模仿等。合理使用制度在美国商标权限制制度中起到了重要的作用，在实践中也创设了许多理论，十分具有参考价值，下文将着重对美国合理使用制度进行阐释与介绍。

第一节　美国商标的商业性合理使用

根据美国商标法律与判例，商标的商业性合理使用包含叙述性合理使用和指示性合理使用两种类型，下文将分述之。

一、美国商标的叙述性合理使用[*]

在美国，商标的叙述性合理使用也就是美国商标制度中的法定合理使用（statutory fair use），初见于 1946 年美国《兰哈姆法案》，该法案第 33 条第 4 项明确规定了何为商标的叙述性使用："当使用者对于名称、术语、图案的使用被认定为侵权行为时，若使用者对其使用并不是将其作为贸易或者服务商标，而仅仅是在使用者的商业经营中使用该名称；或者使用的是与使用者有密切关系的其他人的名称；或者仅仅是正当且善意地使用术语、图案去描述使用者的商品或者服务或表明其产地的。"[②]对于商标的叙述性使用这一限制的意义，法官在花花公子诉特里·威尔斯案（Playboy

---

[①]　有学者为了将其与版权合理使用制度相区分，也将其翻译为商标的正当使用。李明德. 美国知识产权法［M］. 2 版. 北京：法律出版社，2014：593.

[*]　叙述性合理使用，英文为 descriptive fair use，也有学者将其译为描述性合理使用。

[②]　Sec. 33（b）（4），Trademark Act of 1946. 翻译参考：美国商标法［M］. 杜颖，译. 北京：知识产权出版社，2013：11.

Enterprises，Inc. v. Terri Welles，Inc.）中给出了其解释："保护商标的根本目的不是在商业活动中使用以创造财产利益，而是为了自由竞争和自由使用语言，即商标法不能禁止叙述性术语的商业使用。"① 实践中，关于如何认定商标的使用是叙述性使用，相关判决给予了回应。扎塔兰公司诉橡树林熏制房公司案（Zatarains，Inc. v. Oak Grove Smokehouse，Inc.）是关于商标叙述性使用的典型案件，该案中，原告扎塔兰公司是一个食品制造和销售商，其使用和注册了"Chick‐Fri"和"Fish‐Fri"商标，并将该商标用于面粉类的煎炸食物。被告橡树林熏制房公司在其煎炸食物混合物中使用了类似于扎塔兰公司商标的标记"fish fry"和"chicken fry"。随后，扎塔兰公司起诉了橡树林熏制房公司，认为该公司侵犯其商标权以及存在不正当竞争行为。美国路易斯安那州东区地方法院在判定该案时，认为"Fish‐Fri"只是一个叙述性商标，用于识别其所销售的商品，美国第五巡回上诉法院认同了地方法院的观点，同时注意到了广泛解释"叙述性"的必要性。上诉法院认为："当某一单词或者短语可以立即传递产品或服务的质量、特征、效果、目的或者成分的时候，这一类词就会被认为是叙述性的，不能作为专有商标。"为了在司法实践中更好地认定"叙述性商标"，法院也总结出了一些方法和步骤：②

首先，判定是否为叙述性商标，法院总结出了四个测试方法：第一，字典（dictionary）。因为字典中相关词语的定义是对公众具有普遍意义、最恰当的解释。③ 第二，想象力测试（imagination test）。如果一个术语需要通过想象力、思想和感知力去得知商品的性质，则该术语就是一个暗示性的术语。

---

① "The court stresses that the underlying or foundational purpose of trademark protection is not to create a property interest in all words used in a commercial context, but rather"［t］he policies of free competition and free use of language dictate that trademark law cannot forbid the commercial use of terms in their descriptive sense." See Playboy Enterprises, Inc. v. Terri Welles, Inc., 78 F. Supp. 2d 1066（S. D. Cal. 1999）.

② Zatarains, Inc., v. Oak Grove Smokehouse, Inc., 698 F. 2d 786, 790–96, 217 U. S. P. Q. 988（5th Cir. 1983）.

③ A suitable starting place is the dictionary, for the dictionary definition of the word is an appropriate and relevant indication "of the ordinary significance and meaning of words" to the public.

反之，若从术语本身单独来看就能传达的产品特性，则其就是叙述性的术语。① 第三，该术语对于竞争者的用处。叙述性的术语与产品或者服务紧密相关，同类或者类似产品或者服务的商家会发现该术语同样对于识别他们的产品或者服务很有效，法律并不禁止其用多种方式描述产品或服务。② 第四，其他竞争者实际使用该术语的程度。基于上述判断，上诉法院认为该"Fish – Fri"属于叙述性商标。③

其次，叙述性词语是否具有次要含义？如果叙述性词语并没有在消费者头脑中表现出次要含义，则其不受商标法保护。上诉法院认为扎塔兰公司的"Fish – Fri"商标已经在奥尔良地区具有了次要含义。

最后，合理使用防御的判断。根据《兰哈姆法案》，合理使用需要是公平、善意地使用描述性术语，用来向消费者描述其商品或者服务、地理来源。上诉法院认定橡树林熏制房公司可以善意、公平地在普通的叙述意义层面使用"Fish – Fri"商标，只要不给消费者识别带来困惑即可。④

二、美国商标的指示性合理使用

叙述性合理使用给予商家使用术语原本意义的权利，防止商标所有者对于叙述性词汇的垄断，对于维护商标制度的良性发展具有重要意义。然而，随着产业的发展、工业的进步，越来越多的产业开始出现在社会生活中，围绕某一类产品的服务业开始出现，最典型的就是汽车修理公司。原有的只能使用他人商标描述自己产品、服务或者地理来源的合理使用范围过于狭窄，

---

① "The 'imagination test' is a second standard used by the courts to identify descriptive terms. This test seeks to measure the relationship between the actual words of the mark and the product to which they are applied. If a term 'requires imagination, thought and perception to reach a conclusion as to the nature of goods.'"

② "A third test used by courts and commentators to classify descriptive marks is 'whether competitors would be likely to need the terms used in the trademark in describing their products'."

③ "A final barometer of the descriptiveness of a particular term examines the extent to which a term actually has been used by others marketing a similar service or product."

④ Zatarains, Inc., v. Oak Grove Smokehouse, Inc., 698 F. 2d 786, 790 – 96, 217 U. S. P. Q. 988 (5th Cir. 1983).

并不能满足现实生活需要，因此美国司法实践中出现了"指示性合理使用"，以弥补叙述性合理使用的不足。

1992 年在新街边男孩诉美国明星杂志社等案（New Kids on the Block v. News America Publishing Pub.，Inc.）中，"商标指示性合理使用"被首次提出。① 该案中，原告新街边男孩是一个音乐团体，并将其名字"New kids"注册了商标，该注册商标被用于许多商品与服务类别，其中包括粉丝的付费电话服务，粉丝可以支付一定的费用后与团体成员通电话。随后被告在美国新闻报上发起民意调查，要求读者电话回答有关新街边男孩组合的问题，同时收取相关费用。新街边男孩认为被告侵犯了其商标权。② 美国第九巡回上诉法院在对该案进行审理时，指出了现有商标合理使用制度的弊端，现有叙述性合理使用辩护的是将商标仅用于描述自身产品、服务或者其地理来源的情况。然而，在实践中，如果不提到商标的情况下去比较、批评和参考特定产品是几乎不可能的，故若每次在商业社交场合提到他人商标都有可能侵犯他人商标权，则社交活动和商业活动的开展将变得尤为困难。最典型的就是大众汽车股份公司诉丘奇案（Volkswagenwerk Aktiengesellschaft v. Church），大众汽车公司根本无法阻止汽车维修店使用其商标，汽车维修店在推广维修服务时也很难完全避免使用大众汽车这一词语。③这一类案件中，对于商标的使用虽然不符合《美国商标法》中规定的"叙述性合理使用"，但其意图并不是使消费者混淆或者将一种产品的商标用于其他产品。这一类商标指示性使用并没有暗示商标的来源识别功能，并不构成不正当竞争；指示性使用商标也并非意味着商标所有者对商标使用者的认可和赞助。④ 正如 1925 年霍姆斯（Holmes）大法官所说："当使用商标的方式并不是为了欺骗公众，我们认为商标没有神圣到足以阻止其被用来阐述事实。"⑤ 因此，美国第九巡回上

---

① 邱进前. 美国商标合理使用原则的最新发展：The Beach Boys 一案评析［J］. 电子知识产权，2005（5）.

② New Kids on the Block v. News America Publishing，Inc. 971 F. 2d 302（1992）.

③ Volkswagenwerk Aktiengesellschaft v. Church，411 F. 2d 350（9th Cir. 1969），

④ New Kids on the Block v. News America Publishing，Inc. 971 F. 2d 302（1992）.

⑤ Prestonettes，Inc. v. Coty，264 U. S. 359，368，44 S. Ct. 350，351，68 L. Ed. 731（1924）.

诉法院的法官认为指示性使用应当是合理使用，可以适用合理使用规则进行抗辩，但需要满足三个条件：第一，如果不使用某商标，相关产品或者服务就不能被准确识别；第二，仅在识别和区分产品和服务的合理、必需的范围内使用商标或者标记；第三，使用者未采取任何与商标相关的、暗示商标持有者赞助或认可的行为。只有同时满足上述三个条件才可能适用合理使用抗辩。该案的判决最终使得指示性合理使用规则在实践中被确立下来，合理而恰当地对"叙述性合理使用"作了补充。

第二节　美国商标的非商业性合理使用

非商业性合理使用是指他人在非商业意图的基础上对商标的使用。非商业性合理使用的确立充分尊重了社会公众的言论自由权，平衡了私人利益与社会公共利益。一般而言，商标的非商业性合理使用包括时事新闻和评论中使用商标、在字典中使用他人商标、滑稽模仿等，下文将分别梳理。

早期，时事新闻报道是公众接收消息的主要渠道，其对于提高公众的社会生活参与度，了解社会发展趋势具有重要意义，也是社会正常运转的重要保障。[1] 2000 年美国《联邦商标反淡化法》规定，所有的新闻报道和新闻评论使用商标都不能视为对商标的淡化。以实事求是为前提的新闻报道和新闻评论使用他人商标并不会侵犯商标所有者的商标权，但如果新闻报道或者评论严重失实，损害了商标所有者的声誉，商标所有者可以提起侵权诉讼。

滑稽模仿是用滑稽、搞笑或者讽刺的方式模仿作品。[2] 在版权视角下，滑稽模仿可能会被认为是演绎作品的一种，通过利用对原有作品进行讽刺或者搞笑的改编，达到嘲弄或者调侃的效果。一般而言，商标领域很少会出现滑稽模仿。但随着驰名商标的出现，驰名商标对于公众生活的影响力越来越

---

① 黄晖. 商标法 [M]. 北京：法律出版社，2015：177.

② 吴汉东. 知识产权法基本问题研究（分论）[M]. 2 版. 北京：中国人民大学出版社，2009：417.

大，驰名商标的意义与价值被不断扩大，成为社会文化的重要组成部分，甚至某一类驰名商标就代表着一类生活方式、观念等。因此，滑稽模仿这种艺术创作形式开始进入驰名商标领域，通过对驰名商标进行嘲弄、讽刺的方式反映社会现实。对于滑稽模仿的定义，美国第一巡回上诉法院就曾给予过解释："滑稽模仿必须同时传达两种相互矛盾的信息，它既是原来的作品又不是原作品，而是其滑稽模仿的作品。"① 一般而言，消费者都能够轻易地区分原作品与滑稽模仿作品，对于商标的滑稽模仿，法院都不会将其作为侵权处理，但若消费者对二者产生混淆，则滑稽模仿可能会带来侵权的后果。

例如，美国超人商标侵权案件。2015 年，超人形象所属公司 DC 漫画（DC Comics）起诉疯狂引擎公司（Mad Engine）。DC 漫画公司已经将超人这一标志性图案申请注册商标并将其用于服饰产业推出 T 恤。疯狂引擎公司生产的"疯狂老爸"（superdad）T 恤采用了与 DC 漫画公司的超人形象相似的设计：标志性的红色和黄色五边形的超人防护罩，只是将图案中间的"S"改成了"DAD"。疯狂引擎公司认为其只是在致敬父亲节。② 法院在审理过程中认为疯狂引擎公司生产的产品类别与 DC 漫画公司类似，销售渠道也相同，且二者标志相似，疯狂引擎公司并没有在其商品上附加识别商标来源的标志，易造成消费者混淆，因此构成侵犯 DC 漫画公司的商标权。③ 由此可见，滑稽模仿与侵权界限区分最重要的是是否造成消费者混淆。

此外，在字典中使用他人商标也是商标合理使用中的一种，字典会对相关驰名商标进行解释，这时不可避免地会使用该商标，一般情况下，法院都不会认定为侵权。然而，如果字典将他人商标解释为某行业的通用名称造成商标淡化则会产生侵权的可能。

---

① 袁博. 漫谈超人、米其林与商标"滑稽模仿"［J］. 中华商标，2016（3）.
② DC Comics v. Mad Engine, Inc. No. 2：2015cv07980 – Document 31（C. D. Cal. 2015）.
③ 袁博. 漫谈超人、米其林与商标"滑稽模仿"［J］. 中华商标，2016（3）.

第二十一章

美国商标保护制度的发展

在美国商标制度发展历程中，商标保护制度也一直扮演着重要角色，维护了商标权人的合法权益，打击了侵犯商标权的行为，促进了美国商标制度良性、高效地发展。随着时代的进步与科技的发展，美国商标保护制度也在不断改进，商标侵权行为的认定标准也在不断调整，商标权权利救济途径逐步增多，驰名商标的保护逐渐完善。基于此，有必要从美国商标侵权行为的认定标准、侵权的救济措施以及驰名商标的特别保护三个方面对美国商标保护制度进行深入研究探讨，下文将分述之。

第一节 美国商标侵权行为的认定标准

商标侵权行为是指未经商标权人许可擅自使用他人商标或者与他人商标近似的商标，并且可能造成消费者混淆的行为。[①] 如今，美国在认定商标侵权行为时将能否使得消费者发生混淆作为是否侵犯商标权的判断标准，然而该标准并不是一开始就确立的，而是随着市场经济的发展不断调整与完善的。下文将着重对美国商标侵权行为的认定标准的发展进行介绍。

一、主观"欺诈"认定标准的产生与没落

美国早期商标保护制度是在借鉴英国商标保护制度的基础上建立起来的，

---

① 李明德. 美国知识产权法 [M]. 2 版. 北京：法律出版社，2014：56.

采用了许多英国经验。英国早期对于商标的保护多为衡平法与普通法，法官对于商标侵权案件的判定多采用的是主观"欺诈"标准，若商标使用者有主观欺诈的意图，则一般都会认定为侵犯商标权。英国法官朗代尔勋爵（Lord Langdale）就曾在案件审理中明确表示，商标侵权案件的认定最重要的就是判定被告是否有欺诈的意图，并且实施了欺诈行为，造成了原告的损失。[①] 美国在19世纪中期也采用了这一认定标准，并将其在司法实践中进行了运用。1837年，美国诞生了第一个适用欺诈标准进行判定的商标侵权案件，法院认为被告使用原告标志使得消费者误认为是原告产品，属于欺诈行为。[②] 随后，美国在商标侵权案件中一直采用这一认定标准，禁止他人从事假冒他人商标这一欺诈行为。[③] 主观"欺诈"认定标准其实是来自一般侵权责任认定的相关法律制度，该认定标准很好地打击了商标侵权行为。然而，随着后期联邦商标制度的建立，美国商标侵权行为呈现多样化的特点，主观"欺诈"这一标准已经无法适用于所有的商标侵权案件，存在诸多局限性，因此美国在着手制定联邦商标法后就逐渐摒弃了该标准，而是从侵权行为产生的混淆结果出发，逐步过渡为"消费者混淆"标准。

二、"消费者混淆"认定标准的确立与限制

主观"欺诈"标准的判断需要主观意图的证据作为支撑，这对于商标侵权类案件而言十分困难。法院逐渐将判断标准转向商标的原始功能——"标记商品或者服务，识别来源"，因此"消费者混淆"认定标准得到了确立。"消费者混淆"标准最早可以追溯到1905年《美国商标法》第5条的规定："对于易使消费者混淆或者欺骗消费者的商标将不予注册。"随着实践中对于"消费者混淆"标准的认可，1946年美国《兰哈姆法案》正式出台，明确了防止消费者混淆的立法目的，并在第32条中进行了规定：未经他人许可使用他人商标的情形，都将"可能造成购买者（purchasers）对商品或者服务的来

---

① 姚鹤徵. 英美法商标侵权判定之混淆标准的演化与启示［J］. 北方法学，2017（6）.

② Thomson v. Winchester, 19 Pick.（36 Mass.）214（1837）.

③ 李明德. 美国知识产权法［M］. 2版. 北京：法律出版社，2014：564.

源产生混淆、误导购物者或者欺骗购物者",应当在诉讼中承担民事责任。由此可见,1946 年美国《兰哈姆法案》设定的混淆标准,将消费者限定为"购买者",并且将混淆的内容规定为"商品或者服务的来源"。这一标准的明确规定彻底改变了"欺诈"标准,将法院审判的重心转移到了是否会造成"购买者"对"商品或服务的来源"产生混淆等。然而,上述规则并不能完全契合现代社会的发展现状,较为狭隘:购买者仅仅限于少数群体,造成混淆也仅限于来源,这对于审判中侵权行为的判定较为不利,因此美国在后续的商标法修改过程中对此标准进行了进一步调整与完善。

三、"消费者混淆"认定标准的进一步完善

1962 年,美国对《兰哈姆法案》进行了修订,删去了第 32 条混淆标准中的"购买者"与"商品或服务的来源"的限定,自此商标侵权行为的认定标准变成了"混淆、误导和欺骗的可能性"。该修订对于"消费者混淆标准"的完善有着巨大意义:第一,扩大了消费者主体,不再将其限定为购买者,将社会公众都纳入其中,范围不断扩大。第二,混淆的类型不再局限于"来源"。随着商品贸易和服务行业的发展,商业经济的形式发生了许多变化,商业主体之间的关系也从原有的简单关系变得复杂,出现了联合、赞助、附属等,[1] 驰名商标的出现使得这些关系更具复杂性。此次修改删去了"来源混淆"这一限定条件,将任何可以造成消费者混淆二者之间关系的可能性纳入其中,适应了市场经济的变化与诉求。除了"消费者混淆"标准中主体和混淆类型的范围扩大,美国还对混淆的时间阶段进行了扩大规定。1946 年《兰哈姆法案》中规定的混淆是售中混淆,即消费者在购买过程中发生混淆,但随着市场经济的发展,售前混淆和售后混淆出现了。售前混淆是指消费者在发生购买行为之前就产生了混淆。售后混淆是指消费者购买商品后使得他人对该商品产生混淆。[2]

---

[1]　李明德. 美国知识产权法 [M]. 2 版. 北京:法律出版社,2014:611.
[2]　姚鹤徽. 英美法商标侵权判定之混淆标准的演化与启示 [J]. 北方法学,2017 (6).

第二节　美国商标侵权的救济措施

商标侵权救济措施是指商标侵权行为发生后，对商标权人的商标权进行救济的措施。美国商标侵权案中的民事救济措施一般包括两个方面：以停止侵害为目的的禁令救济与以赔偿损失为基础的金钱救济。

一、美国商标侵权的禁令救济措施

禁令救济措施是美国商标侵权案件中最重要的一项救济措施，各国对其都有相关规定。禁令救济措施的设置是为了让侵权人停止侵权行为，阻止商标所有者损失的扩大，同时维护市场的稳定。

美国商标法中禁令救济措施的规定可以追溯到 1905 年《美国商标法》，其第 20 条规定，在商标案件中，原告可以向申请法院申请禁令。1946 年《兰哈姆法案》在第 34 条中对商标的禁令救济措施进行了详细规定：只要对诉讼具有管辖权的法院都有权针对侵犯注册商标的被告颁发禁令，颁发禁令后被告还需要在 30 天内或者法院规定的其他时间段内书面详细地向法院说明禁令履行的情况。美国禁令措施主要包含两种类型。一种是临时禁令措施，是指商标权所有者在提起侵权诉讼后，法院依据原告请求发出禁令，以阻止被告的继续侵权行为。因为临时禁令的发出尚在案件审理过程中，案件的最终审判结果不得而知，因此对于临时禁令的颁布，法院需要十分谨慎。实践中，美国法院对于临时禁令的颁布一般有四个评价标准：（1）申请者胜诉的可能性；（2）不颁发禁令造成申请者难以弥补损害的可能性；（3）颁布禁令给双方造成的利益损失；（4）公共利益。[①] 另一种禁令是永久性禁令，是在法院审结案件认定侵权成立后，可能对侵权人颁布的永久禁令。其永久不能使用相关商标或者商业标记，

---

① 毕潇潇，房绍坤. 美国法上临时禁令的适用及借鉴 [J]. 苏州大学学报（哲学社会科学版），2017（3）.

或者永远不能实施相关行为。禁令的颁布除了禁止他人从事侵权行为，特殊情形下还包含扣押、销毁侵权产品等，现行《美国商标法》第 34 条、第 36 条对扣押、销毁侵权产品的流程作了详细的规定，以确保决定的公正性。

二、美国商标侵权的金钱救济措施

侵犯商标权的行为不仅损害了商标所有者的声誉，更是影响了商标所有者的生产经营活动，造成经济损失，因此需要商标的金钱救济措施来弥补商标所有者的经济损失。金钱救济措施在商标侵权案件的民事救济措施中占据重要地位，也是整个侵权救济措施的核心，禁令的颁布更大程度上也是为了减少经济损失。美国商标侵权案件中的金钱救济的方式主要包括：侵权人获得利润、商标所有者遭受的损失以及诉讼费用。

1946 年美国《兰哈姆法案》第 35 条就对金钱救济措施进行了规定，详细而明确地规定了上述三种金钱救济，同时对法院如何评估金额进行了原则性规定。对于利润所得，原告要证明被告销售额，被告要证明其利润的扣减要素。在考虑损害赔偿时，法院可以根据实际情况判定超过实际损害但不超过其 3 倍的赔偿金额，但该数额的评估仅仅是出于补偿目的而不是惩罚性赔偿。对于诉讼费用，法院也可以将诉讼费用判给胜诉方。美国在后续《兰哈姆法案》修订中增加了使用假冒商标的金钱赔偿标准："对于未经商标权人许可的行为，若涉及假冒商标或名称，则法院应当判赔利润或者损害三倍赔偿金额中的较大金额，同时可以判赔律师费用"，[①] 该规定从侧面反映了美国对于金钱救济措施的适用态度，也体现了美国是在加强对假冒商标这一侵权行为的打击力度。

第三节　美国驰名商标的特别保护

驰名商标，顾名思义，即指在市场具有较高声誉、为社会公众所熟知的

---

① 15 u. s. c. 1117 (section 35 of the lanham act)：recovery for violation of rights.

商业标识。这一概念最早出现在 1883 年签订的《保护工业产权巴黎公约》，并为该公约成员方所认可和接受。1967 年《巴黎公约》延续了这一驰名商标的特别保护规则，① 世界贸易组织下的《与贸易有关的知识产权协定》则更是将驰名商标保护对象进一步由商品商标扩大至服务商标，② 并将驰名商标的保护范围由相同和类似商品扩大至不相类似的商品或服务，③ 实现了对驰名商标的跨类保护。

美国作为《巴黎公约》和《与贸易有关的知识产权协定》的缔约方，在商标制度中以 20 世纪 20 年代法学家弗兰克·斯凯特提出的商标淡化理论为基础，④ 并以 20 世纪 50 年代由该理论而衍生出的相关州立法（如马萨诸塞州、伊利诺伊州、纽约州和佐治亚州当时相继制定的州反淡化法）为依据，于 1995 年颁布《联邦商标反淡化法》（2006 年修订），为驰名商标构建了专门的反淡化规则，以实现对驰名商标的特别保护。

一、美国驰名商标反淡化规则中驰名商标的认定

在美国驰名商标反淡化规则中，驰名商标的认定有明确而具体的标准。如前文所述，美国 1995 年颁布的《联邦商标反淡化法》中就设定了法院认定驰名商标的八项考量因素。⑤ 在 2006 年《联邦商标反淡化法修正案》中，驰名商标的定义则被进一步予以明确，即"如果商标广为美国的普通消费公众视为商标权人的商品或者服务的来源的指示，则其为驰名商标"，而普通

① "【商标：驰名商标】（1）本联盟各国承诺，如本国法律允许，应依职权，或依利害关系人的请求，对商标注册国或使用国主管机关认为在该国已经驰名，属于有权享受本公约利益的人所有，并且用于相同或类似商品的商标构成复制、仿制或翻译，易于产生混淆的商标，拒绝或撤销注册，并禁止使用。这些规定，在商标的主要部分构成对上述驰名商标的复制或仿制，易于产生混淆时，也应适用。（2）自注册之日起至少五年的期间内，应允许提出撤销这种商标的请求。本联盟各国可以规定一个期间，在这期间内必须提出禁止使用的请求。（3）对于依恶意取得注册或使用的商标提出撤销注册或禁止使用的请求，不应规定时间限制。"参见《保护工业产权巴黎公约（1967）》第六条之二，WIPO 中文版本。

② 参见《与贸易有关的知识产权协定》（TRIPS）第 16 条第 2 款。

③ 参见《与贸易有关的知识产权协定》（TRIPS）第 16 条第 3 款。

④ SCHECHTER F I. The Rational Basis of Trademark Protection [J]. The Trademark Reporter, 1970, 60 (3).

⑤ 瑟拉德. 美国联邦商标反淡化法的立法与实践 [J]. 张今，译. 外国法译评, 1998 (4).

消费公众对驰名商标的知晓程度则需从如下要素进行考量：（1）商标宣传和为公众知晓的时间、程度以及覆盖的地域；（2）是商标权人还是第三人进行广告和宣传；（3）商标所附的商品或者服务的销售总量、成交量、地理范围等。①

二、美国驰名商标反淡化规则中淡化行为的判定

根据美国《联邦商标反淡化法》的规定，淡化行为即指某商标或者商业名称因为与驰名商标相近似，而引起公众的联想，导致驰名商标识别和区分商品或服务的能力的减弱行为。② 由此可见，美国驰名商标反淡化规则的规制范围，不仅局限于商标与驰名商标相近似而引起公众联想的情形，商业名称与驰名商标相近似而引起公众联想的情形也在其规制范围之内，这充分展现了美国对驰名商标的保护力度之强。在实践中，为实现对淡化行为的有效判定，需要特别考察如下两个要素。

（一）可能淡化与实际淡化之选择

美国《联邦商标反淡化法》对于淡化行为的判定是以"可能淡化"为标准，还是"实际淡化"为标准，并未作出明确规定，长期以来理论界与实务界也一直争执不下。如若采用"可能淡化"标准，无疑给予驰名商标以较强的保护，使驰名商标权利人的利益能够得到充分维护，但也会带来反淡化诉讼频发，影响正常商业活动的问题；而如若采用"实际淡化"标准虽不会出现"可能淡化"标准的负面影响，但往往会给驰名商标权利人带来商标淡化的巨大损失。对此，美国联邦最高法院在莫斯利诉秘密目录公司案（Moseley v. V Secret Catalogue, Inc.）③ 中以实际损害来认定淡化行为，这无疑采用了"实际淡化"的标准，在表面上为争议给出了最终结论，但问题并未得以真

---

① 李小菲. 商标淡化适用对象比较分析：以美国、欧盟、中国为视角 [J]. 中华商标, 2014 (3).
② 焦蕾. 美国驰名商标反淡化的法律保护研究及其对中国的启示 [J]. 商业经济, 2018 (5).
③ CENDALI D M, MATORIN C M, MALBY J. Moseley v. V Secret Catalogue, Inc.: One Answer, Many Questions [J]. The Trademark Reporter, 1970, 93 (4).

正解决。①

（二）公众联想与公众混淆之差异

美国《联邦商标反淡化法》淡化行为的定义中提及淡化行为必须是"引起公众联想"的。在实践中，对于淡化行为的判定必须格外注意区分驰名商标反淡化规则中的"公众联想"与商标侵权认定规则中的"公众混淆"。二者虽有相似之处，但是不同的概念范畴。美国《联邦商标反淡化法》虽历经修改，但关于淡化与混淆间关系的认识一直不变，不管是 1995 年的《联邦商标反淡化法》还是 2006 年《联邦商标反淡化法修正案》都认为，"淡化"是一个完全独立于"混淆"侵权的诉因，淡化的保护不以造成消费者的混淆误认为前提，也不论当事人间是否存在竞争关系。②

---

① 杨柳，郑友德. 从美国 Moseley 案看商标淡化的界定 [J]. 知识产权，2005（1）.
② 焦蕾. 美国驰名商标反淡化的法律保护研究及其对中国的启示 [J]. 商业经济，2018（5）.

美国商标制度典型案例一

奎利泰克斯公司诉雅各布森产品有限公司商标侵权纠纷案
（Qualitex Co. v. Jacobson products Co., Inc.）

【案情摘要】

本案的原告是奎利泰克斯公司，其主要业务为生产并销售干洗公司用于干洗熨烫的压垫。被告是雅各布森产品有限公司，其主营业务与原告类似，二者属于商业竞争关系。自 1957 年以来，原告奎利泰克斯公司一直使用一种特殊的绿金色为其生产的"阳光"干洗压垫产品着色。该产品一直以绿金色作为广告宣传的内容，该颜色仅起到美观的作用，与产品的用途、成本、质量或功能无关。① 该产品的消费者订货时常以其颜色作为商品指代，而并不说出该产品的名称。1989 年起，原告的竞争对手雅各布森公司也开始采用类似的绿金色生产其"魔光"干洗压垫，并向干洗公司进行销售。奎利泰克斯公司得知后，对被告提起不正当竞争诉讼。1991 年，原告奎利泰克斯公司将其干洗压垫的颜色申请注册为商标，注册号为 No1，633，711（Feb.5，1991），并在其之前的不正当竞争起诉中增加了一项对其绿金色颜色商标的商标侵权指控。联邦地区法院经过审理，判决原告公司胜诉，被告应当向原告赔偿损失，并向被告发出了永久性禁令，禁止其在干洗压垫产品上继续使

---

① 王先林. 颜色的商标保护与美国商标法：美国最高法院对 Qualitex 公司诉 Jacobson 产品公司一案的判决 [J]. 知识产权，1998（1）.

用该颜色。①

对此，被告雅各布森公司向美国联邦第九巡回上诉法院提起上诉，认为单一颜色不足以成为商标法保护的对象，其理由如下：（1）颜色具有较高的不确定性。颜色具有多种色调，且在不同环境、不同光线之下，人们对于颜色的视觉感知会产生差异。例如，清晨与黄昏时同一事物的颜色会有差别。因此，商标权人的竞争对手或法院容易对商标颜色的色调产生困惑，进而在判断在类似产品上使用类似颜色是否会导致消费者的混淆时存在疑虑。（2）颜色的数量范围有限。颜色的数量具有可穷尽性，如果每个竞争行业中都有一个商家可以将某种颜色用作商标，那么颜色很快就会被用尽。在一些特定商品上，颜色的使用具有限制条件，若排除那些无法满足使用的颜色，再添加某个特殊色调以避免与已注册的颜色相类似，其他竞争对手就仅剩下少数颜色可供使用。在这种情况下，竞争者很可能因为无法找到合适的颜色而处于劣势竞争地位。（3）过去已经存在排除颜色商标的判例。被告雅各布森公司引用了一些早期的案例来支持其立场。例如，在莱斯森父子公司诉布罗德里克与巴斯科姆绳索公司案（A. Leschen & Sons Rope Co. v. Broderick & Bascom Rope Co.）② 和可口可乐公司诉美国可口公司（Coca – Cola Co. v. Koke Co. of America)③ 等案例中，法院并未支持颜色可以成为商标的观点。（4）由于颜色已经作为商标的一部分进行了保护，没有必要对单一颜色再进行单独保护。被告认为，彩色的图案、彩色的字母或单词可以作为商标整体受到保护，也可以依据《兰哈姆法案》对"商业外观"的规定获得保护。因此，不需要再对单独的颜色进行商标保护。1994 年，美国联邦第九巡回上诉法院撤销了对于商标侵权索赔部分的判决，仅保留了关于不正当竞争部分的判决。原因在于该法院认为，1946 年《兰哈姆法案》不允许将颜色单独注册为商标，但颜色与具有可识别性的式样或图案结合则可以得到适当的保护。

1994 年 4 月，原告奎利泰克斯公司向美国联邦最高法院提出调取案件令

---

① 21 U. S. P. Q. 2d 1457 （CD Cal. 1991）.

② A. Leschen & Sons Rope Co. v. Broderick & Bascom Rope Co. , 201 U. S. 166, 171 （1906）.

③ Coca – Cola Co. v. Koke Co. of America, 254 U. S. 143, 147 （1920）.

状的申请，并提出了两点质疑：其一，单一颜色是否可以作为商标注册；其二，本案的法院是否有权力撤销其由专利商标局正当授予的商标权利。对此，美国联邦最高法院认为本案存在一处较大的争议，即多个上诉法院对于法律是否承认仅使用颜色作为商标存在不同意见。例如，在纽特甜公司诉城市公司案（NutraSweet Co. v. Stadt Corp.）中，法院认为纯粹颜色绝对不能作为商标保护①；在欧文斯康宁玻璃纤维公司案（Owens – Corning Fiberglas Corp.）中，法院允许在玻璃纤维绝缘材料上注册粉红色商标；② 而在马斯特经销公司诉帕科公司案（Master Distributors，Inc. v. Pako Corp.）中，法院认为不能建立禁止颜色本身作为商标的规定③。因此，美国联邦最高法院向美国第九巡回上诉法院提审了该案件，并将复审范围限制在"单一颜色是否可以作为商标保护"这一问题上。经过审理后，美国联邦最高法院推翻了第九巡回上诉法院的判决，作出了新的判决。

【法院观点】

本案的诉争焦点在于，1946 年《兰哈姆法案》是否允许注册单一颜色组成的商标。

（一）对被告质疑的回应

其一，被告雅各布森公司认为，颜色具有较强的不确定性，允许颜色注册为商标会导致司法裁判的混乱。对此，布雷耶大法官认为，颜色与文字、图案等其他商标组成元素相比并无不同之处。在判断商标侵权时，法院遇到过多种棘手情况。例如，法院曾经比较"博纳明"（Bonamine）与"德玛拉明"（Dramamine），"好奇"（Huggies）与"道奇"（Dougies）等商标之间的相似性，从而判断是否满足商标侵权的标准。在传统商标侵权案件中，法院已经形成较为细化的商标侵权判断标准，这些标准仍然可以应用于颜色商标之上。事实上，在涉及颜色与图案共同组成商标的情境时，已经有司法裁判

---

① Nutra Sweet Co. v. Stadt Corp.，917 F. 2d 1024，1028（CA7 1990）.

② In re Owens – Corning Fiberglas Corp，774 F. 2d 1116，1128（CA Fed. 1985）.

③ Master Distributors，Inc. v. Pako Corp.，986 F. 2d 219，224（CA8 1993）.

经验通过比较颜色来判断商标是否相似。例如，在杨斯敦板材管材公司诉托尔曼雇佣公司案（Youngstown Sheet & Tube Co. v. Tallman Conduit Co.）中，法院比较了下水管道围绕的金色条纹与药瓶上的亮黄色条纹之间的颜色相似性。[1] 因此，被告公司提出的该观点无法成为排除颜色作为商标保护的理由。

其二，被告雅各布森公司认为，颜色的数量有限，在市场竞争中不断使用会导致可用的颜色穷尽，从而造成竞争的不公平。对此，布雷耶大法官认为，商标的"功能原则"可以防止这种情况的出现。当一个标识对商品的使用目的至关重要或者影响商品的成本与质量时，会因为违反了功能原则而被禁止作为商标使用。因此，当使用颜色作为商标时，法院应当考量允许商标权人独家使用该颜色是否会对竞争对手造成实际的或潜在的不利影响，从而干扰正当竞争。如果该颜色并不违背"功能原则"，也就不会造成被告所说的危害正当竞争的后果。

其三，被告雅各布森公司引用了多个早期案例来支撑自己的观点。然而，这些案件大多出自《兰哈姆法案》颁布之前。相较于以前，《兰哈姆法案》显著改变并放宽了商标权相关的规定，尤其是增加了关于"第二含义"的规定，使得"描述性标志"具备成为商标的可能性。这样的规定可以适用于颜色商标，当颜色经过商标性使用，其商标性功能能够被消费者所认可时，便具备了作为商标的能力。因此，立法的修改导致被告雅各布森公司所引用的案例参考价值大大下降，无法再通过这些案例得出颜色不能作为商标使用的结论。

其四，被告雅各布森公司认为，颜色作为商标图案的一部分已经获得保护，因此无须再对颜色进行单独保护。此外，颜色也可以通过商业外观的规定获得保护。对此，布雷耶大法官认为，一方面，在有些情况下，商家希望能够使用纯粹的颜色作为商标，而并非只是将颜色作为设计的一部分；另一方面，商标的保护力度与保护范围都远远超过商业外观，因此不能因为已经

---

[1] Youngstown Sheet & Tube Co. v. Tallman Conduit Co., 149 U. S. P. Q.（BNA）656（T. T. A. B. 1996）.

存在商业外观的规定就拒绝将颜色作为商标而保护。

（二）单一颜色可以作为商标注册的理由

美国联邦最高法院的布雷耶大法官认为，当纯粹颜色满足普通商标法的法定要求时，就可以作为商标受到保护。其理由如下：

1. 单一颜色满足《兰哈姆法案》对商标标志组成的要求

从《兰哈姆法案》对商标标识构成的规定来看，《兰哈姆法案》并未禁止纯粹颜色作为商标注册。《兰哈姆法案》赋予销售者或生产商"注册"商标专有权以及阻止其竞争对手使用其商标的权利，并规定商标包括任何单词、名称、符号、图案以及它们的任意组合。从该法案的措辞以及商标法的基本原则来看，《兰哈姆法案》并未排除颜色作为商标注册内容的可能性。人们可以将一切能够表达意义的东西用作符号和图案，因此《兰哈姆法案》对于商标标识的规定很宽泛，并无过多的限制。从过往经验来看，法院和专利商标局已经授权可口可乐瓶的形状、NBC的风铃声、缝纫线上的鸡蛋花气味成为商标。布雷耶大法官认为，形状、声音、气味能够作为商标发挥功能，这意味着颜色也可以。

2. 单一颜色具备区分商品来源的功能

从商标的基本功能来看，单一颜色可以满足识别、区分商品来源的功能需求。商标的功能在于识别和区分商标权人的商品与他人制造或出售的商品，并注明商品的来源，颜色完全可以起到这样的作用。诚然，那些独特的文字或设计具有非常宽泛的范围，并能够起到暗示商品内容或功能的作用，可以自动让消费者了解到它们所指向的是某个商品品牌，而商品的颜色并不具备上述优点。然而，当某个产品或其包装上的特定颜色经过长期使用，消费者就可能将该颜色与商家联系起来，将其视为品牌的象征。在这种情况下，该颜色就成为识别与区分商品的标志，能够实现表明商品来源的功能。因此，布雷耶大法官认为，商标标志本身的组成并不能决定一个标识能不能成为商标，无论是颜色、声音、气味还是符号，均无法被绝对排除在商标法的保护范围之外。商标法的立法目的在于，一方面，商标法通过禁止他人使用商标权人的标志来降低消费者做购买选择时的搜寻成本，方便消费者通过商标标识判断出具有消费偏好的商家；另一方面，商标法能够保护生产销售商通过长期努力经营而积累的商业信誉，巩固其竞争优势，进而起到鼓励生产销售优质商品的作用。当一个标志具备区分来源的功能时，就能够实现商标法的基本目标。

3. 单一颜色可以通过使用获得显著性

从商标的显著性来看，单一颜色可以通过使用获取"第二含义"，进而具备显著性。为了回应对于颜色可以具有显著性这一论断的质疑，布雷耶大法官借鉴了描述性用语的"第二含义"规则。根据商标法的规定，商品的描述性文字本身并不具备显著性，但是可以通过使用获得"第二含义"。例如，指甲刀上的"修剪"字样，除臭剂上的"汽车清新剂"字样本身只是对产品功能的客观描述，不具备显著性，但是经过长期商业使用，当公众认为该词语的意义在于识别商品来源而并非商品本身时，这些描述性文字就具备了"第二含义"，可以作为商标被保护。类似地，当颜色获得了"第二含义"时，就能够起到识别和区分品牌的作用，具备成为商标的基本条件。本案中，地方法院与第九巡回上诉法院作出的判决表明，原告的绿金色压垫颜色符合《兰哈姆法案》对于商标标识组成的基本要求。同时，经过长期使用，消费者能够通过绿金色识别出某干洗压垫产品属于原告所生产。因此，可以认定原告干洗压垫产品的绿金色产生了"第二含义"。

4. 单一颜色不违反"功能原则"

从《兰哈姆法案》的"功能原则"上看，将颜色注册成为商标并不违反功能原则。功能原则是指为了保证竞争的公平性与合法性，法律不允许生产销售商利用商标权垄断产品的功能性特征。由于商标权可以无限续展，如果某个产品的功能性特征被注册成为商标，则商标权人可以永久禁止其竞争者使用该功能性特征，最终会阻碍市场竞争、抑制创新的负面效果。功能性特征的判断标准在于，该标志对于商品的用途或使用目的至关重要，若允许商标权人对该标志独家使用，将会导致该商标权人的竞争对手处于与商业信誉无关的重大竞争劣势。布雷耶大法官认为，尽管有时商品的颜色能够为商品的受欢迎程度发挥作用，但很多时候颜色对于商品的用途或使用目的并不重要，也不影响商品的成本或者质量。因此，"功能原则"也无法成为绝对禁止单一颜色作为商标的理由。本案中，压垫行业对"绿金色"并无竞争需求，其他颜色也完全可以使用。

综上所述，美国联邦最高法院认为，单一颜色可以满足商标的基本法律要求。单一颜色可以发挥区分和识别商品来源的作用，当一个颜色标识已经在商标申请人的商业使用中获得了显著性，且该颜色不属于功能性特征、该商品行业中也不存在对该颜色保持可用性的市场竞争需求，该颜色标识就可以作为商标受到保护。

【裁判结果】

美国联邦最高法院认为，颜色可以满足商标的基本法律要求，且被告雅各布森公司的论点无法证明禁止单一颜色作为商标使用的正当性。因此，原告奎利泰克斯公司在其生产的干洗压垫产品上使用的绿金色符合商标法的基本要求。美国联邦最高法院最终裁定撤销第九巡回上诉法院的判决，且联邦地区法院的判决成立。

美国商标制度典型案例二

普林斯特尼茨公司诉科蒂公司商标侵权纠纷案
（Prestonettes，Inc v. Coty）

【案情摘要】

本案原告为创立于法国的科蒂公司（Coty），被告为美国普林斯特尼茨公司（Prestonettes），其主要营业地位于美国纽约南区。本案的原告法国科蒂公司在卫生盥洗清香粉剂与香水产品上注册了"科蒂"（Coty）与"牛至"（L'Origan）商标，被告美国普林斯特尼茨公司购买了原告科蒂公司所生产的原装卫生盥洗粉剂与香水产品（toilet powders and perfumes），将其购买的盥洗粉剂拆封倒出，放置于多个小容量金属盒中，采用其自制的黏合剂与原粉剂按一定比例混合并压缩，将盥洗粉剂分装，并将其购买的香水拆封并灌装于多个小容量金属容器瓶中，制成香水分装。此后，被告美国普林斯特尼茨公司将其制作的卫生盥洗粉剂与香水的分装产品进行了出售，并标注了科蒂公司原装商品的前述两个商标。对此，原告法国科蒂公司向美国联邦地区法院提起诉讼，认为普林斯特尼茨公司制作分装并出售的行为侵犯了自身的商标权。

联邦地区法院经过审理，最终判决被告普林斯特尼茨公司需要将其制作的卫生盥洗粉剂与香水分装重新包装，并贴标签以向消费者声明该产品与原商标权人的关系。其所要求的卫生盥洗粉剂与香水产品的具体标签内容分别为"该卫生盥洗粉剂的原生产商为法国科蒂公司，但由纽约普林斯特尼茨公司使用自己的黏合剂与科蒂公司的原粉剂产品进行了重新配制并独立分装而成，且普林斯特尼茨公司与科蒂公司并无关联，并标明该产品中粉剂所占的百分比、黏合剂所占的百分比""该香水的原生产商为法国科蒂公司，但由纽约普林斯特尼茨公司进行了重新独立装瓶，且普林斯特尼茨公司与科蒂公司并无关联"。此外，联邦地区法院还要求上述标签内容中的每个字都应当使用相同大小、颜色、类型的字体，并具有同等的显著性。该判决确立了"科蒂规则"，即重新包装商应当进行重新包装提示（Repackaging Notice）以说明真实情况。

针对该案件的原审判决，美国第二巡回上诉法院持相反意见。因此，第二巡回上诉法院裁定撤销了联邦地区法院在涉嫌非法使用商标的诉讼中所作的判决，并重新进行审理。第二巡回上诉法院认为，该案件所涉的香水产品具有脆弱、易挥发的属性，卫生盥洗清香粉剂存在掺假的可能性，且一旦掺假较难识别。一旦允许被告普林斯特尼茨公司继续使用"科蒂"与"牛至"商标，意味着原告需要持续监督被告后续的再包装行为，防止被告制作分装的行为破坏自身产品的质量，这将会对原告造成过重的监督负担。因此，第二巡回上诉法院发布了绝对禁令，禁止在原告销售以及允许销售的原包装以外的地方使用上述原告的商标标识。此后，美国联邦最高法院向第二巡回上诉法院提审了该案件。

【法院观点】

美国联邦最高法院向第二巡回上诉法院提审该案件。经过审理后，霍姆斯大法官认为第二巡回上诉法院的判决过于严苛，应当撤销该判决，恢复原判。其具体论证过程如下。

首先，从事实认定层面来看，本案被告并不存在产品掺假、损害原产品质量的行为。美国联邦最高法院认为，本案被告仅有制作产品分装的行为，而不存在其他可能侵犯原告商标权的行为。一方面，在原告的诉状中，原告并未指控被告存在产品掺假行为，或者采用了其他方式导致原告的产品变质（虽然原告提出分装产品的金属容器可能是坏的，但是该表述只是暗示性的推测，并不能成为指控的内容）；另一方面，上述事实已经被审理过本案的联邦地区法院和第二联邦巡回法院所承认。联邦地区法院认为本案被告普林斯特尼茨公司所制作的分装产品并未损害原产品的质量，并依据其所认定的事实作出了第一个判决。而第二巡回上诉法院则在判决中明确该案件并不存在事实认定层面的争议，只存在法律适用的问题。由此可以推知，第二巡回上诉法院也已经认定被告并未采用任何方式损害原告产品的质量，并基于上述事实作出了第二个判决。因此，本案的事实较为清楚，各法院对于被告所出售的产品质量与原产品一致的事实不存在争议。

其次，从被告的行为性质来看，被告制作产品分装并出售的行为属于行使所有权的行为，而并非行使商标权的行为。霍姆斯大法官认为，被告普林斯特尼茨公司通过正规途径购买了原告科蒂公司的卫生盥洗粉剂与香水产品后，便获得了上述产品的所有权，因而享有权利混合或改变其所购买的产品，他人不得干预。因此，被告将原产品进行分装、将添加黏合剂后的原产品进行分割以及将分装或分割后的产品进行销售的行为并不违反法律规定。霍姆斯大法官指出，在被告没有使用原告商标的情况下，原告没有权力阻止或控诉被告对各组成部分的性质或来源的说明行为。例如，无论原告的工厂在某地区具有多高的知名度，被告都有权利说明其复合物产品中所包含的一定比例的成分是在该地区该工厂生产的。即使被告所制作的复合物产品质量不如原产品，原告也没有正当理由阻止被告的行为，因为被告只是在行使正当的所有权，并履行客观的说明义务，该行为与商标权的行使无关。

最后，从商标权自身属性来看，被告的行为并未侵犯商标权的边界。从商标法的条文表述可以看出，商标法禁止他人使用商标标识需要以保护商标所有人的商誉为前提，其立法目的在于制止将他人产品冒充成自己的产品进行销售的行为，防止他人以不正当的手段损害商标权人在长期市场经营所积累的商业信誉，破坏或攀附其享有的市场竞争优势。商标权与著作权、专利权均存在本质区别，其赋予商标权人的不是对于商标所包含文字的专用权，其所有者也不能像专利权人那样享有垄断专利并绝对禁止他人使用专利的行为。商标的功能只是将商品与特定的商家联系起来，并保护该商家的商誉，防止他人将自己的产品伪造成该商家的商品出售。因此，霍姆斯大法官指出，"商标不是禁忌"，商标的功能在于区分产品来源，它没有授予商标权人禁止他人说明事实真相的权利。① 本案中，被告普林斯特尼茨公司并未采取任何措施突出显示涉案两项商标，也并没有任何行为足以推断其具有诱导消费者误解普林斯特尼茨公司与科蒂公司存在关联的意图。由于被告已经在标签中明确界定产品原生产者与分装制作者之间的关系，因此其使用行为也并不会产生欺骗消费者的实际效果。被告在分装产品包装标签上使用的"科蒂"与"牛至"商标所指向的对象是分装产品的来源或成分，而并非原产品本身。换言之，被告普林斯特尼茨公司使用科蒂公司产品商标的目的仅在于事实陈述，而不是为了攀附科蒂公司商业信誉所做的"搭便车"行为，也并未对科蒂公司使用"科蒂"与"牛至"商标造成客观不利影响。对于联邦第二巡回法院禁止被告使用"科蒂"与"牛至"商标的理由，霍姆斯大法官认为，原告的权利应当归结到商标权本身的内容上来，不能因为某个产品特别容易损坏或掺假这一事实就赋予商标权新的权利内容，这会造成商标权的不当扩张。注册商标由商品的名称组成，但商标所有者无权禁止购买者在自己的标签上使用该名称来表明商标产品与其所提供商品的真实关系。通过阐述商标权的属性，霍姆斯大法官论证了商标权的边界在于保护商标权人的商誉，商标的功能在于区分产品来源，并进而得出结论：商标权没有授予商标权人禁止他人说明商品真相的权利。因此，当商标的使用方式并不会产生误导、欺骗公众的客观效果时，该标识的使用便不再是禁忌。

综上所述，美国联邦最高法院认为，被告普林斯特尼茨公司制作卫生盥洗粉剂与香水产品分装，并在其产品包装标签中使用原告的"科蒂"与"牛至"商标的行为，并未侵犯原告的商标权。因此，被告有权重新包装其通过正规途径购得的商标权人的商品，并进行再次销售。

【裁判结果】

经审理，美国联邦最高法院最终裁定撤销联邦第二巡回上诉法院的判决，即取消对被告普林斯特尼茨公司使用"科蒂"与"牛至"商标的禁令，并认定联邦地区法院的判决成立。

---

① 赵建良. 美国法上域名与商标指示性合理使用之借鉴 [J]. 知识产权，2015（9）：9.

结　语

　　制度发展的变迁是社会变革的缩影，每一次制度修订的动议都有经济、政治和文化的社会动因，而制度优化的价值选择则又不断影响着社会的发展方向。这种制度与社会的双向交流互动促使着时代的洪流不断前行。可以说，一个国家制度的发展历程就是它的社会发展历程。美国是世界上建国时间较短的发达国家，而知识产权制度作为创新激励的制度工具对其发展起到了举足轻重的作用。知识产权制度的产生、发展和变革都无不推动着美国的文化繁荣、技术进步和商业发展，因此在研究美国版权、专利和商标制度发展史时必须将其立基于国家发展的历史脉络之上，才可洞悉其知识产权制度的文化价值与政策价值。

　　初期，美国作为刚独立的国家，其版权、专利和商标制度分别缘起于英国《安娜女王法令》《英国垄断法案》和普通法，此时知识产权制度的作用在于架构社会文化科技激励制度的整体框架，保障和促进社会的正常运转与稳定发展。在这一阶段，美国版权、专利和商标制度的设立并非全部源自本土社会发展的现实诉求，更多的是宗主国英国的社会发展折射，虽并不能够绝对适合美国社会的发展需要，但这也帮助美国在独立初期就搭建起了相对完整的知识产权制度规则。当然，其中不乏现今创新社会所质疑的制度缺陷：狭窄范围保护、国家保护主义，导致他国优秀的创新成果一时无法在美国得到有效保护，版权、专利和商标制度作用仅限于美国地域范围内，"侵犯"他国"知识产权"的现象也常在美国社会发展初期出现。可以肯定的是，这一阶段的美国知识产权制度无法与新时期全球化、一体化、专业化的知识产权规则相媲美，但这一受制于时代发展的制度规则无疑是当时加速美国科学技术创新与文化产业发展的重要推动力。萌芽时期的美国知识产权制度一定程度产生了吸收他国先进智力成果的功效，但也造成本国创新成果无法得到有效利用的局面。因此，进入发展阶段的美国开始制定更加有利于本国发展的知识产权制度规则：1909 年《美国版权法》、1952 年《美国专利法》、1946 年《美国商标法》，这些具有历史意义的法案的颁布无不反映了美国社会发展的强大内驱力，也进一步加速了美国多元文化的融合、科技产业的发展与市场竞争的优化。正是在这一时期，第二次工业革命与第三次科技革命相继开展，中心却是从欧洲转移至美国。① 此时，美国既有的版权、专利和商标制度已经无法与繁荣发展的社会步伐相一致，无法囊括新的成果类型，无法契合多样化的主体诉求，更无法满足知识成果创作者的权利保护需要，故而美国开始积极开展版权、专利和商标制度的现代化和体系化改革工作，以解决技术飞速发展而产生的制度功效不足的问题。之后，现代化的版权、专利和商标制度逐步成为美国政治、经济和文化发展的核心力量，也是助力美国成为全球霸主地位的重要制度保障。美国知识产权规则也逐步被世界各国认可，成为世界知识产权规则制定的标杆。在此背景下，美国国际影响力不断提高，其逐渐开始主导知识产权国际规则的制定，搭建起多边、双边的贸易条约，这时超越本土发展需要的高水平知识产权保护规则逐步成为其他国家加入地域贸易竞争的"门票"，而文化成果丰富、科技产品频出、商品经济发达的美国则成为最大受益者之一。

　　然而，从美国版权、专利和商标制度本身而言，其仍存在滞后于信息社会的法律困境，而这些不同于其他国家的知识产权规则随后也成为美国进行全球贸易竞争的阻碍。基于此，美国知识产权制度在变革阶段不断进行国际化调整，版权自动保护规则的确立，专利确权由"先发明制"向"先申请制"的转变，商标一体化申请与保护的确立，这些制度优化的选择是美国顺应国际贸易进程加快趋势的体现，也进一步展现了美国主导全球跨国贸易的

---

① 冯兴元. 比较优势与竞争优势：创新强国的两条腿［EB/OL］.（2016 – 04 – 05）［2024 – 07 – 12］. https：//www. gov. cn/xinwen/2016 – 04/05/content_5061191. htm.

决心。随着人工智能时代的到来，人工智能工具的出现，美国版权、专利、商标制度也受到了巨大挑战，其关于人工智能的制度应对方案一直是全球各国关注的对象。关于人工智能能否成为知识产权的主体，目前美国给予的是否定答案，对于人工智能生成物的知识产权保护也持怀疑态度，需要个案分析。未来，随着数据训练的扩张，人工智能算法的大规模应用，虽然无法确定美国版权、专利和商标制度又将会走向何方，但可以肯定的是知识产权制度又将会成为其参与世界智能制造竞赛的重要武器。

参考文献

一、中文文献

（一）中文著作

［1］曾陈明汝．两岸暨欧美专利法［M］．北京：中国人民大学出版社，2007．

［2］冯晓青．知识产权法利益平衡理论［M］．北京：中国政法大学出版社，2006．

［3］外国专利法选译（上）［M］．国家知识产权局条法司，组织翻译．北京：知识产权出版社，2015．

［4］和育东．美国专利侵权救济［M］．北京：法律出版社，2009．

［5］胡开忠．知识产权法比较研究［M］．北京：中国人民公安大学出版社，2004．

［6］黄晖．商标法［M］．2版．北京：法律出版社，2016．

［7］李明德．美国知识产权法［M］．2版．北京：法律出版社，2014．

［8］荣跃明．文学与文化理论前沿［M］．上海：上海社会科学院出版社，2016．

［9］十二国著作权法［M］．十二国著作权法翻译组，译．北京：清华大学出版社，2011．

［10］孙南申，高凌云，徐曾沧，等．美国知识产权法律制度研究［M］．北京：法律出版社，2012．

［11］吴汉东．著作权合理使用制度研究［M］．北京：中国人民大学出版社，2013．

［12］吴汉东．知识产权法［M］．3 版．北京：法律出版社，2008.

［13］吴汉东．知识产权基本问题研究（分论）［M］．2 版．北京：中国人民大学出版社，2009.

［14］肖志远．知识产权权利属性研究：一个政策维度的分析［M］．北京：北京大学出版社，2009.

［15］刑国华．政策学原理［M］．南昌：江西人民出版社，1989.

［16］熊琦．著作权激励机制的法律构造［M］．北京：中国人民大学出版社，2011.

［17］杨秀玉，曹文．文化艺术创新视角下的文化产业发展动力与外部条件研究［M］．北京：知识产权出版社，2017.

［18］姚林青．版权与文化产业发展研究［M］．北京：经济科学出版社，2012.

［19］郑成思．版权法［M］．北京：中国人民大学出版社，1990.

［20］郑成思．知识产权论［M］．3 版．北京：法律出版社，2007.

［21］朱景文．全球化条件下的法治国家［M］．北京：中国人民大学出版社，2006.

［22］朱理．著作权的边界：信息社会著作权的限制与例外研究［M］．北京：北京大学出版社，2011.

（二）中文译著

［1］洛克．政府论（下篇）［M］．叶启芳，瞿菊农，译．北京：商务印书馆，1964.

［2］穆勒．专利法［M］．3 版．沈超，李华，等译．北京：知识产权出版社，2013.

［3］ADELMAN M J，RADER R R，KLANCNIK C P．美国专利法［M］．郑胜利，刘江彬，译．北京：知识产权出版社，2011.

［4］巴比．社会研究方法［M］．11 版．邱泽奇，译．北京：华夏出版社，2009.

［5］谢尔曼，本特利．现代知识产权法的演进（英国的历程）［M］．金

海军，译．北京：北京大学出版社，2012.

[6] 麦克卢汉．理解媒介：论人的延伸 [M]．何道宽，译．北京：商务印书馆，2000.

[7] 伊德里斯．知识产权：推动经济增长的有力工具 [M]．曾燕妮，译．北京：知识产权出版社，2008.

[8] 拜尔茨．基因伦理学：人的繁衍技术化带来的问题 [M]．马怀琪，译．北京：华夏出版社，2000.

[9] 科斯．企业、市场与法律 [M]．盛洪，陈郁，译．上海：格致出版社，上海三联书店，上海人民出版社，2014.

[10] 美国商标法 [M]．杜颖，译．北京：知识产权出版社，2013.

[11] 美国著作权法 [M]．杜颖，张启晨，译．北京：知识产权出版社，2012.

[12] 波斯曼．技术垄断：文化向技术的投降 [M]．何道宽，译．北京：北京大学出版社，2007.

[13] 冈茨，罗切斯特．数字时代，盗版无罪？ [M]．周晓琪，译．北京：法律出版社，2008.

[14] 穆勒．功利主义 [M]．徐大建，译．北京：商务印书馆，2014.

[15] 科恩，劳伦，欧科迪奇，等．全球信息经济下的美国版权法（上册）[M]．王迁，侍孝祥，贺炯，译．北京：商务印书馆，2016.

（三）中文报刊

[1] 毕潇潇，房绍坤．美国法上临时禁令的适用及借鉴 [J]．苏州大学学报（哲学社会科学版），2017（3）.

[2] 蔡元臻．美国专利蟑螂的新近立法评析及其启示 [J]．知识产权，2021（1）.

[3] 曹建峰，祝林华．人工智能对专利制度的影响初探 [J]．中国发明与专利，2018（6）.

[4] 曹丽荣．从 Myriad 案谈基因专利的正当性及美国对基因专利授权实质性要件分析 [J]．中国生物工程杂志，2013（1）.

［5］曹新明．知识产权主体制度的演进趋向［J］．法商研究，2005（5）．

［6］曹亦果．美国雇佣作品制度历史疏解［J］．电子知识产权，2017（4）．

［7］邓宏光．美国联邦商标反淡化法的制定与修正［J］．电子知识产权，2007（2）．

［8］杜颖．单一颜色商标注册问题研究：以美国法为中心的比较分析［J］．法学评论，2009（1）．

［9］冯洁涵．全球公共健康危机、知识产权国际保护与 WTO 多哈宣言［J］．法学评论，2003（2）．

［10］冯晓青．商标权的限制研究［J］．学海，2006（4）．

［11］付丽霞．美国版权制度演进及其对我国的启示［J］．黄河科技大学学报，2018（6）．

［12］付丽霞．美国专利客体制度发展历程的回顾与疏解［J］．中国发明与专利，2019（1）．

［13］付丽霞．美国专利制度演进的历史梳理与经验借鉴［J］．中国发明与专利，2018（10）．

［14］付丽霞．美国专利主体制度的现代化变革：基于国际化、合作化、虚拟化的三维视角［J］．中国发明与专利，2019（6）．

［15］付丽霞．全球价值链下的产业变革与知识产权战略应对：基于《WIPO 2017 世界知识产权报告》的分析［J］．中国发明与专利，2018（6）．

［16］高鸿钧．美国法全球化：典型例证与法理反思［J］．中国法学，2011（1）．

［17］管育鹰．我国著作权法定许可制度的反思与重构［J］．华东政法大学学报，2015（2）．

［18］郭寿康，左晓东．专利强制许可制度的利益平衡［J］．知识产权，2006（2）．

［19］郭雨洒．TPP 最终文本之 TRIPS – PLUS 条款探究［J］．电子知识

产权，2016（1）.

[20] 何华. 中美知识产权认知差异研究 [J]. 科研管理，2019（3）.

[21] 何育红. 美国版权法 [J]. 著作权，1992（2）.

[22] 和育东，杨正宇. 中美职务发明限制约定优先原则的比较及启示 [J]. 苏州大学学报（法学版），2014（4）.

[23] 和育东. "专利丛林"问题与美国专利政策的转折 [J]. 知识产权，2008（1）.

[24] 胡冬云，高敏. 美国专利法修改及创新促进作用研究 [J]. 科技管理研究，2012（23）.

[25] 胡开忠. 高科技发展与专利保护的创新 [J]. 科技与法律，2004（3）.

[26] 黄丽萍. 美国专利司法强制许可实践及对我国的启示 [J]. 武汉大学学报（哲学社会科学版），2012（3）.

[27] 黄先蓉，刘玲武. 美国版权登记制度的复兴及对我国的启示 [J]. 现代出版，2017（1）.

[28] 黄玉烨. 知识产权利益衡量论：兼论后 TRIPs 时代知识产权国际保护的新发展 [J]. 法商研究，2004（5）.

[29] 蒋茂凝. 美国的版权登记制度 [J]. 中国版权，2008（6）.

[30] 焦蕾. 美国驰名商标反淡化的法律保护研究及其对中国的启示 [J]. 商业经济，2018（5）.

[31] 金松. 论作品的"可复制性"要件 [J]. 知识产权，2019（1）.

[32] 金泳锋，黄钰. 专利丛林困境的解决之道 [J]. 知识产权，2013（11）.

[33] 金渝林. 论作品的独创性 [J]. 法学研究，1995（4）.

[34] 李琛. 知识产权法基本功能之重解 [J]. 知识产权，2014（7）.

[35] 李琛. 质疑知识产权之"人格财产一体性" [J]. 中国社会科学，2004（2）.

[36] 李劼. 美国版权登记的历史沿革、法典效力和无纸化登记趋势

[J]．中国版权，2022（3）．

[37] 李澜．专利侵权诉讼中的永久禁令：以新的视野审视"停止侵害"的民事责任 [J]．电子知识产权，2008（7）．

[38] 李明德．美国《版权法》对于计算机软件的保护 [J]．科技与法律，2005（1）．

[39] 李小菲．商标淡化适用对象比较分析：以美国、欧盟、中国为视角 [J]．中华商标，2014（3）．

[40] 连铮．竞争压力下美国专利制度的改革与创新 [J]．南京理工大学学报（社会科学版），2018（3）．

[41] 刘华．美国《1998数字千年版权法》有关版权保护的新规定 [J]．中国图书馆学报，2001（2）．

[42] 刘鑫．美国职务发明预先转让协议的考察与启示 [J]．科学管理研究，2018（2）．

[43] 刘鑫．试论人体基因的可专利性：Myriad案之省思 [J]．华中师范大学研究生学报，2016（1）．

[44] 刘银良．美国商业方法专利的十年扩张与轮回：从道富案到Bilski案的历史考察 [J]．知识产权，2010（6）．

[45] 刘振江：《论保护工业产权的巴黎公约》[J]．法律科学（西北政法大学学报），1985（1）．

[46] 卢宝锋．美国专利法改革 [J]．电子知识产权，2012（1）．

[47] 马强．商标权权利穷竭 [J]．现代法学，2000（1）．

[48] 彭学龙．商标淡化的证明标准：美国"维多利亚的秘密"诉莫斯里案评述 [J]．法学，2007（2）．

[49] 彭学龙．寻求注册与使用在商标确权中的合理平衡 [J]．法学研究，2010（3）．

[50] 邱福恩．美国药品专利链接制度实践情况及其启示 [J]．知识产权，2018（12）．

[51] 邱进前．美国商标合理使用原则的最新发展：The Beach Boys 一案

评析［J］．电子知识产权，2005（5）．

［52］阮开欣．动物能成为著作权权利主体吗？［N］．中国知识产权报，2016 - 2 - 19（9）．

［53］邵冲，冯晓青．美国专利法最新修改述评［J］．中国审判，2013（10）．

［54］苏珊·瑟拉德，张今，张保国．美国联邦商标反淡化法的立法与实践［J］．外国法译评，1998（4）

［55］唐昭红．美国商业方法专利制度正当性分析［J］．电子知识产权，2004（3）．

［56］王广震．美国专利法的演变：从宽松到限制［J］．西安电子科技大学学报（社会科学版），2014（4）．

［57］王敏铨．美国商标法上识别性之研究［J］．智慧财产权月刊，2004，67（7）．

［58］王宁玲，唐何文．美国专利法改革的重点变化［N］．中国知识产权报，2012 - 02 - 08（5）．

［59］王迁．技术措施保护与合理使用的冲突及法律对策［J］．法学，2017（11）．

［60］王熙君．美国商标反淡化保护的立法与司法实践［J］．呼伦贝尔学院学报，2009（2）．

［61］王渊．美国版权侵权认定标准演化研究［J］．出版科学，2016（1）．

［62］吴汉东．试论"实质性相似＋接触"的侵权认定规则［J］．法学，2015（8）．

［63］吴汉东．人工智能时代的制度安排与法律规制［J］．法律科学，2017（5）．

［64］吴溯，陈晓，秦锋．美国部分外观设计保护制度和图形用户界面保护制度的发展及启示［J］．电子知识产权，2014（9）．

［65］熊琦．美国音乐版权制度转型经验的梳解与借鉴［J］．环球法律

评论，2014（3）.

［66］熊琦. 著作权法中投资者视为作者的制度安排［J］. 法学，2010（9）.

［67］杨柳，郑友德. 从美国 Moseley 案看商标淡化的界定［J］. 知识产权，2005（1）.

［68］杨延超. 声音商标将成为知识产权的新蛋糕［N］. 经济参考报，2013－01－31.

［69］姚鹤徽. 英美法商标侵权判定之混淆标准的演化与启示［J］. 北方法学，2017（6）.

［70］易继明，初萌. 全球专利格局下的中国专利战略［J］. 知识产权，2019（8）.

［71］于南. 美国版权法合理使用制度及其对中国的启示［J］. 企业经济，2011（12）.

［72］余翔，邱洪华. 基于判例和立法的美国商业方法专利研究［J］. 科技进步与对策，2007（3）.

［73］袁博. 漫谈超人、米其林与商标"滑稽模仿"［J］. 中华商标，2016（3）.

［74］岳晓羲. 论声音商标的显著性及其表达方式［J］. 电子知识产权，2013（10）.

［75］张怀印. 美国专利法改革述评［J］. 美国研究，2010（1）.

［76］张慧霞. 美国专利侵权惩罚性赔偿标准的新发展［J］. 知识产权，2016（9）.

［77］张玲，金松. 美国专利侵权永久禁令制度及其启示［J］. 知识产权，2012（11）.

［78］张鹏. 专利侵权损害赔偿制度价值初探［J］. 科技与法律，2016（2）.

［79］张森林. 文化全球化：民族文化发展的机遇与挑战［J］. 东北师大学报（哲学社会科学版），2007（5）.

［80］张沙丽．美国电子信息时代的版权法、知识产权和图书馆［J］．中国图书馆学报，1998（4）.

［81］张旭光．中美版权简史暨制度比较研究［J］．产业与科技论坛，2006（8）.

［82］张玉蓉．美国商业方法专利争论及司法实践最新发展［J］．中国科技论坛，2011（1）.

［83］肇旭．Myriad 案与基因专利的未来［J］．河北法学，2014（1）.

［84］郑楠．欧盟、日本及美国强化商标使用路径比较与思考［J］．中华商标，2022（11）.

二、英文文献

（一）英文著作

［1］LANDERS A L. Understanding Patent Law［M］. New York：Matthew Bender & Company，2008.

［2］MILLER A R，DAVIS M H. Intellectual Property：Patents，Trademarks，and Copyright in a Nutshell［M］. 5th ed. London：Thomson Reuters，2012.

［3］BOWKER R R. Copyright，its History and its Law［M］. Norwich：Outlook Verlag，2020.

［4］MOWERY D C，ROSENBERG N. Paths of Innovation：Technological Change in 20th‐Century America［M］. London：Cambridge University Press，1998.

［5］HRICIK D，MEYER M. Patent Ethics［M］. New York：Oxford University Press，2009.

［6］DEAZLEY R. Rethinking copyright：History，theory，language［M］. Cheltenham：Edward Elgar Publishing，2006.

［7］GILMORE E A，WERMUTH W C. Modern American Law［M］. Chicago：Blackstone Institute，1921.

［8］GROSSMAN G S. Omnibus Copyright Revision Legislative History［M］.

Buffalo: Hein, 1955.

[9] GOLDSTEIN P, LILLICK S W, LILLICK I S. Copyright: principles, law, and practice [M]. Boston, MA: Little, Brown, 1989.

[10] DUTFIELD G. Intellectual Property, Biogenetic Resources and Traditional Knowledge [M]. London: Earthscan Press, 2004.

[11] BREAKEY H. Intellectual Liberty: Natural Rights and Intellectual Property [M]. New York: Routledge, 2016.

[12] RAWLS J. A Theory of Justice (Revised Edition) [M]. Cambridge: The Belknap Press of Harvard University Press, 1999.

[13] COHEN J E, PALLASLOREN L, OKEDIJI R L. et al. Copyright in a Global Information Economy [M]. Waltham: Aspen Publishers, 2010.

[14] LOREN L P, MILLER J S. Intellectual Property Law: Cases & Materials [M]. Oregon: Semaphore Press, 2010.

[15] POSTMAN N. Amusing Ourselves to Death: Public Discourse in the Age of Show Business (20th Anniversary Edition) [M]. New York: Penguin Books Ltd, 2006.

[16] HOLMES O W. The Common Law [M]. Boston: Little, Brown and Company, 1933.

[17] DRAHOS P. A Philosophy of Intellectual Property [M]. Surrey: Ashgate Publishing Limited, 1996.

[18] DEWOLF R C. Outline of Copyright Law [M]. Boston: John W. Luce & Company, 1925.

[19] BIRD R C, JAIN S C. The Global Challenge of Intellectual Property Rights [M]. Cheltenham: Edward Elgar Publishing Limited, 2008.

[20] MERGES R P, MENELL P S, LEMLEY M A. Intellectual Property in the New Technological Age [M]. 6th ed. New York: Wolters Kluwer Law & Business, 2012.

[21] MERGES R P. Justifying Intellectual Property [M]. Cambridge: Harvard

University Press，2011.

［22］STONEMAN P. Handbook of the Economics of Innovation and Technological Change ［M］. Oxford：Blackwell Publishers，1995.

［23］NORDEMANN W，VINCK K，HERTIN P. etal. International Copyright and Neighboring Rights Law：Commentary with Special Emphasis on the European Community ［M］. New York：Wiley VCH，1990.

［24］PATRY W F. Patry. Copyright Law and Practice ［M］. New York：The Bureau of National Affairs，Inc. ，2000.

［25］CORNISH W R，LEWELYN D L，APLIN T F. Intellectual Property：Patents，Copyrights，Trade Marks and Allied Rights ［M］. London：Sweet & Maxwell，2010.

［26］朱莉·E. 科恩，莉迪亚·帕拉斯·洛伦，鲁恩·甘那·奥克蒂基，等. 全球信息化经济中的著作权法（案例教程影印系列）［M］. 北京：中信出版社，2003.

（二）英文期刊

［1］ABRAMS H B. The historic foundation of American copyright law：Exploding the myth of common law copyright ［J］. Wayne L. Rev. ，1982（29）.

［2］MOSSOFF A. Rethinking the Development of Patents：An Intellectual History，1550－1800 ［J］. Hastings L. J. ，2001，52（6）.

［3］SUN A Y. Reforming the Protection of Intellectual Property：The Case of China and Taiwan in Light of WTO Accession ［J］. Maryland Series in Contemporary Asian Studies，2001（4）.

［4］BRIDY A. The Evolution of Authorship：Work Made by Code ［J］. Columbia Journal of Law & the Arts，2016，39（3）.

［5］RAI A K. Evolving Scientific Norms and Intellectual Property Rights：A Reply to Kieff ［J］. Northwestern University Law Review，2001，95（2）.

［6］BARRETT M. Finding Trademark Use：The Historical Foundation for Limiting Infringement Liability to Uses in the Manner of a Mark ［J］. Wake Forest

L. Rev. , 2008 (43).

[7] HATTENBACH B, GLUCOFT J. Patents in an Era of Infinite Monkeys and Artificial Intelligence [J]. Stanford Technology Law Review, 2015, 19 (1).

[8] BOICH B W, DAMON W W, HINSHAW C E. Visual Artists' Rights Act of 1987: a Case of Misguided Legislation [J]. Cato Journal, 1988, 8 (1).

[9] PATTISHALL B W. Two Hundred Years of American Trademark Law [J]. The Trademark Reporter, 1978, 68 (2).

[10] WITHERELL B J. Trademark Law [J]. Western New England Law Review, 2006, 29 (1).

[11] CARSON B M. Legally Speaking – The Top Ten Intellectual Property Cases of the Past 25 Years [J]. Against the Grain, 2005, 17 (2).

[12] FISK C L. Removing the Fuel of Interest from the Fire of Genius': Law and the Employee Inventor, 1830 – 1930 [J]. University of Chicago Law Review, 1998, 65 (4).

[13] DENT C. Generally Inconvenient: The 1624 Statute of Monopolies as Political Compromise [J]. Melbourne University Law Review, 2009, 33 (2).

[14] COLE J Y. Of Copyright, Men & A National Library [J]. The Quarterly Journal of the Library of Congress, 1971, 28 (2).

[15] DAVIES C R. An Evolution Step in Intellectual Property Rights-Artificial Intelligence and Intellectual Property [J]. Computer Law & Security Review, 2011, 27 (1).

[16] CENDALI D M, MATORIN C M, MALBY J. Moseley v. V Secret Catalogue, Inc. : One Answer, Many Questions [J]. The Trademark Reporter, 1970, 93 (4).

[17] KAHAN D M. Social Influence, Social Meaning, and Deterrence [J]. Virginia Law Review, 1997, 83 (2).

[18] BAIRD D G. Common Law Intellectual Property and the Legacy of International News Service v. Associated Press [J]. University of Chicago Law

Review, 1983, 50 (2).

[19] WALTERSCHEID E C. Understanding the Copyright Act of 1790: The Issue of Common Law Copyright in America and the Modern Interpretation of the Copyright Power [J]. Copyright Soc'y U. S. A. , 2005, 313 (53).

[20] KITCH E W. The Nature and Function of the Patent System [J]. Journal of Law & Economics, 1977, 20 (2).

[21] ROGERS E S. The Lanham Act and the Social Function of Trade – Marks [J]. Law and Contemporary, 1949, 14 (2).

[22] MEZULANIK E, LEGAL P B, HORSHAM, et al. The Status of Scents as Trademarks: An International Perspective. [J]. INTABulletin, 2012, 67 (1).

[23] SWARD E E, PAGE R F, The Federal Courts Improvement Act: A Practitioner's Perspective [J]. Am. U. L. Rev, 1984, 385 (33).

[24] FRASER E. Computers as Inventors – Legal and Policy Implications of Artificial Intelligence on Patent Law [J]. SCRIP Ted: A Journal of Law, Technology and Society, 2016, 13 (3).

[25] PISEGNACOOK E D. Ownership Rights of Employee Inventions: The Role of Preinvention Assignment Agreements and State Statutes [J]. University of Baltimore Intellectual Property Law Journal, 1994 (2).

[26] KIEFF F S. Coordination, Property, and Intellectual Property: An Unconventional Approach to Anticompetitive Effects and Downstream Access [J]. Emory Law Journal, 2006, 56 (2).

[27] FISHER W W. The growth of intellectual property: A history of the ownership of ideas in the United States [J]. Eigentumskulturen im Vergleich, 1999 (22).

[28] SCHECHTER F I. The Rational Basis of Trademark Protection [J]. The Trademark Reporter, 1970, 60 (3).

[29] MAGAVERO G. History and Background of American Copyright Law: An Overview [J]. International Journal of Law Libraries, 1978, 6 (2).

〔30〕 GORMAN C. The role of trademark law in the history of us visual identity design, c. 1860 – 1960〔J〕. Journal of design history, 2017, 30 (4).

〔31〕 HARVEY D. Reinventing the US Patent System: A Discussion of Patent Reform Through an Analysis of the Proposed Patent Reform Act of 2005〔J〕. Tex. Tech L. Rev. , 2005 (38).

〔32〕 HIGGINS D M. Forgotten heroes and forgotten issues: business and trademark history during the nineteenth century〔J〕. Business History Review, 2012, 86 (2).

〔33〕 KIRZNER I M. Kirzner. Producer, Entrepreneur, and the Right to Property〔J〕. Reason Papers, 1974 (1).

〔34〕 REICHMAN J H, LANGE D. Bargaining Around the TRIPS Agreement: The Case for Ongoing Public – Private Initiatives to Facilitate Worldwide Intellectual Property Transactions〔J〕. Duke Journal of Comparative & International Law, 1998, 9 (1).

〔35〕 BOYLE J. The Second Enclosure Movement and the Construction of the Public Domain〔J〕. Law and Contemporary Problems, 2003, 66 (1 – 2).

〔36〕 MUELLER J M. No Dilettante Affair: Rethinking the Experimental Use Exception to Patent Infringement for Biomedical Research Tools〔J〕. Washington Law Review, 2001, 76 (1).

〔37〕 RANTANEN J. Patent Law's Disclosure Requirement〔J〕. Loyola University Chicago Law Journal, 2013, 45 (2).

〔38〕 FROMER J C. Fromer. Expressive Incentives in Intellectual Property〔J〕. Virginia Law Review, 2012, 98 (8).

〔39〕 DUFFY J F. Rethinking the Prospect Theory of Patents〔J〕. University of Chicago Law Review, 2004, 71 (2).

〔40〕 KOZA J R. Human – Competitive Results Produced by Genetic Programming〔J〕. Genetic Programming & Evolvable Machines, 2010, 11 (3 – 4).

〔41〕 MARKE J J. United States Copyright Revision and Its Legislative History

［J］. Law Library Journal, 1977, 70 (2).

［42］HUGHES J. The Philosophy of Intellectual Property ［J］. Georgetown Law Journal, 1988, 77 (2).

［43］AOKI K. Authors, Inventors and Trademark Owners: Private Intellectual Property and the Public Domain – Part II ［J］. Columbia – VLA Journal of Law & the Arts, 1993, 18 (4).

［44］MCCORMICK K K. "Ding" You Are Now Free to Register That Sound ［J］. The Trademark reporter, 2006, 96 (5).

［45］KHAN B Z. Trolls and other patent inventions: economic history and the patent controversy in the twenty – first century ［J］. Geo. Mason L. Rev. , 2013 (21).

［46］THOMAS K M. Thomas. Protecting Academic and Non – Profit Research: Creating a Compulsory Licensing Provision in the Absence of an Experimental Use Exception ［J］. Santa Clara Computer & High Technology Law Journal, 2006 – 2007, 23 (2).

［47］PATTERSON L R. Folsom v. Marsh and Its Legacy ［J］. Journal of Intellectual Property Law, 1998, 5 (2).

［48］LAMOREAUX N R, SOKOLOFF K L, SUTTHIPHISAL D. Patent alchemy: The market for technology in US history ［J］. Business History Review, 2013, 87 (1).

［49］EWENS L E. Seed Wars: Biotechnology, Intellectual Property, and the Quest for High Yield Seeds ［J］. Boston College International and Comparative Law Review, 2000, 23 (2).

［50］DOLAK L A. As If You Didn't Have Enough to Worry About: Current Ethics Issues for Intellectual Property Practitioners ［J］. Journal of the Patent and Trademark Office Society, 2000, 82 (4).

［51］VERTINSKY L, RICE T M. Thinking About Thinking Machines: Implications of Machine Inventors for Patent Law ［J］. B. U. J. Sci. & Tech. L. ,

2002, 8 (2).

[52] LEMLEY M A, MELAMED A D. Missing the Forest for the Trolls [J]. Columbia Law Review, 2013, 113 (8).

[53] LEMLEY M A, MCKENNA M P. McKenna. Owning Mark (et) s [J]. Michigan Law Review, 2010, 109 (2).

[54] LEMLEY M A. A New Balance between IP and Antitrust [J]. Southwestern Journal of Law and Trade in the Americas, 2007, 13 (2).

[55] LEMLEY M A. Ex Ante versus Ex Post Justifications for Intellectual Property [J]. University of Chicago Law Review, 2004, 71 (1).

[56] LEMLEY M A. Faith – Based Intellectual Property [J]. UCLA Law Review, 2015, 62 (5).

[57] MARKE J J. United States Copyright Revision and Its Legislative History [J]. Law Library Journal, 1977, 70 (2).

[58] STRASSER M. The Rational Basis of Trademark Protection Revisited: Putting the Dilution Doctrine into Context [J]. Fordham Intellectual Property, Media and Entertainment Law Journal, 2016, 10 (2).

[59] SCHERER M U. Scherer. Regulating Artificial Intelligence Systems: Risks, Challenges, Competencies, and Strategies [J]. Harv. J. L. & Tech., 2016, 29 (2).

[60] MAXEY D W. Inventing History: the holder of the first US patent [J]. J. Pat. & Trademark Off. Soc'y, 1998 (80).

[61] HELLER M A. Heller. The Tragedy of theAnticommons: Property in the Transition from Marx to Markets [J]. Harvard Law Review, 1998, 111 (3).

[62] MichaelAbramowicz, John F. Duffy. Intellectual Property for Market Experimentation [J]. New York University Law Review, 2008, 83 (2).

[63] ZHANG N. Intellectual Property Law Enforcement in China: Trade Issues, Policies and Practices [J]. Fordham Intellectual Property, Media & Entertainment Law Journal, 1997, 8 (1).

[64] JAN N L. Apple Computer, Inc. v. Franklin Computer Corporation Puts the Byte Back into Copyright Protection for Computer Programs [J]. Golden Gate University Law Review, 1984, 14 (2).

[65] BRACHA O. The Statute of Anne: An American Mythology [J]. Hous. L. Rev., 2010 (47).

[66] FEDERICO P J. Federico. Origin and Early History of Patents [J]. Journal of the Patent Office Society, 1929, 11 (7).

[67] LONG P O. Long. Invention, Authorship, "Intellectual Property," and the Origin of Patents: Notes toward a Conceptual History [J]. Technology and Culture, 1991, 32 (4).

[68] SAMUELSON P. The Copyright Principles Project: Directions for Reform [J]. Berkeley Technology Law, 2010, 25 (3).

[69] SAMUELSON P. Allocating Ownership Rights in Computer – Generated Works [J]. University of Pittsburgh Law Review, 1986, 47 (4).

[70] HUBER P. Safety and the Second Best: The Hazards of Public Risk Management in the Court [J]. Columbia Law Review, 1985, 85 (2).

[71] JASZI P, JOYCE C, LEAFFER M A. Leaffer, et al. The Statute of Anne: Today and Tomorrow [J]. Houston Law Review, 2010 (47).

[72] YU P K. Virotech Patents, Viropiracy, and Viral Sovereignty [J]. Arizona State Law Journal, 2013, 45 (4).

[73] PRAGER F D. Historic background and foundation of American patent law [J]. Am. J. Legal Hist., 1961 (5).

[74] WAGNER R P. Understanding Patent – Quality Mechanisms [J]. University of Pennsylvania Law Review, 2009, 157 (6).

[75] NIMMER R T. Nimmer. Breaking Barriers: The Relation between Contract and Intellectual Property Law [J]. Berkeley Technology Law Journal, 1998, 13 (3).

[76] BRAUNEIS R. Understanding Copyright's First Encounter With the Fine

Arts：A Look at the Legislative History of the Copyright Act of 1870 ［J］. Case Western Reserve Law Review, 2020, 71 (2).

［77］ MERGES R P. Individual Creators in the Cultural Commons ［J］. Cornell Law Review, 2010, 95 (4).

［78］ MERGES R P. The Law and Economics of Employee Inventions ［J］. Harvard Journal of Law and Technology, 1999, 13 (1).

［79］ RUWE K. The Federal Trademark Dilution Act：Actual Harm or Likelihood of Dilution ［J］. U. Cin. L. Rev. , 2001 (70).

［80］ ABBOTT R. I Think, Therefore I Invent：Creative Computers and the Future of Patent Law ［J］. Boston College Law Review, 2016, 57 (4).

［81］ LAMPE R, MOSER P. Patent Pools and Innovation in Substitute technologies-evidence from the 19 th – century Sewing Machine industry ［J］. The RAND Journal of Economics, 2013, 44 (4).

［82］ STOLTE K M. How Early Did Anglo – American Trademark Law Begin – An Answer to Schechter's Conundrum ［J］. Fordham Intell. Prop. Media & Ent. LJ. , 1997 (8).

［83］ PALMER T G. Are Patents and Copyrights Morally Justified-the Philosophy of Property Rights and Ideal Objects ［J］. Harvard Journal of Law & Public Policy, 1990, 13 (3).

［84］ GORDON W J. A Property Right in Self – Expression：Equality and Individualism in the Natural Law of Intellectual Property ［J］. Yale Law Journal, 1992, 102 (7).

［85］ SCHOENMAKERS W, DUYSTERS G. The technological origins of radical inventions ［J］. Research Policy, 2010, 39 (1).

（三）英文网站文献

［1］ BRACHA O. Commentary on Folsom v. Marsh (1841) ［EB/OL］. ［2024 – 03 – 14］. https：//www. copyrighthistory. org/cam/tools/request/ showRecord. php? id＝commentary_us_1841.

［2］ History of Trademarks, Respect for trademarks ［EB/OL］. ［2024 - 02 - 01］. http：//respectfortrademarks. org/tricks - of - the - trademark/history - of - trademarks/.

［3］ BRACHA O. Commentary on： Copyright Act (1831) ［EB/OL］. ［2024 - 04 - 30］. https：//www. copyrighthistory. org/cam/tools/request/show Record. php？ id = commentary_us_1831.

［4］ KOSTOLANSKY K J, SALGADO D. Does the Experimental Use Exception in Patent Law Have a Future? ［EB/OL］. ［2024 - 04 - 01］. https：//www. lewisroca. com/assets/htmldocuments/TCL - KK_DS. pdf.

［5］ PHELAN R N. U. S. Copyright Office Partially Allows Registration of Work having AI - generated Images ("Zarya of the Dawn") ［EB/OL］. (2023 - 04 - 26) ［2024 - 04 - 30］. https：//www. patentnext. com/2023/04/u - s - copyright - office - partially - allows - registration - of - work - having - ai - generated - images - zarya - of - the - dawn/.

［6］ United States Copyright Office. Zarya of the Dawn Letter ［EB/OL］. (2023 - 02 - 21) ［2024 - 03 - 21］. https：//www. copyright. gov/docs/zarya - of - the - dawn. pdf.

［7］ Jefferson's Legacy： A Brief History of the Library of Congress ［EB/OL］. ［2024 - 01 - 31］. http：//www. loc. gov/loc/legacy/loc. html.

［8］ U. S. Copyright Office. More Information on Fair Use ［EB/OL］. ［2023 - 12 - 23］. https：//www. copyright. gov/fair - use/more - info. html.

［9］ U. S. Copyright Office. Licensing Overview ［EB/OL］. ［2024 - 01 - 12］. https：//www. copyright. gov/licensing/.

［10］ HENN H G. The Compulsory License Provisions of the U. S. Copyright Law ［EB/OL］. ［2024 - 01 - 23］. https：//www. copyright. gov/history/studies/study5. pdf.

［11］ BELL T. Trend of Maximum U. S. General Copyright Term ［EB/OL］. ［2024 - 01 - 23］. http：//www. tomwbell. com/writings/ (C) _Term. html.

［12］History of Trademarks，Respect for trademarks［EB/OL］. ［2024 – 02 – 01］. http：//respectfortrademarks. org/tricks – of – the – trademark/history – of – trademarks/.

［13］SARKISSIAN M. Passing Off vs Trademark Infringement：What's The Difference?［EB/OL］.（2024 – 05 – 23）［2024 – 07 – 24］. http：//lawpath. com. au/blog/passing – off – vs – frademark – infringement – whats – the – difference.

（四）英文报告、会议纪要等文献

［1］29 Cong. Rec. 85 – 91 （Dec. 10，1897）.

［2］Act of March 4，1909，Pub. L. No. 60 – 349，60th Cong. ，2d Sess. ，35 Stat. 1075.

［3］Cable Television and Performance Rights：Hearings Before the Subcomm. on Courts，Civil Liberties and the Administration of Justice of the House Judiciary Comm. ，96th Cong. ，1st Sess. 229 – 313，699 – 783 （1979）.

［4］CONTU Report，supra note 2，at 1；Koenig，supra note 30，at 340.

［5］Copyright Law Revision Part 6：Supplementary Report of the Register of Copyrights on the General Revision of the U. S. Copyright Law，89th Cong. ，1st Sess. x （HouseComm. Print 1965）.

［6］Copyright Reform Act of 1993：Hearings on H. R. 897 Before the House Subcomm. on Intellectual Property and Judicial Administration of the House Judiciary Comm. ，103d Cong. ，1st Sess. 101 – 05 （1993）.

［7］CRT Reform and Compulsory Licenses：Hearings on H. R. 2752 and H. R. 2784 Before the Subcomm. on Courts，Civil Liberties and the Administration of Justice of the House Judiciary Comm. ，99th Cong. ，1st Sess. （1985）.

［8］Diggins，supra note 7，at 202 – 03.

［9］Executive Office of the President National Science and Technology Council Committee on Technology，Preparing for the Future of Artificial Intelligence. October 2016.

［10］In ReBilski, 545 F. 3d 943, 88 U. S. P. Q. 2d 1385（Fed. Cir. 2008）.

［11］In. re Clarke, 17 U. S. P. Q. 2d 1238（T. T. A. B. 1990）.

［12］Inc. , 225 USPQ 209（TTAB 1985）.

［13］LiBrary Of Congress Copyright Office. Copyright Registration Guidance: Works Containing Material Generated by Artificial Intelligence ［R］. Federal Register/Vol. 88, No. 51/Thursday, March 16, 2023.

［14］Moral Rights and the Motion Picture Industry: Hearing Before the Subcomm ［R］ on Courts, Intellectual Property, and the Administration of Justice of the House Judiciary Comm. , 101st Cong. , 2d Sess. （1990）.

［15］R. Rep. No. 452, 105th Cong. , 2d Sess. （Mar. 18, 1998）.

［16］Theodore Roosevelt Presidency. December 5, 1905: Fifth Annual Message.

［17］TheFederal Courts Improvement Act, 96 Stat. 25 （April 2, 1982）.

［18］United States Copyright Office Annual Report FY 2023.

［19］William S. Strauss. The Damage Provisions of The Copyright Law ［R］. Study 22, U. S. Government Printing Office （October 1956）.

后　　记

美国版权、专利、商标制度发展史的研究源自吴汉东教授关于全球各国知识产权制度发展史研究的提议，而这项九年前的提议前瞻性地契合了当下国别法的研究需要，再次感叹！彼时，胡开忠教授鼓励我选择美国知识产权制度作为研究对象，再经过反复斟酌后，最终确立了以三大核心（版权、专利和商标制度）为本书的研究重点。虽有研究的动力，也阅读过有关美国现今知识产权制度规则的书籍，但从历史脉络来把握版权、专利和商标的发展历程则略有恐慌。开始撰写工作之后，胡开忠教授不遗余力地指导我以真实案例为切入点、以重点法案为分割点进行研究，深入剖析美国版权、专利和商标制度发展背后的社会价值选择，尝试窥得全貌。在这一过程中，我认真研读了李明德教授、杜颖教授和孙南申教授等学者的专著与论文，也借访学的机会借阅了诸多外文文献，在此十分感激。没有前人学者的研究成果，则不会有本书的出版。

关于美国版权、专利和商标制度发展史的初步研究开启于 2018 年，我尝试撰写了以美国版权制度、专利制度、专利主体和专利客体历史发展为研究对象的四篇小论文，基本厘清了本书的研究思路，搭建起了本书的研究框架。发展史的研究总是令人沉迷又恐惧，沉迷的是越研究美国版权、专利和商标制度的发展历程，越能发现各种因素对于美国知识产权法律制定的影响，越能探究出不同阶段下美国知识产权制度的多元价值，也更能深入了解每项规则背后的社会动因，但同时也生怕遗漏其制度变革背景的关键事件与提案，从而导致分析结论的片面。怀着忐忑的心态，我收集了较多资料，力求以更为真实的样态呈现当时美国版权、专利和商标制度的萌芽、发展和变革历程，但因篇幅和时间所限，本书仍存缺漏和不足，望读者海涵。必须指出的是，本书仅是美国知识产权三大核心制度的发展简史，未来仍有较大的空间可供探究和完善。

本书有幸入选"文泓知识产权文库"，并在中南财经政法大学知识产权研究中心出版基金的资助下顺利出版。本书能够如期付梓，离不开知识产权出版社刘睿编审、邓莹副编审和刘江副编审的辛勤工作，在此深表感谢。同时，特别感谢导师胡开忠教授在写作过程中给予的指导和帮助，也正是他的鼓励才让我有了坚持研究的动力。此外，感谢中南财经政法大学知识产权研究中心吴汉东教授、黄玉烨教授、彭学龙教授、詹映教授、何华教授、肖志远副教授、王小丽老师等师长对我的悉心指导与暖心鼓励；感谢中国文字著作权协会常务副会长张洪波总干事、中央财经政法大学法学院李陶副教授在本书撰写过程中给予的指导；感谢我的研究生何羽丽、王业凡、王秋茹在本书后期资料收集和校对过程中付出的辛苦；感谢唐罗乐、李婧美、王琳琳、李颖涵、赖缨、何硕秋同学帮助文字校对。最后，还需要感谢我的父母在我的人生各个阶段对我无条件地支持；感谢我的先生刘鑫博士对我的陪伴与鼓励；也感谢在本书收尾阶段出生的我的女儿，谢谢你的到来，让我的生活突然变得五彩斑斓。

最后用"千磨万击还坚劲，任尔东西南北风"勉励自己。

付丽霞

二〇二四年七月于武汉